企业数字化转型路径研究

谷 盟 著

中国纺织出版社有限公司

图书在版编目（CIP）数据

企业数字化转型路径研究／谷盟著．－－北京：中国纺织出版社有限公司，2024.12
ISBN 978-7-5229-1743-6

Ⅰ．①企⋯　Ⅱ．①谷⋯　Ⅲ．①企业管理—数字化—研究　Ⅳ．①F272.7

中国国家版本馆CIP数据核字（2024）第084928号

责任编辑：赵晓红　　责任校对：王花妮　　责任印制：储志伟

中国纺织出版社有限公司出版发行
地址：北京市朝阳区百子湾东里A407号楼　邮政编码：100124
销售电话：010—67004422　传真：010—87155801
http://www.c-textilep.com
中国纺织出版社天猫旗舰店
官方微博 http://weibo.com/2119887771
天津千鹤文化传播有限公司印刷　各地新华书店经销
2024年12月第1版第1次印刷
开本：710×1000　1/16　印张：15.5
字数：218千字　定价：99.90元

凡购本书，如有缺页、倒页、脱页，由本社图书营销中心调换

前言

随着信息技术的快速发展和全球化进程的加速,现代商业社会正迎来一个全新的数字化时代。这一时代的到来不仅改变了人们的生活方式,更深刻地影响了企业的运营模式和管理体系。企业数字化转型作为这一变革的核心已成为全球商业界关注的焦点。本书旨在深入探讨企业在这一转型浪潮中的挑战、策略选择和实践路径,以及如何通过数字化转型实现企业的持续创新和增长。

第一章"概述"中对数字化的背景与概念进行阐述,明确了数字化与信息化的界定与差异。通过对企业数字化转型的分类与内涵的深入分析,指出了企业数字化转型的重要意义。本章为读者提供一个全面而深入的理论框架,帮助理解数字化转型的复杂性和多维性。

第二章"企业数字化转型的发展历程及应用"着重回顾了企业数字化转型的发展历程,并通过对其在企业生产、经营和管理领域的应用案例的分析,展示了数字化转型在实际操作中的多样性和实效性。通过本章,读者可以更直观地看到数字化转型在不同企业中的具体实践和成效。

第三章"企业数字化转型的商业模式创新路径"着重探讨了数字化时代商业模式的创新和转型。本章首先分析了数字化商业模式创新的思路,探讨了如何在传统商业模式中融入数字化元素以创造新的价值,其次讨论了双元数字化创新战略,详细解释了如何平衡和整合企业的现有业务与新兴的数字化业务。本章还深入探讨了企业数字化创新战略的内容框架,并通过典型案例分析,展示了企业如何通过创新的商业模式在数字化时代取得成功。

第四章"企业数字化转型的组织与人才转型对策"聚焦于组织结构和人力资源在数字化转型过程中的变革。首先讨论了如何通过改变组织文化和结构来培育转型的软实力,包括促进跨部门协作、提高组织灵活性和适应性。其次深入探讨了数字化时代人才的关键要素，包括技能需求、培训和发展。本章还分析了数字化管理的新模式与新机制，如远程工作、数据驱动的决策过程等，并提供了转型的组织和人力资源管理策略，并结合案例详细论证了组织转型与人才培养在现实维度的具体应用与功用。

第五章"企业数字化的管理与财务转型对策"重点关注企业在管理和财务方面的数字化转型。首先探讨了智慧型财务的概念，包括数字技术如何优化财务流程和提升决策质量。其次讨论了财务共享中心的概念和实施策略。本章还深入分析了数字化自组织式管理的新模式与新机制，探讨了如何在传统的管理框架中引入数字化工具和平台，以及这些措施如何促进企业效率的提升和成本的降低。最后，通过典型案例分析展示了数字化管理和财务转型在实际应用中的效果和挑战。

第六章"企业数字化转型的品牌重构"中探讨了在数字化转型过程中品牌重塑的新方向，分析了服务升级与品牌建设的关系，以及数字化升级与口碑营销的重要性。典型案例的分析提供了品牌重构的实际案例和策略。

第七章"企业数字化的未来征程"展望了数字化转型的未来趋势，从人工智能、大数据、到云计算等技术的发展对企业转型的影响进行了深入地分析。本章回顾了转型成果，探讨了前沿技术如何推动企业创新，并提出了面临的挑战。最后提供了针对未来数字化旅程的策略建议，强调持续学习和创新的重要性。

通过本书的深入分析和案例研究，希望能为企业提供一本实用的数字化转型指南，帮助企业在快速变化的数字时代中找到适合自己的发展路径。无论是对于正在进行数字化转型的企业，还是计划启动数字化转型的企业，本书都将提供宝贵的见解和指导。

谷盟
2024年1月

目录

第一章 概述 ········· 001

　　第一节　数字化的背景与概念 ········· 001
　　第二节　数字化与信息化的界定与差异 ········· 009
　　第三节　企业数字化转型的分类与内涵 ········· 014
　　第四节　企业数字化转型的意义 ········· 028

第二章 企业数字化转型的发展历程及应用 ········· 035

　　第一节　企业数字化转型的发展历程 ········· 035
　　第二节　数字化在企业生产领域的应用 ········· 040
　　第三节　数字化在企业经营领域的应用 ········· 047
　　第四节　数字化在企业管理领域的应用 ········· 053

第三章 企业数字化转型的商业模式创新路径 ········· 061

　　第一节　数字化商业模式创新思路 ········· 062
　　第二节　双元数字化创新战略 ········· 078
　　第三节　企业数字化创新战略的内容框架 ········· 084
　　第四节　典型案例分析 ········· 091

第四章 企业数字化转型的组织与人才转型对策 ········· 099

　　第一节　组织与文化：培育转型的软实力 ········· 099
　　第二节　数字化人才：转型的关键要素 ········· 113

第三节　典型案例分析 …………………………………………… 139

第五章　企业数字化的管理与财务转型对策 …………………………… 143

第一节　智慧型财务 ……………………………………………… 143

第二节　财务共享中心 …………………………………………… 162

第三节　数字化自组织式管理 …………………………………… 169

第四节　数字化管理新模式与新机制 …………………………… 174

第五节　典型案例分析 …………………………………………… 177

第六章　企业数字化转型的品牌重构 …………………………………… 183

第一节　数字化品牌新方向 ……………………………………… 183

第二节　服务升级与品牌建设 …………………………………… 194

第三节　数字化升级与口碑营销 ………………………………… 203

第四节　典型案例分析 …………………………………………… 222

第七章　企业数字化的未来征程 ………………………………………… 227

第一节　数字化转型成果回顾 …………………………………… 227

第二节　数字化转型的前沿趋势 ………………………………… 231

参考文献 …………………………………………………………………… 235

第一章 概述

数字化转型概念自提出以来，就引发了传统企业信息技术建设领域的广泛关注与深刻反思，企业战略报告纷纷融入新兴概念如数字化、数智化转型、中台策略、多云架构、云原生技术、赋能机制与数字孪生等。这些理论的涌现，既展示了技术发展的活跃态势，也反映出企业理念转型的必要性与紧迫性。

深入理解数字化的实质与价值，需剖析其背后的深层次逻辑。数字化与传统信息化的区别，并非仅在于技术层面的演进，更在于理念、战略与运作方式的根本变革。信息化时代与数字化时代的比较，揭示出环境、需求、技术等多方面的显著变化。尤其值得关注的是，信息化的完成度是否为数字化转型的先决条件，这是决定企业转型策略与路径的关键问题。

本章旨在构建对数字化的全面理解框架，通过对上述问题的系统分析与阐述，期望为读者提供一个清晰的理论与认知基础，以便更深刻地洞察数字化时代企业转型的复杂性与挑战。

第一节 数字化的背景与概念

管理学的研究中，理论总是落后于纷繁复杂的管理实践[1]。当今时代充满了希望与焦虑，主因在于科技的迅猛发展与新概念的不断涌现。自20世纪80年

---

[1] 蔡舒恒.战略启航 企业的数字化发展[M].上海：东方出版中心，2021：61.

代后期以来，企业在IT领域经历了众多专业系统术语的变迁，从MRP、ERP、CIMS等到近年的云原生、数字中台等。这种技术与概念的迭代，被安筱鹏博士形象地比喻为"新概念雾霾"。这些概念的爆炸性增长，不仅令非专业人士难以理解，就连许多专业人员也时常感到困惑。

在这些新概念中，很难区分哪些是真正有助于人类进步的理论，哪些仅是商业炒作。数字化作为一个广泛讨论且内涵不明确的概念，其定义尚未达成共识，这导致数字化转型的成功标准、方向和实施路线变得模糊。为了全面解读数字化，必须考虑不同机构的不同理解和不同解释。IT公司、咨询公司、相关部门报告等都从各自视角对数字化提出定义，从技术实现到管理战略再到经济转型，每个角度都揭示了数字化的不同层面。因此对数字化的全面理解，成为解读这一热门概念的关键。

数字化转型是一个多维度、复杂的概念，其认识可从四个主要维度进行深入的分析，见图1-1。

第一个维度要素数字化，从技术角度探究传统要素的数字化过程及其与传统信息化的差异。这个维度关注技术本身，尤其是数字化技术如何重新定义传统信息处理与管理方式。

第二个维度业务数字化，聚焦于产业应用与创新。数字化技术对产业创新的影响及其在商业文明中的作用受到探讨。互联网企业是这个视角的典型代表，它们作为数字化原生企业，在数字技术的推动下实现了显著的成功和引领。

第三个维度数字化转型，从传统企业的数字化转型出发，分析在数字化技术冲击下，这些企业如何应对内外部挑战，以及如何利用新技术进行业务创新和转型。这个维度涉及企业的战略调整、管理革新及运营模式的转变。

第四个维度数字经济，关注的是数字化产业自身作为一个兴旺发展的领域，以及数字化技术如何成为推动整个产业转型升级的新动力。数字经济不仅是数字化的产物，同时也是推动社会经济发展的关键因素。

综合以上这四个维度，可以全面理解数字化转型的复杂性和多样性，从

第一章　概述

而更好地把握数字化时代企业的发展趋势和策略。

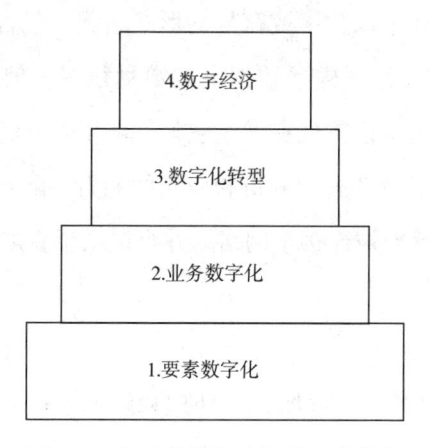

图1-1　数字化转型内涵的四个维度

一、要素数字化

在理解数字化的过程中，数据的生产层级涉及从基础数据到智慧的逐级转化。这一过程可以通过四个层级来描述：数据、信息、知识和智慧，如图1-2所示。

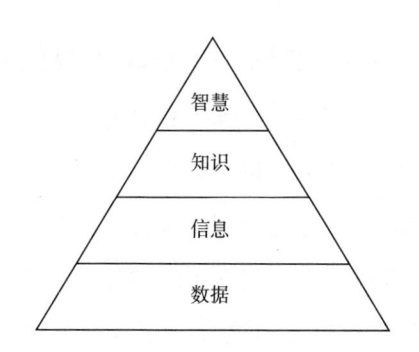

图1-2　数据、信息、知识、智慧的层级关系

（一）数据

数据作为对现实世界客观事物的量化和特征化表达，是构建更高层次信

息、知识和智慧的基础。数据本身是对事物数量、属性、位置和相互关系的基本记录。而这些数据通常以数字或符号的形式出现，包含着丰富的细节和原始信息。就像沙滩上的沙粒一样，数据虽然数量很多，但其价值在于被发现和正确利用。数据的真正价值体现在通过它们能够反映和解释现实世界的特定方面，以及在特定环境下对其进行分析和应用的能力。随着物联网技术的发展，越来越多的设备和传感器被连接至网络，并且提供了更加丰富和细致的数据。

（二）信息

信息是从原始数据中经过加工、处理和解释后得到的有意义的内容。它代表了数据之间的关联和其背后的逻辑，为决策者提供了必要的支持。这个过程可以看作从沙中提炼黄金，即从庞大而复杂的数据集中提取出有价值的部分。信息的产生是一个将数据转化为易于理解和应用的形式的过程。这不仅涉及数据的汇总、分类和整理，更包括对数据背后的模式、趋势和关系的分析和解读。在这个过程中，数据被赋予了特定的意义，使数据不再是孤立、无关的数字或符号，而是形成了能够指导行动和决策的有用信息。

（三）知识

在数字化的广阔框架下，知识的角色可以被视为数据和信息加工过程的下一阶段。知识不仅是信息的简单堆砌，它更是人类通过深入分析、归纳、演绎和比较等方法对信息进行加工后得到的结论和理解。知识的形成是一个系统化的过程，涉及人类的经验、直觉、理解和智慧。这个过程可以比作将提炼出的黄金加工成精美的金项链，其中包含了结构和系统性。在数字化的概念中，知识作为一种系统化的认知结构，是数据和信息加工的高级形式。它不仅是理解和解释复杂现象的关键，也是推动个人和组织发展的重要资源。

（四）智慧

智慧在数字化的概念中，是数据、信息和知识处理的最高层级，代表着人类对复杂问题的深刻理解和创新解决方案的能力。智慧不仅是对已有知识的应用，它还涉及对问题的深入洞察、创造性思维以及能力，将知识和经验转化为解决实际问题的实践策略。

数字化技术的发展，尤其是人工智能和机器学习的应用，为智慧的发挥提供了新的工具和平台。这些技术不仅能够处理和分析大量数据，而且提供深度洞察和预测，从而支持更智慧的决策制定。然而，真正的智慧还需要人类的创造性思维和直觉的参与，以确保技术的应用不仅基于数据，还要结合人类对情境的理解和判断。

二、业务数字化

无论是智慧企业还是传统企业，业务都是其最小的构成单位[1]。业务数字化涉及IT技术如何催生新的商业模式，并在不断的技术进步中推动业务的发展与变革。以下是业务数字化过程中的六个主要阶段，以及由此诞生的三类创新企业。

第一阶段是机械化时代的到来。机器的发明与应用解放了人类的体力劳动，这一变革在过去500年中极大地塑造了世界格局。机械化使生产效率大幅提高，同时引领了工业革命，深刻影响了社会结构与经济模式。

第二阶段是数字技术的发展。数字技术的兴起不仅解放了人类的大脑，还使人们能够在线连接，极大地拓展了交流与合作的可能性。这一阶段，互联网和相关技术的发展创造了无数新的商业模式，改变了人们的生活和工作方式。

第三阶段是见证了传统机器向智能化机器的转变。机器通过数字技术实现了自我感应、自动传输、自主决策和自主响应。这一转变使机器开始相互连接，催生了工业互联网的迅速发展。

---

[1] 涂扬举.智慧企业管理培训教材[M].北京：经济日报出版社，2019：139.

第四阶段是互联网的数据积累。随着互联网的普及和发展，大量数据被积累，这些数据极大地提高了企业的决策和运营水平。数据的深入分析与应用，让企业能够更准确地把握市场趋势，优化产品与服务。

第五阶段是机器智能化的深入发展。随着智能机器的广泛应用，它们也开始积累大量数据，促进了机器智能化的发展。这些智能化机器在生产、服务等多个领域发挥着越来越重要的作用。

第六阶段是数据的独立价值。随着数据量的不断积累，数据开始从互联网和机器中脱离出来，成为一种独立的、有价值的资产。企业通过分析和应用这些数据，能够获取宝贵的洞察力，为业务决策和创新提供支持。

在过去的二十多年里，随着数字化技术的迅速发展，涌现出一系列具有创新特性的企业。这些企业大致可以分为三大类：智能硬件设备制造企业、智能软件平台开发企业和数字化创新应用企业。其中，智能硬件设备制造企业包括智能计算机、存储和网络设备的制造，此外，还包括物联网设备和移动通信设备等；智能软件平台开发企业专注于云计算、大数据、物联网系统等前沿领域的开发；而数字化创新应用企业利用数字化技术对行业重塑，具有高水平技术创新能力和对市场需求的深刻洞察力（图1-3）。

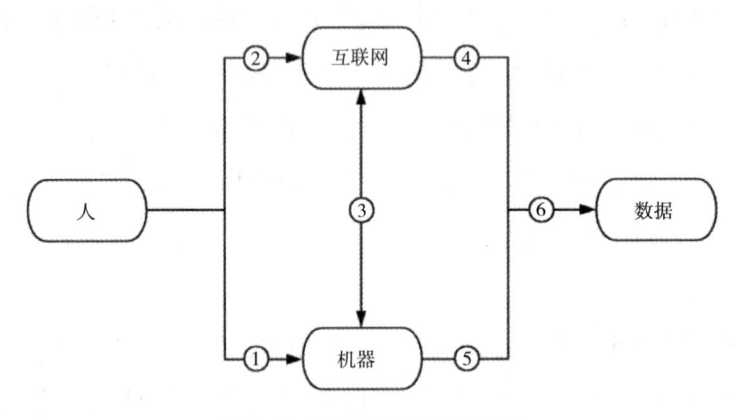

图1-3 数字化技术创新逻辑

三、数字化转型

数字化转型对于传统企业来说已经成为一场关键的自我救赎之旅，这场转型不仅是对内部业务和管理系统的简单数字化处理，而是一种深层次的业务转型。这种转型的根本目的是在信息技术的驱动下提升企业竞争力。在经济增长趋缓、市场竞争加剧的新常态下，企业面临着优化或转变现有管理、业务或商业模式的压力。同时移动终端和互联网的普及使企业能够更直接地接触消费者，更准确地了解其需求。结合新一代信息技术的成熟与实用化，基于数据的、以较低成本快速满足客户个性化需求的新管理、业务或商业模式成为可能。

近年来，大多数企业在数字化升级中面临两大难题：一是技术方面，二是认知方面[1]。在数字化转型的过程中，传统企业真正需要改变的不是消费端，而是供给端，即制造端。真正的数字化转型涉及通过技术重塑价值链，实现这些改造后，将诞生新的产业组合和全新机会。以汽车行业为例，科技革命已经在这一行业引发"暴动"，从理论到实践，从传闻到现实，从小规模到大规模，从局部到全局，从边缘到中心，这是一场充满机遇与挑战的变革。传统汽车公司可以选择抵抗或自我颠覆，单独或联合进行革命，坚守旧模式或开拓新领域。每个企业都可以有自己的独立判断，因为行业变革才刚刚开始。

如果从整体的角度来看，数字化转型是以数字化思维为核心，通过应用数字化技术构建全新的数字世界。这不仅涉及对现有商业模式和运营方式的创新与重塑，还包括企业文化的变革，以实现业务价值的最大化。从这个角度来看，数字化转型与"互联网＋"转型在内涵上颇为相似。但对于许多传统或大型企业而言，由于承载着历史包袱，其转型之路变得通常更为艰难，需要更长的时间跨越。如何实现有效的转型，成为一项极其复杂的课题，也是本书关注的重点。

---

[1] 方岚.利润是设计出来的[M].北京：中华工商联合出版社，2021：18.

随着技术的发展和市场环境的变化，传统企业必须采取积极措施进行数字化的转型。这一转型不仅要求企业更新技术和工具，更要求企业变革思维和文化。企业需要重新审视自己的价值链，探索新的业务模式和市场机会，同时企业需关注客户需求的变化，利用数字化手段提供更个性化、高效率的产品和服务。通过这种全方位的转型，传统企业才能够在数字化时代保持竞争力，甚至取得领先地位。

除此之外，企业的数字化转型也是一个持续的过程。随着技术的不断进步和市场的不断变化，企业需要不断调整和优化自己的数字化策略。这要求企业必须具备快速学习和适应新技术的能力，同时要有勇于创新和尝试新事物的精神。

四、数字经济

数字经济的崛起得益于数字化产业的快速发展和传统企业的数字化转型。而且，数字技术与各产业的深度融合，不但推动了产业的数字化、网络化和智能化，更成为推动社会经济发展变革的主要动力。

1996年，唐·泰普斯科特（Don Tapscott）在其著作《数字经济:智力互联时代的希望与风险》中首次提出了"数字经济"的概念，为理解这一新兴经济形态奠定了理论基础。

从要素来看，数字化资源已经成为数字经济发展的必要基础之一。在新知识时代，将数据资源进行生产函数转换后产出知识和信息，与资本、劳动力等传统生产要素并列成为经济发展基础，同时削弱了传统生产要素的容量问题对经济发展的限制，为新经济体系发展注入新生力量❶。

如今，美国、英国、欧盟等国家和地区纷纷提出了各自的数字经济战略，以把握这一全球经济发展的新趋势。在《中华人民共和国国民经济和社会

---

❶ 王利萍，吉国梁，陈宁.数字化财务管理与企业运营[M].吉林：吉林人民出版社，2022：1.

发展第十四个五年规划和2035年远景目标纲要》中，中国提出了迎接数字时代的明确目标，包括激活数据要素潜能、推进网络强国建设、加快数字经济、数字社会和数字政府的建设。这些目标旨在通过数字化转型，全面推动生产方式、生活方式和治理方式的变革。

中国的数字经济规模在2018年达到了31.3万亿元，占国内生产总值（GDP）的34.8%，居全球第二位。预计到2035年，中国的数字经济规模将达到150万亿元。中国在数字经济领域取得的这些成就，主要归功于其独特的用户数字化和产业生态化发展道路。虽然中国的总体科研水平不算突出，但在大数据、人工智能等数字经济相关领域，依托海量数字化消费者的独特场景，实现了快速发展。

与许多发展中国家相似，中国的部分行业成熟度较低，导致许多需求无法被传统行业满足。数字经济为这些需求提供了创新的解决方案，直接解决了消费者的痛点，创造了跨越式发展的机会。数字经济不仅为消费者带来了新的体验和服务，也为企业提供了新的增长点和发展机遇。

但数字化技术也为企业带来了挑战。企业需要不断地学习和适应新技术，更新自己的商业模式，以及优化运营和管理方式。数字化转型的成功不仅取决于技术的采用，更取决于企业对这些变化的理解和应对策略。

随着数字经济的发展将会有更多企业和行业进行转型和创新。这些变化不仅会影响企业的运营和业务模式，还将深刻影响消费者的生活方式和社会的治理模式。数字经济是一个全方位、多层次的经济形态，其影响远远超出技术领域，涉及社会的每一个角落。

第二节　数字化与信息化的界定与差异

IT技术在企业中的应用经历了从信息化到数字化的转变，尽管这两个概念在不同的观点中可能有不同的理解,但它们之间的差异和联系可以通过几个关键维度来系统地阐释。具体来说,从信息化时代过渡到数字化时代,企业在关注的重点、服务的对象、建设的重点、采用的建设方法以及技术架构等五个方面经历了显著的变革。

信息化时代主要集中在内部运营优化上,注重提升企业内部的效率和生产力。服务对象通常是企业内部的业务管理人员,IT建设重点在于流程驱动和自动化,采用相对刚性的瀑布式建设方法,并以单体式和竖井式架构为主。

而数字化时代则将重心转向商业模式的创新上,更多地关注如何通过技术改进企业的商业活动及与客户的互动。服务对象扩大至以客户为中心,建设重点则从流程驱动转变为强调数据及算法的应用。建设方法也从刚性转向灵活,倾向于面向客户的敏捷开发,技术架构亦步入分布式和微服务架构的新阶段。以上对比如表1-1所示。

表1-1 数字化与信息化对比

关注领域	信息化时代	数字化时代
关注重点	内部运营优化	商业模式创新
IT服务对象	内部业务管理人员	客户为主中心
IT建设重点	流程驱动	数据+算法
IT建设方法	刚性的瀑布式建设	面向客户的敏捷开发
IT技术架构	单体式,竖井式架构	分布式,微服务架构

一、关注重点的变化

在信息化时代企业的竞争主要集中在成本的博弈上。例如,企业IT建设、客户关系管理(CRM)、企业资源规划(ERP)等,主要关注提高工作协同效率和资源利用效率,其核心是优化大规模的、标准化的内部运营。尽管这些系统提高了企业的内部效率,却未必带来主营业务和商业模式的根本变化。

进入数字化时代,企业面临的市场环境变得更加不确定,尤其是跨界竞争的挑战。现在，企业不仅要防范传统竞争对手，还需警惕行业之外的竞争者，这些新入局者虽然不受传统行业规则的约束，却对市场充满渴望。在这种新的市场格局下，许多行业和企业可能面临前所未有的竞争压力。

为了应对市场的这种变化，企业开始通过互联网思维和数字化工具进行自我的变革。与传统信息化时代相比，这一时期的企业IT建设的内容已经发生了转变。企业不再局限于内部流程的微调和优化，而是需要数字化技术来促进对外部环境变化的适应，并推动商业模式和运营模式的创新与重塑。

二、服务对象的变化

在信息化时代下，企业IT的服务对象主要集中在内部用户，如员工、管理人员等，IT应用着重于内部运营的优化。随着商业环境的变化，商业主导权的转移从"产品为王"逐渐过渡到"用户为王"的时代。企业的竞争焦点也由产品质量和渠道控制转向对消费者需求的满足。

进入数字化时代市场变得更具开放和不确定性，竞争不再局限于传统行业界限，而是涉及跨界竞争者的介入，这些新竞争者通常带有创新的商业模式和更直接的用户连接。在这样的背景下，企业开始转变其商业模式，重点从内部流程优化转向对外部市场和用户需求的响应。

在数字化时代下，IT服务的对象转变为最终用户。企业开始采用以用户需求为中心的模式，实施个性化营销，构建以用户为中心的供应链体系，通过互联网工具和思维方式实现快速地响应市场和消费者变化。数字化不仅是技术的应用，更关注于如何利用技术创造独特的用户体验，满足用户的个性化需求。

数字化时代的企业不再仅关注内部IT服务，而是要求IT系统和服务能够帮助企业以实现用户需求为中心，重新定义客户价值和企业战略。这意味着企业需要将数据和洞察力转化为竞争优势，利用新技术创造新的产品和服务，以实现"为用户创造价值"的企业宗旨。

三、建设重点的变化

在企业信息化的早期阶段，IT技术应用的核心在于通过管理思维强化流程和管控，以实现业务的标准化和协同化。这种做法通常依赖于成熟的套装软件来优化企业流程，目的在于加强管理严格性和提高效率。随着这种方法的普及，企业开始实现流程和数据的标准化，从而构建起统一的管理框架。尽管这为企业带来了协同运作的便利，但在决策支持方面的作用有限，系统未能在决策层面提供实质性的帮助。

随着数字化时代的到来，企业IT建设的重心转向了数据的整合、分析和挖掘。在这个阶段，数据和算法成为了企业提升竞争力的关键资源。企业由产品、服务、技术为核心逐步转变为以数据为核心，数据的价值也在企业战略中占据了重要位置，并推动了商业模式的重构。

在数据驱动的商业模式下，数据不再是被动记录的附属物，而是成为了激发新价值的活跃资产。数据的活用和算法的优化推动了产品的持续迭代，为用户提供了更加个性化的体验，使企业能够更有效地预测市场趋势，响应消费者的需求。IT建设不仅是关于技术的实施，而是关于如何通过技术转化数据为洞察力和竞争优势，实现以用户为中心的业务创新。因此，企业IT的建设重点从流程优化转移到了数据和算法的应用，以及如何将这些转化为实际的商业成果。

四、建设方法的变化

在信息化时代的初期，企业信息化建设采取了自上而下的总体规划方法，强调顶层设计的必要性。这种方法的形成是基于多年的实践和一系列失败后的经验总结。

然而在数字化时代，企业所处的外部环境变得更加动荡、不确定、复杂和模糊，这种情况下，进行全面的顶层设计也变得更加困难。因此，数字化建设的方法开始转向更加灵活和适应性的原则，结合了顶层设计与摸着石头过河的策略。在这个时代，过去强调的统一性和标准化等特征，开始让步给敏捷性、迭代性和容错性等新理念。

如今，设计思维、精益创业和敏捷开发等方法论在业界获得了广泛认可。这些方法论形成了一套新的工作流程，从深入理解业务需求，到方案的快速迭代，再到敏捷的产品开发，这一系列流程都是围绕迅速适应市场变化和满足用户需求而设计的。

数字化时代的这种环境不确定性要求IT建设方法必须与时俱进，这与之前基于成熟软件套装进行定制化开发的方法形成了鲜明对比。曾经盛行的瀑布式开发模式，以其刚性和线性的特点，正逐渐被淘汰。新的时代呼唤着以用户为中心的快速迭代开发方法，这种方法不仅强调用户体验的重要性，也倾听用户的反馈，并将用户的意见融入IT产品的开发过程中。

五、技术架构的变化

经济学理论提出，技术进步是推动经济增长和结构性变革的关键力量。数字化时代的商业变革同样离不开技术创新的推动，计算模式的变革周期大约每15年就会出现一次显著的转变。

数字化时代的IT架构已从信息化时代的单体式、竖井式架构转变为更加分布式和灵活的模式。早期的架构以稳定和统一为主，但随着业务变革的加速，这种架构已经难以满足快速发展的商业需求。新的架构需要能够快速地适应变化、支持创新，并实现更高效的数据处理。

现代的信息技术正在经历一个由多项技术突破、发展和融合所引发的质变过程。这些新技术可以被归纳为"云端""管道"和"端点"三个层面，分别对应于数据计算分析、数据传输和自动化数据采集。这些层面共同支撑起一个高效、协同的IT系统架构，其中"云端"提供数据处理的平台，"管道"确保数据的传输，而"端点"负责数据的采集和输入。

数字化技术的发展强化了企业能够快速迭代和试错的能力，这在快速变化的商业环境中至关重要。数字技术的迭代速度更快，连接的机会更多，算法更为复杂，算力也更为强大。这些技术的进步不仅为企业提供了更多的创新点和商业模式验证的途径，也使得企业能够更快速地适应市场变化，持续创造价值。

虽然信息化与数字化在技术架构和应用方法上有所差异，但它们在本质上仍然致力于通过更高效的连接、更智能的算法和更强大的算力来驱动业务发展。数字化扩展了信息化的范畴，使得连接更加便利，而算法和算力的进步则为企业提供了更多的可能性，帮助企业紧跟时代的步伐。

第三节　企业数字化转型的分类与内涵

根据数字化转型对企业现有业务改变的程度，可将数字化转型划分为"存量业务优化""增量业务创新"两个维度，对应不同的商业战略和数字化战略[1]。

优化存量业务着眼于当前商业模式的数字化提升，其通过采用先进的数据技术和算法，从而改进生产和运营流程，旨在实现更低的成本和更高的客户满意度之间的最佳平衡，以减少运营开支或增加业务收入。

创造增量业务则关注于通过数据洞察重构商业模式或开发全新业务线，可能包括产品、服务或整体商业模式的根本性变革。

基于这两个维度，企业的数据中心数字化转型战略可以划分为四种类型：精益式转型专注于效率和成本的优化；增强式转型侧重于通过数字化提

---

[1] 吴超，赵静，罗家鹰.营销数字化一路向C构建企业级营销与增长体系[M].北京：机械工业出版社，2022：4.

升现有业务；创新式转型寻求通过全新的数据应用来创造业务价值；而跃迁式转型是一种更为激进的策略，旨在彻底重构现有商业模式或创建新的业务模式。

一、精益式转型

精益式转型旨在通过对数据中心的深度利用来强化战略目标的实现。这种转型方式关注于利用数据和先进的技术来优化产品和服务的提供、数据的生成和处理方式，以及组织的管理模式。通过在这些关键领域进行数字化变革，企业不但能够更有效地推进其战略目标，而且能够巩固或扩大其在市场中的战略优势。

企业选择精益式转型通常基于战略需求的分析，识别出那些对企业战略目标贡献最大的领域，并集中资源和努力在这些领域上实现数字化升级。这些领域可能包括提升产品质量、服务流程的自动化、生产方式的数字化，以及提高组织管理的效率和透明度。通过这种方法，企业可以在现有的商业模式框架内实现经济增长和提升竞争力，而不必进行商业模式的根本性重构。

精益式转型的核心在于"做得更好"，而不必"做得不同"。它着重于现有业务流程的优化、成本效益的提升和风险的降低。在此策略下，数据分析和洞察被用来识别效率低下的环节，优化资源分配，减少浪费，并提升客户满意度。精益式转型的企业通常拥有大量的历史数据，而这些数据可以被分析和利用，以改进决策制定过程，提高响应市场变化的能力。

精益式转型也涉及组织文化的变革，鼓励团队采用数据驱动的决策方式，建立起跨部门协作的环境，以数据和结果为中心的工作文化逐渐形成。这种文化变革有助于企业在竞争激烈的市场环境中快速响应，保持其产品和服务的相关性和吸引力。

二、增强式转型

虽然增强式转型与精益式转型在本质上有所相似,但在执行方式上存在显著差异。在增强式转型中,企业对数据中心涉及的所有业务场景进行全面的数字化升级。这种转型通常由企业的中层管理人员和数字化专家共同推动,变革的范围更为系统化和全面性。通过这种方式,企业可以在短时间内实现显著的业务优化和效率提升,从而更快地实现数字化的全面价值。

这种转型策略的成功在很大程度上取决于企业对自身特点的深刻理解,以及中层管理人员和数字化专家团队的有效协作。企业需要识别那些最具潜力的数字化升级领域,并确保整个组织能够迅速适应新的运作模式。涉及的关键因素包括以下七个方面:

(一)全面的技术评估

在增强式转型的背景下,全面的技术评估这一过程不仅涉及对现有技术基础设施的现状分析,还包括确定哪些领域最需要数字化升级,以及如何有效地整合新技术。这种评估的目的是确保企业能够在短时间内实现显著的业务优化和效率提升,从而更快地实现数字化的全面价值。

(二)员工培训和文化变革

员工培训和文化变革不仅关乎技术层面的变革,更涉及企业文化和员工行为方式的根本改变。在数字化转型的过程中,不但确保员工能够适应新技术,并能有效利用这些技术提升工作效率,这也是实现转型成功的关键。

(三)数据治理和安全

在实施增强式转型的过程中,随着技术的快速发展和数字化应用的深入,大量的数据被生成、存储和处理。在这种背景下,确保数据的完整性和合规性(如数据安全)对于企业的长期发展和声誉至关重要。

(四)高效的项目管理

在增强式转型过程中通常牵涉企业的多个部门和团队,协调这些不同部门和团队之间的工作,确保项目的顺利进行和成功完成,是一项极具挑战性的任务。有效的项目管理不仅关乎任务的分配和执行,更涉及资源配置、时间规划、风险控制以及可持续的沟通和协调。

(五)绩效跟踪和调整

在增强式转型过程中,企业需要建立一套有效的机制来实时监控转型过程中的各项指标,并基于收集到的反馈信息及时进行调整。这一过程不仅有助于及时识别和解决问题,也确保转型策略的有效实施和持续优化。

(六)客户体验的提升

转型策略不仅要着眼于内部操作的优化和效率提升,也需要确保这些变革能够直接或间接地增强客户满意度。客户体验满意度的提升不仅有助于维护和增强现有客户关系,还能吸引新客户,从而在竞争激烈的市场中取得优势地位。

(七)持续的技术更新和迭代

考虑技术领域的快速发展和不断变化的业务需求,企业必须保持对新技术进展的敏感性,以确保其技术基础设施始终处于行业领先水平。这种持续的技术更新和迭代不仅有助于提升企业的运营效率和市场竞争力,还能够帮助企业捕捉新的商业机会。

三、创新式转型

创新式转型最突出的特征是对数据中心承载业务场景的实现方式或商业

模式发生了颠覆式变革，可以说是一种业务模式的重塑[1]。在创新式转型中，企业通常会选择少数具有代表性或重要性的业务场景作为变革的起点。而这些场景通常被视为实现突破和探索的关键领域。这种策略的选择往往源于企业所处竞争领域的显著变化，如竞争优势的丧失、市场地位的动摇或行业规则的改变。在这种背景下创新式转型不仅是企业适应市场变化的选择，更是生存和发展的必然要求。

进行创新式转型的企业会面临一系列的挑战与机遇，挑战在于企业需要快速响应市场变化，重新定义自己在市场中的定位和策略，而机遇则在于通过创新能够发掘新的市场空间，创造新的价值主张，并能在新的商业模式中占据领先地位。

创新式转型的关键点包括以下八个方面：

（一）重新思考商业模式

企业需要对现有的商业模式进行深入地分析，识别哪些方面需要根本性的改变，以适应市场的新需求和新规则。

企业必须对现有商业模式进行全面审视，这包括对其价值主张、客户群体、收入来源、成本结构和关键业务流程的评估。这种分析能够帮助企业识别现有模式中的强项和弱项，以及面临的潜在挑战和机遇。此外，企业还需要考虑其商业模式在当前市场环境下的可持续性，特别是在考虑技术进步和消费者行为的快速变化。企业需要识别哪些方面的商业模式需要根本性改变。这可能涉及转变价值创造方式，如从产品销售转向服务提供，或者从单一收入来源转向多元化收入模式。企业还需要考虑如何利用新技术创新来增强其商业模式，如通过大数据分析来优化产品设计和市场定位，或通过数字化平台来改进客户互动和服务交付。企业还应该密切关注市场的新需求和新规则。这包括对市场

---

[1] 温柏坚，高伟，彭泽武.大数据运营与管理 数据中心数字化转型之路[M].北京：机械工业出版社，2021：154.

趋势、竞争对手策略和客户偏好的持续监测。通过对这些因素的了解，企业可以更好地预测市场的变化，及时地调整其商业模式，以适应这些变化。

（二）重视数据和技术的作用

在创新式转型的过程中，数据和先进技术在推动商业模式变革中扮演着核心角色，它们不仅是实现转型的工具，更是驱动创新和提升竞争力的关键因素。

数据在创新式转型中的价值体现在其能够提供深刻的业务洞察力和指导决策。在当今的数字化时代，企业可以通过各种手段收集大量数据，包括客户行为数据、市场趋势数据、运营数据等。通过对这些数据进行深入的分析和挖掘，企业可以获得关于市场需求、客户偏好和运营效率的宝贵信息。这些信息不仅有助于企业改进现有的产品和服务，还能够指导企业发现新的商业机会和创新点。

另外，先进技术的应用是创新式转型成功的关键。新兴技术如人工智能、云计算、大数据分析、物联网等，为企业提供了实现商业模式创新的强大工具。例如，人工智能技术可以帮助企业实现智能化的客户服务，提高服务效率和质量；云计算则为企业提供了灵活的基础设施，支持企业快速扩展和灵活运营。

（三）培养创新文化

创新式转型要求企业必须建立一种鼓励创新、容错和快速迭代的企业文化。这种文化的建立对于企业转型成功至关重要，它不仅影响企业的策略和决策过程，还直接影响员工的行为、态度和参与度。

创新文化的核心在于鼓励和奖励创新思维和实践。这意味着企业需要提供一个环境，让员工可以自由地表达新想法，即使这些想法可能与传统观念不同或看似冒险。在这种文化氛围中创新被视为推动企业发展的关键因素，而不是风险或不确定性的源头。为此，企业可能需要重新审视现有的激励机制，确保它们能够有效地激发和奖励创新行为。容错是创新文化的另一个重要方面。

在追求创新的过程中，失败是不可避免的，因此企业需要建立一种容忍失败、从失败中学习的文化。这种文化鼓励员工去尝试新方法和策略，并且在尝试过程中即使遇到失败也不会受到惩罚。相反，这些经验被视为学习和成长的宝贵机会。这样的环境可以鼓励员工更加积极地参与创新活动，因为他们知道企业会支持他们的探索和实验。快速迭代也是创新文化的关键组成部分。在快速变化的市场环境中，企业需要能够迅速响应市场变化，并及时调整其产品、服务和业务模式。这要求企业的创新过程不仅要追求创新的高度，还要注重速度和效率。通过快速迭代的方法，企业可以快速测试新想法，收集反馈，然后根据这些反馈进行改进和调整。

（四）快速试错和迭代

在不断变化和高度不确定的市场环境中，企业需要采用更加灵活的方法，快速测试新的想法，并根据结果进行迭代和调整。这种方法不仅加快了创新的步伐，还降低了因长时间坚持无效策略而造成的成本浪费和存在的风险。

快速试错的核心在于快速实施新的想法和策略，并及时收集反馈。这种方法强调的是行动而非完美，目的在于通过实践而不是仅仅通过理论推理来验证想法。企业可以通过开展小规模的试点项目或者创建原型，这样不仅可以快速得到市场反馈，还可以在较低的成本和风险下测试新的商业模式或产品。例如，企业首先可以推出一个新产品的基础版本，收集早期用户的反馈，然后根据这些反馈优化产品。紧随其后的是迭代过程，即基于反馈和测试结果不断改进和调整。在这一阶段，企业首先需要对收集到的数据进行深入地分析，识别成功的要素和失败的原因。然后，根据这些洞察，调整产品特性、市场策略或商业模式。迭代过程的关键在于持续改进和适应，而不是一次性达到完美。在快速试错和迭代的过程中，企业还需要培养一种灵活和适应性强的组织文化。员工应被鼓励拥抱变化，敢于尝试新事物，而管理层则需要提供支持和资源，以促进创新的发展。同时，企业需要建立有效的内部沟通机制，确保团队之间可以快速分享信息和学习经验，从而加快迭代过程。

（五）客户洞察和需求预测

深入了解客户的需求，并预测未来趋势是确保创新符合市场需求的重要因素。企业的成功在很大程度上取决于其能否准确捕捉并满足客户的期望和需求，所以对客户洞察的深化和对未来趋势的准确预测成为了企业在创新式转型中不可忽视的关键点。

对客户需求的深入了解要求企业进行综合性的市场研究，包括客户行为分析、市场趋势观察和竞争对手策略评估。通过各种数据收集和分析手段，如客户调查、社交媒体分析、行业报告等，企业可以获得关于客户偏好、行为模式和购买决策过程的深刻洞察。这些信息对于企业改进产品和服务、优化用户体验以及制定有效的市场策略至关重要。需求预测涉及对市场未来发展趋势的分析和预测。这不仅包括对现有市场数据的分析，还需要对新兴趋势和技术发展进行前瞻性的思考。利用大数据分析、人工智能和市场模型等工具，企业可以预测未来的市场变化和客户需求，从而在创新策略和产品开发上保持一步领先。在客户洞察和需求预测的基础上，企业需要灵活调整其商业模式和运营策略。这可能涉及开发新产品或服务以满足新兴的客户需求，或调整现有产品以更好地适应市场变化。同时，企业需要关注客户体验的优化，确保创新能够在提高客户满意度和忠诚度方面产生积极影响。

（六）灵活的组织结构

为了更好地适应快速变化的市场环境，企业可能需要调整其组织结构，使之更加灵活和响应迅速。传统的层级化、刚性的组织架构往往难以适应现代市场的动态性和不确定性，转型成功的企业通常会重新考虑和调整其组织结构，使之更加灵活、适应性强，反而以快速响应市场变化和内部创新需求。

灵活的组织结构能够加速决策过程和执行效率。在这种结构中，决策权下放到更接近市场和客户的团队，使他们能够根据最新的市场信息快速做出反应。这种中心化的决策机制不仅能够提高反应速度，还能够提升员工的参与度和责任感。灵活的组织结构促进跨部门协作和知识共享。通过打破传统部门间的壁垒，企业可以更有效地利用其内部资源，促进不同团队之间的信息流通和合作。这种跨部门的协作对于创新活动尤为重要，因为创新往往需要不同领域和专业的知识和技能的结合。灵活的组织结构还支持快速迭代和持续创新。在这种结构下，企业可以快速组建项目团队，针对特定的市场机会或创新项目进行工作。这些团队通常具有较高的自主性，可以根据项目需要灵活调整其策略和工作重点。项目完成后，团队成员可以迅速转移到其他项目，从而保持组织的动态性和创新能力。

（七）强化合作伙伴关系

在转型过程中，与外部合作伙伴的协作可以为企业提供关键资源和新思路。转型过程往往随着新技术的应用、新市场的探索和新业务模式的开发，这些活动往往超出了单个企业的能力范围，与外部合作伙伴的协作成为获取关键资源、分享风险和加速创新的重要途径。

合作伙伴可以提供企业所缺乏的关键技能和专业知识。在快速变化的技术环境中，保持在所有领域的领先并非易事。而通过与专业的技术供应商、研究机构或行业领先企业的合作，企业可以快速获得所需的专业技术和知识，加速产品开发和市场推广。强化合作伙伴关系有助于企业拓展新市场和客户群。合作伙伴可以分享他们的市场洞察、客户网络和销售渠道，帮助企业更有效地进入新市场。这种合作，尤其对于那些寻求国际扩张或进入不熟悉领域的企业至关重要。与合作伙伴的协作还可以提高创新的效率和效果。合作伙伴可以共同参与研发项目，降低研发成本和风险。这种协作模式不仅有助于资源的优化配置，还能够在创新过程中引入多元的视角和想法，从而提高创新的质量和成功率。

（八）持续的市场监测和调整

企业需要持续监测市场变化，以便及时调整其战略和操作。这个过程要求企业不仅要关注当前的业务运行,而且需要对市场趋势、客户需求、技术进展以及竞争环境保持敏感和反应迅速。

持续的市场监测意味着企业需要建立一套全面的信息收集和分析机制,以确保能够实时捕捉市场动态。这包括监测行业趋势、竞争对手的动向、消费者行为的变化,以及相关技术的发展。企业可以通过这些信息更准确地了解市场环境,识别新的商业机会,或提前预见潜在的市场威胁。基于市场监测的结果,企业需要能够及时地做出策略和操作上的调整。这可能涉及产品或服务的迭代、营销策略的调整、新技术的应用,或是对整个商业模式的转变。灵活迅速的调整能力是企业在竞争激烈的市场中存活和发展的关键。在实施市场监测和调整时,企业需要考虑内部决策流程的效率和有效性。这要求企业的领导层和管理层具备高度的市场敏感性和决策效率,以及在必要时能够快速动员资源和调整方向。企业还需要确保信息在组织内部的流动畅通,确保各个部门和团队能够及时了解市场变化并做出响应。企业还需要利用先进的数据分析和市场研究工具来支持市场监测和策略调整。数据分析工具可以帮助企业从大量的市场数据中提取有用的洞察,而市场研究则可以提供更深层次的理解和预测。这些工具和方法能够显著提高市场监测的准确性和决策的科学性。

四、跃迁式转型

跃迁式转型不仅是一种改进或增强,还是一次彻底的、跨越式的转变,它涵盖了数据中心所有的业务场景。这种转型的特点是全方位、多层次的变革,触及企业运营的各个方面,包括产品和服务、生产方式、管理方式,以及商业模式本身。

进行跃迁式转型的企业,通常面临着市场环境的剧烈变化或内部发展的重大挑战,其需要通过根本性的变革来重塑自身的市场地位和竞争力。这种转型策略非常具有挑战性,因为它要求企业在所有层面上同步进行深刻的变革,这不仅包括技术和业务流程的变革,还包括企业文化和组织结构的重塑。

跃迁式转型的关键要素包括以下八个方面：

（一）全面的环境评估

企业需要对其所处的商业环境和内部环境进行全面、准确的评估，以确定转型的必要性和可行性。企业需要综合考虑其所处的商业环境和内部环境，包括市场趋势、竞争格局、技术发展、客户需求以及企业自身的资源和能力。

商业环境的评估要求企业能够深入分析其所处行业的当前状况和未来趋势。这包括但不限于市场增长率、竞争对手的动态、行业法规的变化以及新兴技术的影响。企业可以通过这种分析理解行业的运作模式和发展趋势，识别行业中的机会和威胁。企业需要评估其内部环境，包括组织结构、企业文化、技术基础设施、财务状况和人力资源。内部环境的评估可以帮助企业确定自身的强项和弱点，理解在转型过程中可以利用的资源和可能面临的挑战。例如，企业的基础设施可能需要升级以支持新的商业模式，或者企业文化可能需要变革以更好地适应市场变化。客户需求的分析也是环境评估的重要组成部分。了解客户的当前需求和未来趋势可以帮助企业在转型过程中更好地定位其产品和服务。这要求企业进行市场调研和数据分析，以获得关于客户行为和偏好的深入洞察。在环境评估的基础上，企业还需要评估其转型的可行性。这包括评估企业实施转型所需的资源和能力，预测转型的潜在风险和回报，以及制订实施计划。可行性评估帮助企业确定转型的具体目标和步骤，以及如何有效地利用资源和管理风险。

（二）战略的重塑

跃迁式转型涉及对企业核心战略的彻底重新思考，包括市场定位、目标客户群体和竞争优势的重新定义。这种重塑不仅是对现有策略的调整，更是一次深层次的变革，旨在使企业能够适应剧烈变化的市场环境，重新确立其在行业中的地位。

战略重塑要求企业重新考虑其市场定位。这意味着要明确企业在市场中所扮演的角色、所追求的目标市场以及如何在竞争中脱颖而出。企业需要深入分析市场的当前状态和未来趋势，评估自身的优势和独特性，并据此确定其市场定位。例如，企业可能决定从传统制造转向服务提供，或者从本地市场扩展到国际市场。目标客户群体的重新定义是战略重塑的关键组成部分。在变化的市场环境中，客户需求和偏好可能发生变化，此时企业需要识别并专注于最有潜力的客户群体。这可能涉及对现有客户基础的重新评估，或是探索全新的客户群体。了解目标客户的需求、偏好和行为模式对于开发合适的产品和服务至关重要。竞争优势的重新定义也是战略重塑的重要方面。企业需要评估其在市场中的竞争力和独特卖点，并根据市场的变化对其进行调整。这可能包括技术创新、品牌重塑、成本优化或客户服务提升。

（三）组织结构的调整

为了适应新的业务模式，企业可能需要对其组织结构进行调整，以支持更快速的决策和更高效的运营。这种调整通常包括重新设计组织架构、优化流程以及改善决策机制。

组织结构的调整通常意味着从传统的层级制架构向更扁平化、更灵活的架构转变。在快速变化的市场环境中企业需要快速响应市场变化和客户需求，因此决策过程需要更加迅速和灵活。扁平化的组织结构可以减少决策层级，加快信息流通，提高组织的反应速度。为了适应新的业务模式，企业可能需要重新设计其内部流程。这包括简化和优化操作流程，消除不必要的步骤和烦琐的手续，以及采用新技术提高效率。流程的优化不仅能够提升操作效率，还能够增强客户体验，尤其是在面对客户服务和产品交付时。组织结构的调整还涉及决策机制的改进。

（四）技术基础设施的重建

企业可能需要投资于新的技术基础设施，以支持新的商业模式和运营方式。这涉及对企业现有的技术环境进行全面的重新评估和升级，以确保它能够支持新的商业模式和运营方式。技术基础设施的重建不仅是单纯的技术更新，而是企业转型战略的一个重要组成部分，旨在构建一个更加高效、灵活和创新的技术环境。

技术基础设施的重建要求企业进行全面的技术评估，以确定现有技术的状况和升级需求。这包括硬件设施、软件系统、数据处理能力和网络架构等各个方面。企业需要识别哪些技术已过时或不再适合新的运营需求，以及哪些技术可以继续使用或需要升级。这一过程要求企业不仅关注当前的技术需求，还要预见未来的技术趋势和需求。技术基础设施的重建往往涉及新技术的引入和应用。这可能包括云计算、大数据分析、人工智能、物联网和移动技术等。通过这些先进技术的应用，企业可以提高数据处理能力、优化业务流程、增强客户体验，并促进创新。

（五）文化和心态的转变

跃迁式转型不仅是技术和流程的变革，也是企业文化和员工心态的转变。这种转变涉及从企业最高层到一线员工的思维方式、工作习惯和价值观的全面更新。在技术和流程的变革之外，文化和心态的转变是支持持续创新和适应新商业模式的基础。

企业文化的转变意味着创建一个支持变革、鼓励创新和容忍失败的环境。在跃迁式转型中企业需要培养一种开放和协作的文化，鼓励员工勇于探索新想法、尝试新方法，并从失败中学习和成长。这种文化氛围有助于激发员工的创造力和主动性，为持续的创新提供土壤。心态的转变涉及员工对变革的态度和接受程度。在跃迁式转型中，员工需要摒弃固有的思维定势，拥抱变化，乐于学习新技能和适应新的工作方式。这要求企业通过培训、沟通和激励机制，帮助员工理解变革的必要性，增强他们对新方向的信心和投入。领导层在文化和心态转变中扮演着至关重要的角色。领导者需要通过自己的行为和决策来树立榜样，展示对变革的承诺和支持。领导者的态度和行为将直接影响员工的态度和参与程度。因此，领导者需要积极推动文化的转变，通过沟通和行动展示对创新和变革的支持。文化和心态的转变也需要一个长期和持续的过程。

企业需要定期评估文化和心态变革的进展，收集员工反馈，根据实际情况进行调整。这包括持续的培训和发展计划，以及定期的沟通会议和团队活动，以强化其新的价值观和工作方式。企业需要确保文化变革与战略目标相一致，确保所有员工都清楚企业的方向和目标。这样，文化和心态的转变不仅是企业内部的变化，也是企业整体战略的一部分。

（六）风险管理和缓解措施

鉴于跃迁式转型可能带来一定的风险，企业需要制定有效的风险管理策略和缓解措施。由于跃迁式转型涉及全面的业务场景改变和深层次的组织重塑，因此随着相当的风险。这些风险可能源于市场的不确定性、技术的复杂性、组织的抵抗、文化适应等方面。所以企业必须制定有效的风险管理策略和缓解措施，以确保转型过程的平稳进行和成功实施。

风险管理的一个重要方面是识别和评估转型过程中可能遇到的各种风险。这包括对市场风险、技术风险、操作风险、财务风险和合规风险的全面分析。企业需要通过深入的市场研究、技术评估和内部审计，来识别这些潜在风险并评估它们对企业的影响。了解风险的性质和潜在的影响是制定有效缓解策略的基础。企业需要制订具体的风险缓解计划，包括预防措施和应对策略。这可能涉及技术保障措施、财务保障机制、操作流程的优化和紧急应对计划。

（七）持续的创新和学习

在跃迁式转型的过程中，企业需要持续地创新和学习，以适应不断变化的市场和技术环境。在跃迁式转型下企业面临着根本性的变革，这不仅涉及技术和业务流程的变革，还包括思维方式和工作文化的转型。在这样的背景下，企业需要不断创新和学习以适应不断变化的市场和技术环境。

持续的创新对于保持企业竞争力至关重要。在快速变化的商业世界中，静止不前就意味着落后。企业需要不断探索新的技术、新的市场机会和新的业务模式。这种创新不仅涉及产品和服务的创新，还包括运营流程、商业策略和组织模式的创新。例如，企业可能需要采用新的技术来改进生产效率，或者开发新的商业模式以更好地满足客户需求。

（八）员工培训和参与

由于跃迁式转型涉及企业在多个层面的根本性变革，因此确保员工不仅理解这些变革的必要性，而且具备执行新战略和工作方式所需的技能，成为实现成功转型的基石。

员工培训在跃迁式转型中起着关键作用。随着企业战略的变化和新技术的引入，员工需要掌握新的技能和知识以适应新的工作要求。有效的培训计划应覆盖技术技能、新工具的使用、改进的业务流程，以及与新企业文化相关的行为改变等方面。这种培训不仅是单向的知识传递，更应该是一个互动和实践的过程，让员工能够在实际工作中应用新学到的技能。员工的参与对于确保变革成功至关重要。员工作为变革的直接实施者，他们对变革的态度和参与度直接影响转型的效果。因此，企业需要通过有效的沟通策略，确保员工了解变革的目的，以及他们在这个过程中的角色和责任。此外，鼓励员工提出建议和反馈，可以帮助管理层更好地理解实施过程中的挑战和机遇，同时能够增强员工的归属感和参与感。

第四节　企业数字化转型的意义

一般认为，数字化是指将传统的模拟信息转换为数字信息所带来的商业模式、消费模式、社会经济结构、法律和政策、组织模式、文化交流等方面的变化[1]。

---

[1] 董波，魏阙.新型研发机构的探索与实践[M].杭州：浙江工商大学出版社，2021：130.

第一章 概述

　　数字化转型作为数字化进程的高级阶段，涵盖了社会、产业和机构三个层面的深刻变革。这一转型过程不仅限于业务流程的数字化，更涉及组织结构、基础设施建设以及业务流程模块的全面数字化设计。不同于单一维度的数字化，数字化转型还蕴含着经营理念和企业文化朝向数字化的根本改变。尽管数字化转型被广泛认为对机构发展具有重要价值，实际上能够成功实施并完全实现数字化转型的机构占比并不高。

　　数字化转型对企业的深远影响表现在多个方面，从企业运营的角度，数字化转型通过增强连通性，促进了机构在市场发掘和数字服务创新方面的能力；从市场开拓的角度，数字技术显著提高了机构通过互联网拓展用户群的能力，并扩大了在线活动及移动应用的使用范围；从产业升级的角度，数字技术不仅改变了机构的业务流程，也改变了与外部合作伙伴的互动模式，从而提升了合作的深度与效率；从客户服务的角度，数字技术通过降低在线解决方案和用户自助服务的使用门槛，提升了服务的便利性和可及性；从交易成本的角度，数字技术优化了知识在机构内部和机构间的流动效率，从而有效降低了成本。

　　企业的数字化转型能够更有效地获取外部反馈，以解决内部问题，减少创新和研发投资的不确定性，使企业运营结果更加可控。这种转型不仅是技术层面的变革，更是组织文化和运营模式的根本重塑，对于企业的可持续发展和市场竞争力有着不可估量的影响。

一、提升企业竞争力

　　数字化转型赋予企业更强的市场适应能力和客户响应速度。在一个快速变化的商业环境中，能够及时捕捉市场趋势和客户需求的企业更有可能保持竞争优势。数字化工具和平台，如社交媒体分析、市场趋势预测系统，使企业能够实时监测市场动态和消费者行为，从而迅速调整市场策略和产品开发。

　　引入新技术如大数据、云计算和人工智能技术，为企业提供了创新产品和服务的机会。这些技术不仅加速了产品研发周期，还提高了产品的质量和市场适应性。例如，通过大数据分析，企业能够更准确地理解客户需求，定制个性化的产品和服务。云计算为企业提供了弹性的计算资源，降低了技术创新的门槛和成本。而人工智能技术则使企业能够开发智能化的解决方案，提高产品和服务的智能化水平。

数字化转型通过流程自动化和数据管理的高效性，优化了企业的成本结构。流程自动化不仅减少了人工操作的错误和时间成本，还提高了工作效率。高效的数据管理不仅改善了决策的质量，还降低了存储和处理大量数据的成本。例如，通过云存储和云计算服务，企业能够以更低的成本灵活地处理大规模数据。

企业数字化转型的意义在于它能够综合提升企业的市场敏感度、创新能力和运营效率，从而在激烈的市场竞争中保持领先地位。这种转型不仅是应对当前市场挑战的必要举措，更是企业实现长期可持续发展的关键。通过数字化转型，企业不仅能够构建一个更为灵活、高效和创新的商业生态系统，为未来的发展奠定坚实的基础。

二、优化客户体验

在企业数字化转型的过程中，企业能够利用数字技术的强大功能，收集和分析丰富的客户数据，从而深入理解客户的需求和偏好。数字技术的运用不仅使企业能够更加精确地把握市场脉搏，还能够更灵活地应对客户的多样化需求。

通过数字化手段，企业能够实现服务和产品的个性化定制，为客户提供更加满意和符合其期待的体验。个性化服务不仅体现在产品特性的定制上，还包括购买过程、客户支持和售后服务等方面的个性化体验。这种定制化服务能够更好地满足客户的个性化需求，提升客户的品牌和忠诚度满意度。

数字化平台和工具，如移动应用和社交媒体等，为企业提供了与客户互动和沟通的新渠道。这些平台不仅增强了企业与客户之间的联系，还提供了即时反馈和互动的机会，使得企业能够更快地响应客户的声音和满足客户的需求。社交媒体分析能够帮助企业洞察市场趋势和客户意见，从而更加精确地调整市场策略和产品设计。

企业通过优化客户体验，能够建立更加牢固的客户关系，创造更大的市场机会。通过对客户数据的深入分析和对市场动态的快速反应，企业能够更加高效地满足客户需求，提供更加优质的服务。数字化转型使企业在激烈的市场竞争中保持领先地位，不仅通过提升客户体验来增强市场竞争力，还通过持续的客户互动和服务创新来实现可持续发展。这种转型不仅涉及技术层面的变革，更关乎企业如何利用技术创造价值，提升客户满意度和品牌忠诚度。

三、增强企业决策能力

企业数字化转型在增强企业决策能力方面的意义体现在通过大数据分析和人工智能的应用，极大地提高了市场洞察的准确性和决策的智能化水平。在这一转型过程中，企业借助先进的技术手段，不仅可以获取更为全面和深入的市场数据，还能通过高效的数据分析实现对这些数据的有效解读和利用。这种深度洞察为企业提供了前所未有的决策支持，帮助企业在复杂多变的市场环境中做出更加精准和高效的战略决策。

大数据和人工智能技术的应用使企业能够从海量的数据中提取有价值的信息，进行综合分析，从而获得关于市场趋势、消费者行为、竞争对手动态等方面的深刻洞察。这些洞察不仅基于历史数据，还能够结合实时数据，提供更为动态和预测性的分析。例如，通过对社交媒体、在线销售数据和客户反馈的实时分析企业能够及时了解消费者的最新需求和偏好，从而迅速调整产品或服务策略。

实时数据分析的能力使得企业能够快速识别和响应市场变化。在当前快速变化的商业环境中，能够及时识别市场趋势和潜在风险，并迅速做出反应的企业更有可能获得市场优势。

四、提高企业运营效率

通过引入自动化流程、利用数字化工具和系统以及应用云技术，数字化可以显著提升企业的运营效率，并在多个层面上降低运营成本。

自动化流程在减少手动操作的需求方面通过引入自动化技术，企业能够减少因人为错误导致的风险，从而提高工作效率和准确性。自动化流程不仅涉及重复性高的基础性任务，也包括复杂的业务流程。例如，财务报告、库存管理和客户服务等领域通过自动化实现了高效率和低错误率的运作。自动化流程使企业能够快速响应市场变化，同时提高了员工的工作满意度，因为它们可以将精力集中在更具挑战性和创造性的工作上。

数字化工具和系统在供应链管理和库存控制方面能够提供实时的数据分析和可视化，使企业不仅能够更精确地预测需求，而且能够优化库存水平，从而降低库存成本和避免库存积压。此外，数字化供应链管理系统还提升了供应链的透明度和灵活性，降低了物流成本，提高了供应链的整体效率。

云技术的应用使资源共享更加方便，降低了IT基础设施的投资和维护成本。云平台提供了弹性的资源配置和按需使用的服务模式，使企业能够根据实际需求调整资源使用，从而减少了对昂贵硬件设施的依赖。云技术还使远程工作和团队协作变得更加高效，促进了企业内部和外部的通信和协作。

五、促进企业创新和可持续发展

企业数字化转型不仅加速了产品和服务的创新过程，还可以推动企业文化和运营方式的根本性变革，从而促进了企业的长期可持续发展。

数字化转型使企业能够利用先进的技术和工具，加快产品和服务的创新过程，缩短产品从概念到市场的时间。通过利用大数据分析、人工智能、云计算等技术,企业能够更快地收集市场信息和用户反馈,加快创新决策的过程。这种加速不仅体现在产品的研发阶段,也体现在市场测试和迭代优化的过程中。数字化工具使企业能够快速实施原型测试、市场反馈收集和产品优化,从而确保产品和服务能够更好地满足市场需求。

数字化转型也有助于推动企业文化的变革,鼓励创建更加开放和协作的工作环境。在数字化的企业中,信息流通更加畅通,员工能够更容易地分享知识和创意,促进了跨部门和跨团队的合作。这种开放和协作的文化环境不仅有助于创新思维的激发,也有助于创新实践的实施。从而使企业能够更快地响应市场变化,更有效地解决复杂的商业问题。

数字化转型还促进了企业在追求经济效益的同时,实现社会责任和可持续发展。通过实施环境友好的数字化解决方案,如云计算、绿色数据中心和数字化供应链管理,企业能够减少资源消耗和环境影响。这种转型不仅提升了企业的运营效率,还提升了企业的社会形象和品牌价值。可持续发展的实践也为企业赢得了消费者和投资者的信任和支持。

六、提升企业数据安全和合规性

数字化转型不仅涉及技术和业务流程的改革,还包括对企业数据安全性的全面提升,以及对数据保护法规和标准的严格遵守。在数字化转型的过程中企业面临着保护关键业务数据和客户信息安全的挑战,同时需要应对日益严格的数据保护和隐私法规。

企业的数据安全措施包括但不限于加强数据加密、确保数据传输的安全、建立健全的数据访问控制制度以及实施持续的数据安全监控和风险评估。通过这些措施,企业不仅能够保护自己免受数据泄露或网络攻击的影响,还能保护客户信息不被未经授权的访问和滥用。此外,数据安全的提升也有助于构建客户信任,加强品牌形象。

遵守数据保护法规和标准,不仅是法律义务,也是提高企业信誉和合规性的重要途径。随着数据保护法律的日益严格，如欧盟的《通用数据保护条例》（GDPR），企业需要确保其数据处理活动符合相关法律法规的要求。遵守这些规定，企业能够避免因违反数据保护法规而导致的法律风险和财务损失。

企业数字化转型的意义远超过简单的技术升级或效率提升。它涉及企业在全面适应数字化时代的各个方面，从提高运营效率、促进创新和可持续发展，到增强数据安全和合规性。通过整合现代数字技术，企业不仅能提高自身的效率和灵活性，还能在保护关键数据的同时，遵守日益严格的法律法规，从而提升企业整体的信誉和合规性。这一转型是企业在快速变化的市场环境中维持竞争优势、实现长远成长和发展的重要手段。

第二章　企业数字化转型的发展历程及应用

人类社会历史上的重要变革往往随着生产力要素的重大变革。例如，蒸汽机的发明催生了工业革命，极大地提升了生产效率。铁路的铺设促进了区域间的联系，加强了资源的整合。电力的普及则根本改变了人们的工作和生活模式。

20世纪中叶至21世纪初，出现了计算机、互联网和移动互联网等三次重要的生产力要素变革。这三种技术的出现与以往的变革有所不同。计算机的发明标志着数字化进程的启动，互联网的普及使数据在全球范围内流动，而移动互联网的兴起则实现了人与数据的紧密结合，创造了多种新的数字化应用场景。这些技术不仅是生产力的要素，更在中国特别地促成了一种思维方式的形成。互联网公司被视为数字化的典范，其所谓的"互联网思维"在过去十年中推动了众多创新，促进了社会的发展。

第一节　企业数字化转型的发展历程

企业信息化与数字化的发展历程可以分为五个主要阶段，每个阶段都反映了技术进步和企业需求变化的特点。

一、电子化处理阶段

在企业IT应用的最初阶段，即电子化处理阶段，企业主要利用简单的计算工具辅助手工处理数据。这一阶段的企业IT应用主要集中在效率提升上。由于技术的限制，这一阶段的应用较为孤立，不具备系统性。随着技术的发展，目前已经很少有企业处于这一阶段。

二、单业务应用阶段

进入单业务应用阶段，企业开始构建针对特定部门需求的信息系统，如财务核算、人事管理系统等。这一阶段的特点是信息化实施的碎片化和不均衡。由于缺乏整体规划，导致了孤立系统的建设，进而产生了数据重复和不一致的问题。这一阶段表现在中国企业中尤为普遍，许多企业的信息化从单个业务系统开始，逐渐发展。在企业或组织内，相比于其他的业务部门，IT部门往往发展历程较短。但是在信息化浪潮涌起后，IT部门成为发展最为迅速、重要性越发凸显的部门。当前数字化转型成为企业或组织的必由之路，为了能够充分发挥数字技术的优势，实现数据的价值挖掘，IT部门成为达成数字化转型目标的关键角色[1]。

此时，企业面临的主要问题是信息孤岛现象。由于缺乏总体规划和管控，不同部门各自建设系统，缺乏集成和整合。这导致信息孤岛现象普遍存在，异构系统和数据标准不一致问题严重。对于集团企业来说，这一阶段表现为下属企业系统多样化、信息和数据孤岛众多，造成了资源的重复浪费和集成共享的困难现象。此外，孤立的信息系统加剧了部门间的隔阂，导致部门优化反而可能降低整体效率，即"1+1<2"的现象。目前，中国仍有相当数量的企业处于这一阶段。

三、平台整合阶段

大平台整合标志着企业IT应用进入一个新的发展阶段，这一阶段的主要

---

[1] 新华三技术有限公司.聚变数字化转型的支点与实践[M].北京：机械工业出版社，2022：25.

目标是解决业务应用阶段形成的信息孤岛问题，实现跨部门、职能、组织的有效运作。企业开始认识到孤立的IT系统不仅未能促进业务发展，反而成了阻碍。因此，从2005年左右开始，中国的许多大型集团企业纷纷着手进行系统的整合。

这一阶段的特点主要包括以下三个方面：

（一）集成系统的推广

2000年前后，随着国外ERP厂商的进入，企业开始逐渐意识到孤岛系统存在的问题，并开始探索集成系统的建设。例如，制造企业通过建设ERP系统优化业务流程，通过SCM系统实现与上下游的信息共享，通过CRM系统对资源进行有效的分配。这一阶段有着通过集成系统替代分散系统成为IT系统建设的主要趋势。

（二）强化总部对下属机构的管控

传统的集团管控由于信息不对称而难以有效实施，但在系统整合和平台统一之后，总部对下属机构的管控力度显著增强。很多企业为了加强管控，投入巨资进行系统建设和整合，实现了"统一规划、统一平台、统一管控"的IT原则。

（三）端到端流程的优化

随着BPR理念的传入，企业开始重视业务流程的优化。端到端流程作为一种新的理念被广泛接受，它强调从市场需求出发，提供从输入到输出的端到端服务，使得企业流程更加高效和顺畅。

纵观大平台整合阶段对于很多大型集团企业来说是一个艰巨的任务。这一任务的实现不仅需要大量的时间和资源，还需要克服系统整合、互联互通、互操作等方面的挑战。这一过程被一些专家称为"系统集成的陷阱"，因为它涉及庞大而复杂的系统重构工作。

即便如此，这一阶段对于企业的IT建设来说仍然至关重要。通过系统的整合，企业能够实现更有效的数据管理和流程优化，从而提高运营效率和管理水平。但到目前为止，仍有许多企业未能实现从分散到整合的跨越。系统的分散、数据标准的不一致、流程的不统一，已经成为这些企业进一步发展的最大障碍。

四、数字化创新阶段

数字化创新时代是互联网技术发展的一个标志性阶段，与传统企业的系统整合和流程重塑形成了鲜明对比。互联网企业自诞生至今20多年，其快速的成长速度和影响力已经在历史上留下了深刻的烙印。互联网技术引发的消费革命不仅极大地影响了消费者的生活方式，也不断挑战和冲击着传统行业的发展模式，"颠覆""降维打击"和"跨界"成为互联网界的热门话题。

面对互联网企业的迅猛发展，传统企业开始了自己的数字化转型之路。对于这些企业而言，数字化转型已经超越了IT技术应用的层面，成为了一种关乎企业生死存亡的斗争。这种转型初期带有一种悲壮感，但逐渐演变成对新技术的深入探索和应用。云计算、大数据、物联网等技术不再只是单纯的技术工具，而成为推动传统企业进行业务优化、升级改造乃至商业模式创新的关键动力。

在数字化浪潮的推动下，各个行业都开始关注数字化建设、创新和转型。数字化创新与转型成为了企业IT应用的焦点，成为企业在市场竞争中保持领先地位的关键。企业不仅要学习和掌握新技术，还要不断探索如何将这些新技术应用于业务创新和模式转型。

数字化创新时代要求企业不仅要关注技术本身，还要关注技术如何与业务、市场和消费者需求相结合。这个时代的企业需要具备快速适应变化的能力，以及不断创新和探索新模式的精神。通过数字化创新，企业可以发现新的增长点，开创新的市场机会，实现长期的可持续发展。

智能化应用阶段已经成为企业IT应用的新前沿。当大众对数字化技术还尚感迷茫时，许多先行者已经开始为智能化时代做好准备，人工智能、脑机接口、量子计算等尖端技术正在迅速发展，智能化时代的曙光已经出现。

五、智能化革新阶段

智能经济以云计算、大数据、物联网、移动互联网等新一代信息技术为基础，以人工智能(AI)、虚拟现实(VR)等为代表的智能技术与经济社会各领域的深度融合和深入应用为主要内容，以智能产业化和产业智能化为主要形式，推动生产方式、生活方式和社会治理方式智能化革新的一种新型经济形态[1]。智能化的核心是利用网络、大数据、物联网和人工智能等技术，使事物具备更加灵敏准确的感知能力、正确的思维判断能力、自适应的学习能力以及有效的执行能力。这些技术的集成和应用，使机器能够对外部环境做出及时响应，并能够代替人类进行决策。智能化的关键在于处理人与机器的关系，未来的商业决策将越来越多地依赖于机器学习和人工智能。机器在商业决策中的角色将变得越来越重要，预计未来IT技术将具备甚至超越人类智慧的能力，实现自动感知、自动传输和自我决策。

在这一智能化应用阶段将大大降低了管理人员决策的工作难度，提高决策的效率和准确性。机器具备的智能将超过目前人工操作带来的效果，为企业带来全新的管理和运营模式。

企业数字化的这五个阶段并非简单的替代关系，而是一个继承与发展的过程。每个新阶段都是在前一阶段的基础上引入新技术和新理念，解决旧阶段的问题或"瓶颈"，创造新的业务价值。从企业IT建设的历程来看，数字化不仅是信息化建设的一个新阶段，也是通往未来智能化时代的桥梁。

智能化应用阶段代表着企业IT应用的前沿方向，对企业意味着更高层次

---

[1] 徐苏涛.大破局[M].北京：新华出版社，2021：37.

的自动化和智能化,更有效的资源配置和运营优化。随着技术的不断进步和应用的深化,智能化将在未来的企业管理和运营中扮演越来越重要的角色。企业需要不断适应这些变化,不断探索和应用新技术,以维持竞争优势并实现可持续发展。

第二节　数字化在企业生产领域的应用

作为数字经济的关键生产要素,数据能够将劳动力从简单的体力劳动中解放出来,通过不断激发人类的智力潜能促进经济高质量发展[1]。

一、数字化生产的定义

在当前的经济和工业发展背景下,数字化生产方式已经深刻地影响着生产效率、产品质量、市场响应速度以及客户满意度等,从而在全球化竞争中为企业赋予了显著的优势。

数字化生产方式是指利用先进的数字技术,将信息化和自动化技术融入生产过程中,以提高生产效率和灵活性的一种现代生产模式。这种方式涉及从设计、制造到销售的整个生产链条,通过数字技术的应用,使生产过程更加智能化、高效化和个性化,核心技术包括工业互联网、智能制造、云计算、大数据分析和人工智能等。

在这种生产模式中,数据的收集、分析和应用成为提升生产能力的核心。通过实时监控生产过程、预测维护需求、优化生产流程和个性化产品设

---

[1] 黄奇帆,朱岩,邵平.数字经济 内涵与路径[M].北京:中信出版集团股份有限公司,2022:109.

计，数字化生产方式为企业带来了前所未有的灵活性和高效率。

数字化技术使生产过程更加透明和可控。通过实时数据的监控和分析，企业能够及时发现生产中的问题，快速做出调整，有效提升生产效率和产品质量。例如，智能传感器和机器学习技术的应用，不仅可以实现设备的预测性维护，而且减少意外停机时间，降低生产成本。

数字化技术促进了生产模式的转变。传统的大规模标准化生产模式正逐渐向大规模定制化生产模式转变。在这种模式下，企业能够根据消费者的个性化需求，快速调整生产线，实现小批量、多样化的生产。这种灵活性不仅提高了客户满意度，也为企业开拓了更广阔的市场空间。

数字化技术在提升供应链管理效率方面发挥着关键作用。通过云计算和大数据技术，企业能够实现供应链的全局优化，提高资源配置的效率，降低库存成本，提高对市场变化的响应速度。

数字化技术对于企业的长期可持续发展具有重要意义。数字化技术不仅提高了生产效率，还降低了能源消耗和废物产生，有助于企业实现绿色生产和可持续发展目标。

数字化生产方式是企业适应当前经济发展趋势，提升竞争力的必由之路。通过整合数字化技术，企业不仅能够提高生产效率和产品质量，还能够灵活应对市场变化，满足客户需求，从而实现环境的可持续性目标。

二、数字化技术的核心要素

在数字化生产方式的实施过程中，工业互联网和智能制造作为两大核心要素的结合和应用标志着生产方式的根本性变革，为企业带来了全新的生产效率和市场竞争力。

（一）工业互联网的概念与应用

工业互联网是通过将先进的信息技术和工业设备相结合，实现设备的互联互通，优化生产流程和提高生产效率的一种技术应用。它的实施，基于物联网（IoT）的技术，使各种生产设备能够相互连接并实时交换数据。这种技术的核心在于利用大数据和云计算技术，对生产过程中生成的大量数据进行收集、分析和应用，从而实现生产过程的智能化和优化。

在工业互联网的应用中，关键技术包括传感器技术、自动化控制技术、机器视觉技术等。传感器技术用于收集设备的运行数据，自动化控制技术用于实现设备的自动化操作，而机器视觉技术则用于实现设备的智能识别和判断。通过这些技术的应用，生产设备能够实现更加精确的控制，从而提高生产效率和产品质量。

工业互联网还在生产过程中的监控、维护和预测性维护方面发挥着重要作用。通过对设备的实时监控，可以及时地发现设备故障和生产异常，从而减少停机时间和生产损失。而预测性维护则通过对设备运行数据的分析，预测设备可能出现的故障，提前进行维护，避免意外停机。

（二）智能制造的技术基础和应用场景

智能制造是基于数字化技术的一种先进制造模式，其核心在于利用计算机技术、信息技术和控制技术，实现生产过程的自动化、智能化和柔性化。智能制造的技术基础包括人工智能、机器学习、机器人技术、3D打印技术等。

人工智能和机器学习技术的应用，使生产设备不仅能够自动执行生产任务，还能够根据生产环境和生产数据自主学习和优化生产过程。机器人技术的应用，则使生产过程中的重复性和危险性工作能够由机器人来完成，提高生产安全性和效率。而3D打印技术则为产品的快速原型制作和小批量定制化生产提供了可能。

在智能制造的应用场景中，一个典型的例子是汽车制造业。在汽车制造过程中，通过应用机器人技术和自动化技术，可以实现生产线的高效运作，减少人工操作，提高生产效率和产品质量。同时，通过应用人工智能和大数据技术，可以对生产过程进行优化，实现更加精准的需求预测和库存管理。

三、生产方式的变革

（一）从传统生产到数字化生产的转变

历史上生产方式经历了从手工到机械化再到自动化的转变。近年来随着数字技术的飞速发展，企业的生产方式正经历着一场深刻的变革，即从传统生产方式向数字化生产方式的转变。传统生产方式以机械化为主，依赖于人力和标准化的机械设备，生产流程固定，灵活性和可调整性有限。而数字化生产方式则利用先进的信息技术，如大数据、云计算、人工智能、物联网等，实现生产过程中的信息化和智能化。

在数字化生产方式中，各种传感器和智能设备被广泛应用于生产线，实时收集和分析生产数据，以实现对生产过程的实时监控和优化。此外，数字化生产方式通过集成的信息系统，实现了供应链的紧密连接和高效协作。这种方式不仅提高了生产效率和产品质量，还提升了企业对市场变化的响应速度和灵活性。

数字化生产方式的核心优势在于其高度的灵活性和适应性。与传统生产方式相比，它能够更快地适应市场需求的变化，快速调整生产计划和产品设计，从而满足市场对多样化和个性化产品的需求。数字化生产方式还能够提高资源利用效率，减少浪费，有助于实现可持续发展。

（二）大规模标准化生产与大规模定制化生产的比较

在传统的大规模标准化生产模式中，生产过程高度标准化，重视规模效应和成本控制。这种模式适用于大批量、单一产品的生产，能够有效地降低单位产品的成本。然而，这种生产方式的缺点在于其对市场变化的响应较慢，产品的多样性和个性化程度有限。

相比之下，大规模定制化生产模式是数字化生产方式的重要特征之一。这种模式通过灵活的生产流程和高度信息化的生产管理，能够在保持较低成本的同时，提供多样化和个性化的产品。在大规模定制化生产模式中，每个产品或小批量产品可以根据客户的具体需求进行定制，从而更好地满足市场的多样性需求。

大规模定制化生产模式的实施，依赖于高度的数字化和自动化技术。通过使用先进的生产技术，如机器人、自动化装配线、3D打印等，以及强大的数据分析能力，企业能够灵活调整生产流程，快速响应客户的定制需求。此外，这种模式还通过数字化的方式实现供应链的紧密整合，优化库存管理，降低库存成本。

数字化生产方式的变革正使大规模标准化生产逐渐向大规模定制化生产转变。这种转变不仅提高了生产效率和产品质量，还使企业能够更灵活地适应市场的多样化需求，增强其市场竞争力。

四、用户需求驱动的生产模式

（一）用户需求在数字化生产中的角色

数字化生产模式将用户需求放在生产决策和流程设计的中心，从而确保生产出的产品不仅质量上乘，还能精确满足市场和消费者的具体需求。在这个框架下，用户需求成为影响产品设计、生产流程和供应链管理的主要因素。

在数字化生产的环境中，企业可以利用先进的技术工具来收集、分析并利用用户数据，从而深入了解和预测用户需求。这种理解不仅限于产品的基本功能，还包括用户对产品设计、性能、定制化和个性化服务的期望。有效的用户需求分析能够指导企业在产品开发、生产计划和市场策略上做出更明智的决策。

（二）如何通过数字化技术捕捉和理解用户需求

理解和满足用户需求在数字化生产中至关重要。要实现这一目标，企业需要借助多种数字化技术和工具。

1.数据收集和分析

企业可以通过各种在线平台和社交媒体渠道收集用户反馈和评论，利用大数据分析技术深入分析这些信息。而通过数据挖掘和机器学习算法,企业能够识别用户行为模式、偏好和未满足的需求。

2.客户关系管理系统(CRM)

CRM系统是收集和管理客户信息的重要工具。这些系统能够帮助企业追踪客户互动历史,理解客户需求的变化趋势,并基于这些信息制订个性化的营销策略和产品改进计划。

3.用户参与和反馈

数字化时代的企业可以通过在线问卷调查、用户论坛、虚拟测试和社交媒体互动等模式,直接从用户那里获得反馈和建议。这种直接的用户参与对深入了解用户需求至关重要。

4.云计算和物联网

云计算为企业提供了强大的数据处理能力,物联网技术则让企业能够实时监控产品的使用情况。结合这两种技术,企业不仅能够收集大量实时数据,还能实时监控产品性能,从而更好地理解用户在实际使用中的需求和体验。

5.预测分析

通过历史数据和市场趋势的分析,企业可以预测未来的用户需求。这种预测不仅基于过去的数据,还包括对市场变化的敏感捕捉,帮助企业在竞争中保持一步领先。

用户需求驱动的生产模式要求企业采用多元化的数据收集和分析方法,确保能够及时、准确地捕捉和理解用户需求。这种模式的成功实施不仅依赖于企业对数字化技术的运用,还依赖于对市场和用户行为的深刻理解。

五、实施大规模定制化生产的策略

(一)数据分析在定制化生产中的应用

数据分析在定制化生产中不仅涉及对市场趋势和消费者偏好的深入理

解，还包括对生产流程中各个环节的精准掌控。在定制化生产模式中数据分析被用于捕捉和解析消费者需求，预测市场动态，以及优化生产流程以满足这些需求。

企业通过各种渠道收集数据，包括社交媒体、客户反馈、在线行为分析等，以获得关于消费者偏好和需求的深入洞见。首先，这些数据经过高级分析，可以揭示特定产品特性的偏好，预测未来的消费趋势，甚至识别潜在的新市场机会。其次，这些洞见被转化为具体的生产决策，如调整产品设计、定制化生产流程和设定生产数量。

数据分析还帮助企业在生产过程中实时监控和调整。通过实时数据分析，企业能够快速响应原材料供应的变化、生产线的效率问题和产品质量问题等。

（二）个性化生产流程的设计与实施

个性化生产流程的设计和实施是实现定制化生产的另一个关键环节，这一过程需要企业在保持高效率的同时，确保每个产品能够根据特定客户的需求进行个性化调整。

企业需要采用灵活的生产系统，如模块化设计和自动化装配线，这些系统可以快速调整，以适应不同产品的生产需求。比如使用可编程的机器人和自动化技术，可以快速更换生产线上的组件，以生产不同的产品配置。

个性化生产流程的设计还涉及跨部门的协调。产品设计、工程、销售和市场部门需要紧密合作，确保产品设计能够迅速反映市场需求的变化。此外，IT系统在此过程中也扮演着重要角色，确保数据流在各个部门之间顺畅流动。

（三）定制化生产中的供应链管理

在定制化生产中，高效灵活的供应链管理需要能够快速响应生产需求的变化，同时保持成本效率。这要求企业对供应链进行数字化管理，利用先进的IT系统来预测和规划原材料需求。通过集成的供应链管理系统，企业可以实时跟踪原材料的库存变化、供应商的交货状态和生产需求的变化。此外，高级的数据分析工具可以用于优化库存管理，减少库存成本，同时确保原材料的及时供应。

高效灵活的供应链管理另一个关键方面是供应链的灵活性，企业需要与多个供应商建立良好的合作关系，以便在需要时快速切换供应商。本地化的供应链也能够提高响应速度，减少运输成本。

实施大规模定制化生产的策略要求企业在多个方面进行创新和改进。数据分析在理解和预测市场需求方面发挥着关键作用；个性化的生产流程设计和实施确保企业能够快速灵活地满足这些需求；而高效灵活的供应链管理则是确保生产效率和成本控制的基础。

第三节　数字化在企业经营领域的应用

一、数字化商业模式

（一）定义

技术进步改变商业逻辑。以往企业主要关注产品与服务的设计、生产和交付，企业的主要利润来源是产品销售和售后服务。今天，企业开始致力于解决客户和社会关注的各类问题，形成解决方案❶。数字化商业模式是指企业通过整合和应用数字技术，重塑其核心商业活动，包括产品创新、市场策略、客户互动和运营流程。这种模式不仅是对传统业务流程的简单数字化，而是在更深层次上，通过数据驱动和技术创新，实现商业模式的根本性变革。

在数字化商业模式中，企业利用云计算、大数据分析、人工智能、物联

---

❶ 方跃.数字化领导力[M].上海：东方出版中心，2019：51.

网和移动技术等，来收集和分析大量的数据，以此来优化决策过程，提高运营效率，增强客户体验，并创造新的价值。这种模式涵盖了从产品开发到销售的全过程，使企业能够更灵活地适应市场变化，从而更有效地满足客户需求。

（二）数字化技术在企业经营领域的重要性

数字化技术使企业能够从大量的数据中获得深刻的洞察，为决策提供强有力的支持。例如，通过分析消费者行为数据，企业可以更精准地定位市场，设计符合消费者需求的产品和服务。数字化技术还使企业能够提高运营效率，降低成本。例如，利用物联网技术监控生产设备，企业可以及时发现并解决生产过程中的问题，减少浪费。

在市场竞争日益激烈的今天，企业必须不断创新和适应市场变化，而数字化技术则提供了这种能力。它不仅是工具和平台，更是一种战略思维，帮助企业捕捉新的商业机会，快速响应市场变化。比如通过使用社交媒体和移动平台，企业可以与消费者建立更直接的联系，收集反馈，快速迭代产品。

数字化技术还有助于企业实现可持续发展。通过优化资源使用和降低能源消耗，企业不仅能够减少对环境的影响，还能提高社会责任感，赢得消费者和投资者的信任。

数字化技术已成为企业经营不可或缺的一部分。它不仅改变了企业的运营方式，更重塑了企业与客户、供应商和其他利益相关者的互动方式。

二、管理决策的数字化转变

管理决策的核心在于选择最佳方案以应对业务挑战和市场机遇。随着数字化时代的到来，企业管理决策正经历着由传统的直觉和经验驱动，向数据驱动的根本性转变。

(一)从直觉和经验到数据驱动的决策过程

在过去,管理决策主要依赖于管理者的直觉、经验和个人洞察力,这种方法在信息有限和不确定性高的环境中或许有效,但在当今数据丰富、变化迅速的商业环境下,仅依赖直觉和经验已不足以应对各种复杂的挑战。数据驱动的决策过程正成为企业管理的新范式。

企业依靠收集的大量数据,通过科学的分析方法来揭示市场趋势、消费者行为、业务流程效率和潜在风险等关键信息。这些数据和分析结果为管理决策提供了客观、量化的依据,减少了决策的不确定性,从而提高了决策的准确性和有效性。

(二)数据资源的作用和价值

在数字化管理决策中,数据资源不仅是数字和事实的简单记录,更是洞察和策略的源泉。企业通过分析客户数据、财务数据、运营数据和市场数据,能够深入了解业务运行的各个方面,识别改进点和增长机会。

数据资源的价值在于它能够帮助企业从反应式管理转变为主动式管理。通过对数据的深入分析,企业可以预测市场变化,主动调整战略,优化产品和服务,提前应对潜在的风险和挑战。数据资源还能帮助企业更好地了解和满足客户需求,实现个性化营销和服务,增强客户忠诚度和市场竞争力。

(三)先进数字技术在决策过程中的应用

在数字化决策过程中先进的数字技术,大数据分析技术,可以处理和分析海量数据,揭示深层次的业务洞察和趋势。人工智能和机器学习技术可以对复杂的数据集进行模式识别和预测分析,为决策提供科学的建议。

云计算技术为数据存储和计算提供了强大的支持,使企业能够实时访问和分析大规模数据集,快速响应市场和业务变化。同时,数据可视化工具将复杂的数据转化为直观的图表和仪表盘,帮助管理者快速地理解数据并做出决策。

除了以上这些技术，移动技术也在决策过程中发挥着重要作用。通过移动设备，管理者可以随时随地访问关键数据和分析报告，做出及时的决策。管理决策的数字化转变为企业提供了更加科学、客观和高效的决策方式。通过充分利用数据资源和数字技术，企业能够更好地应对复杂多变的商业环境，实现持续增长和竞争优势。

三、线上与线下环节的整合

在数字化浪潮的推动下企业越来越意识到线上与线下环节整合的重要性。这种整合不仅增强了客户体验和市场覆盖，还带来了新的商业机会和挑战。

（一）线上线下融合的商业模式

线上线下融合的商业模式，通常被称为"O2O"（online-to-offline），指的是将线上的互联网能力与线下的实体经营相结合。这种模式旨在创造无缝的客户体验，无论客户是在线上还是线下，都能享受到一致的服务和价值。

在这种模式下线上平台不仅作为销售和营销的渠道，还充当数据收集和客户互动的重要工具。线下实体店则提供实物展示、即时购买以及提供更直接的客户服务。例如，零售商可以通过线上平台展示商品，提供在线订购服务，同时在线下店铺提供商品体验和即时购买选项。

（二）增强客户体验和市场覆盖

线上线下整合显著提升了客户体验和市场覆盖。通过线上平台，企业能够为客户提供更为便利的购物体验，如在线支付、一键购买和个性化推荐等。同时，线上数据分析能够帮助企业更好地理解客户需求，为线下店铺的库存管理和商品陈列提供指导。

线上线下整合还扩大了企业的市场覆盖范围。线上平台使企业能够触及更广泛的潜在客户，而线下实体店则增强了本地市场的影响力。这种模式使企业能够覆盖更多的客户群体，提高其品牌知名度和市场份额。

（三）线上线下整合的挑战与机遇

尽管线上线下整合给企业带来了诸多好处，但也面临着一系列挑战，其中就是保持线上线下服务的一致性和高品质。企业需要确保无论客户通过哪个渠道接触，都能获得相同质量的服务和体验。

数据整合和管理也是一大挑战。企业需要有效地整合线上线下收集的数据，确保数据的准确性和一致性。这对企业的IT系统和数据分析能力提出了较高要求。线上线下整合也使企业能够更灵活地应对市场变化，快速地实施创新策略。比如企业可以根据线上收集的数据快速调整线下店铺的产品和服务，或者根据线下的客户反馈调整线上的营销策略。

四、资源优化与整合

（一）利用数字化技术进行资源管理

数字化技术的应用在资源管理方面开启了新的篇章。通过高级数据分析、云计算和物联网技术等，企业能够实现对资源的精确监控和高效管理。这包括对原材料的需求预测、库存水平的实时监控，以及生产过程中资源使用的优化。

数据分析工具可以预测原材料需求和市场变化，帮助企业制订更加精准的采购计划，减少库存成本。同时，云计算平台提供了强大的数据存储和处理能力，支持企业实时分析大量数据，以优化资源分配。此外，物联网技术使企业能够实时监控生产线和仓库的状态，确保资源得到高效利用。

（二）优化供应链和物流管理

在供应链和物流管理方面，数字化技术的应用通过实时数据追踪和高效的信息流通，企业不但可以更灵活地响应市场需求的变化，还可以提高供应链的透明度和效率。

使用先进的供应链管理系统，企业可以实时追踪货物的流动，从原材料采购到产品交付的每一个环节。这种透明度不仅提高了供应链的效率，还降低了运营风险。通过与供应商和配送合作伙伴共享数据，企业可以实现更紧密的合作，从而优化整个供应链的表现。

物流管理方面，数字化技术如GPS追踪和自动化仓库系统，可以提高物流效率，减少货物在运输和存储过程中的损失。自动化的仓库管理系统可以减少人工错误，提高库存管理的准确性和效率。

（三）人力资源和财务资源的数字化管理

（1）在人力资源管理方面，数字化技术可以帮助企业进行人才招聘、员工绩效评估和培训需求分析。例如，使用人工智能辅助的招聘系统可以提高招聘效率，确保招聘的质量。在线学习和培训平台则可以提供个性化的培训资源，促进员工的可持续发展。

（2）在财务资源管理方面，数字化技术可以提高财务报告的准确性和透明度，优化财务流程。例如，使用自动化的财务软件可以减少人工操作的错误，提高财务处理的效率。同时，数据分析工具可以帮助企业更好地理解财务数据，进行风险评估和未来规划。

通过利用数字化技术，企业不仅能够提高资源管理的效率，还能够提升供应链和物流管理的性能，优化人力资源和财务资源的管理。这些优化和整合不仅提高了企业的运营效率，还增强了企业的竞争力。

五、创新驱动的商业模式变革

（一）创新商业模式的重要性

商业模式的创新是企业持续成长和适应市场变化的关键。创新的商业模式能够为企业打开新的收入渠道，提高效率，降低成本，并最终提升企业的市场份额和盈利能力。数字世界在削弱传统商业模式的同时，也给各行各业创造了新生的机会，新的商业模式不断涌现，令人目不暇接❶。

随着消费者需求的多样化和市场环境的快速变化，传统的商业模式已难以满足当前的市场需求。创新的商业模式不仅需要关注产品和服务的质量，还要注重客户体验、定制化服务和技术整合。这种模式不但能够更好地满足消费者的需求，还能提升客户忠诚度，从而在激烈的市场竞争中脱颖而出。

（二）数字化技术推动的商业模式创新

数字化技术的发展为商业模式的创新提供了广阔的空间。云计算、大数据、人工智能、物联网等技术，为企业提供了新的工具和平台，促进了商业模式的创新。例如，云计算技术使企业能够以更低的成本访问高效的计算资源，提高运营效率。大数据和人工智能技术使企业能够从大量数据中提取有价值的洞察，为产品开发和市场策略提供支持。而物联网技术则使企业能够实时监控设备和产品，提供更加个性化和智能化的服务。

数字化技术还促进了商业模式的模块化和灵活性。企业可以根据市场需求快速调整其商业模式，实现个性化服务和产品的快速迭代。

第四节　数字化在企业管理领域的应用

一、数字化管理模式

随着信息技术的飞速发展，企业正处在一个关键的转型时期，需要重新

---

❶ 朱晓明.数字化时代的十大商业趋势[M].上海：上海交通大学出版社，2015：4.

审视和调整他们的管理模式以适应新的数字化时代。当企业的数字化应用逐步增多时，就需要关注系统之间的协调互补，避免重复建设，以达成集成效率，这时候企业的关键任务是从整体、长远的角度规划企业的数字化战略[1]。

（一）定义数字化管理模式

数字化管理模式是一种利用数字化技术来优化企业管理活动的方法。这一模式涵盖了企业管理的各个方面，从内部的员工管理、企业文化塑造、组织结构优化到外部的客户关系管理、合作伙伴互动以及对媒体、政府关系的处理。核心要素包括自动化的数据处理、实时的信息流通、智能化的决策支持以及在线的互动沟通。企业利用数字化工具和平台来提升管理效率，增强数据驱动决策的能力，并通过在线平台加强与各方的互动和合作。

（二）数字化技术在企业管理领域的重要性

数字化技术在企业管理领域不仅帮助企业提高了管理效率，还提升了企业对市场变化的响应速度，增强了客户服务的质量，优化了资源配置，从而降低了运营成本。

数字化技术使企业能够快速地收集和处理大量数据，为决策提供准确的信息支持。这些数据能够帮助管理者更好地理解市场趋势、客户需求和内部运营效率。

数字化管理模式通过提供更加灵活和实时的沟通渠道，增强了企业与员工、客户和合作伙伴的互动。这种即时沟通提高了问题解决的速度，增强了合作效率，提升了客户满意度。

数字化技术还使企业能够实现流程自动化，减少人为错误，提高操作效率。自动化的流程不仅包括财务和行政管理，还涉及供应链和人力资源管理等更多领域。数字化管理模式支持远程工作和虚拟团队的协作，为企业带来更大

---

[1] 顾建党，俞文勤，李祖滨.工业数字化转型之道[M].北京：机械工业出版社，2020：93.

的灵活性和扩展性。在全球化和疫情常态化的背景下,这一点显得尤为重要。

二、外部资源的数字化管理

(一)对媒体资源的数字化管理策略

企业通过社交媒体与消费者建立直接联系,实现即时互动和反馈。这种互动不仅增强了品牌的用户参与度,还为企业提供了宝贵的消费者洞察,从而有助于产品和服务的优化。社交媒体分析工具能够追踪用户行为和反应,为企业提供数据支持的决策依据。

在线内容管理是企业提高品牌影响力的关键环节。通过内容管理系统(CMS),企业能够高效地创建、发布和管理数字内容。这些内容不仅包括文本,还包括图像、视频和音频等多媒体元素。优质的内容能够吸引并保持用户的注意力,增强品牌的吸引力和信任度。此外,内容的优化还涉及搜索引擎优化(SEO),通过提高搜索引擎排名,增加企业网站的可见性和访问量。

数字广告的运用是数字化管理策略中不可或缺的一环。与传统广告相比,数字广告具有更高的灵活性和可度量性。企业可以根据实时数据调整广告内容和投放策略,以提高广告效果和投资回报率。程序化购买(programmatic-purchase)技术的应用使广告投放更加精准,能够根据用户的在线行为和偏好自动优化广告的投放。

社交媒体营销和搜索引擎优化(SEO)的结合,为企业提供了全方位的在线可见性提升。通过优化关键词和内容,企业能够在搜索引擎结果中获得更高的排名,从而吸引更多潜在客户。同时,社交媒体营销通过添加引人入胜的内容和互动活动,增强用户的参与度和品牌忠诚度。

(二)数字化技术在银行和金融交易中的应用

在线银行服务和移动支付平台的兴起,为企业提供了更加便捷和安全的金融交易渠道。在线银行服务使企业能够实时监控其账户状态，进行资金的转账，以及管理各类银行业务，无需前往实体银行即可完成。这种服务的高效性不仅节省了企业的时间成本，也提高了资金管理的灵活性。移动支付平台的发展则进一步促进了金融交易的便捷性。通过移动设备，企业可以随时随地进行支付和收款，这种即时性对于提高资金流动性和加快交易速度至关重要。移动支付平台还扩展了企业的支付方式和渠道，使其能够接触到更广泛的客户和市场。

区块链技术在银行业的应用，为金融交易的安全性和透明度带来了革命性的提升。区块链是一种分布式账本技术，其特点在于数据一经记录便不可篡改，且所有交易记录对所有网络参与者可见。这种特性使区块链成为金融交易尤其是跨境交易的理想选择。企业可以利用区块链技术进行安全的交易记录，降低欺诈风险。区块链的透明性也有助于提高监管合规性，为企业和监管机构提供了一个共享的、可信的交易记录平台。区块链技术还能够降低交易成本，尤其是在去除中介机构方面。通过直接的点对点交易，企业能够减少交易中的中间环节，从而降低交易费用和时间成本。

（三）与合作伙伴和供应商的数字化互动

供应链管理系统（SCMS）的应用使企业能够有效地协调其供应链活动，实现资源的最优配置，企业能够实时监控库存水平，及时地调整库存策略以应对市场变化。库存管理的数字化不仅提高了存货的精确度，还降低了过剩或短缺的风险。另外，供应链管理系统还支持对需求的预测分析，企业可以根据历史数据和市场趋势预测未来的需求变化。这种预测能力对于优化生产计划和库存水平至关重要，有助于企业减少浪费，提高运营效率。

数字化互动还促进了企业与供应商之间信息的共享和协作。通过供应链管理系统，企业可以与供应商共享关键信息，如市场需求数据、生产计划和物流安排。这种信息共享不仅提高了供应链的透明度，还加强了供应链各环节之间的协调和合作。例如，通过共享生产计划，供应商可以更好地调整其生产和交货时间，以满足企业的需求。企业通过了解市场需求的变化，可以及时地调整订单，减少库存积压。这种基于数字化平台的协作机制，从而显著提高了整个供应链的响应速度和灵活性。

（四）客户关系管理的数字化转型

客户关系管理（CRM）的数字化转型是企业外部资源管理的另一关键领域。通过数字化CRM系统，企业可以收集和分析客户数据，提供更个性化的服务和产品。这些系统能够追踪客户互动的每一步，从初次接触到购买决策，帮助企业更好地理解客户需求和行为模式。数字化CRM还使企业能够通过电子邮件营销、社交媒体和在线聊天等渠道与客户进行有效的互动。

数字化技术在管理企业外部资源方面不仅使企业能够更有效地与媒体、政府、银行、合作伙伴和客户互动，而且通过实时数据分析和自动化工具提高了管理的效率和效果。在数字化时代，成功的企业是那些能够充分利用这些技术来优化外部资源管理的企业。

三、内部资源的数字化管理

在企业的数字化转型过程中，数字化技术不仅改变了企业的运作方式，也为企业文化、员工管理、组织结构和内部沟通提供了新的发展机会。

（一）企业文化的数字化塑造

企业文化是企业核心竞争力的重要组成部分，而数字化技术为企业文化的塑造和传播提供了新的平台和工具。通过数字化技术，可以更有效地将企业的核心价值观、使命和愿景传达给每一位员工。例如，通过内部社交网络、数字化培训系统和在线互动平台，企业文化可以在员工中得到更广泛和更深入的理解和认同。同时数字化工具为员工提供了分享和交流企业文化的机会，增强了企业内部的凝聚力。

（二）员工管理和数字化人力资源

在人力资源管理方面，数字化技术的应用使招聘、培训、绩效评估和员工发展更加高效和精准。数字化人力资源管理系统能够帮助企业更好地理解员工的需求和潜力，制订更加个性化的发展计划。此外，通过数据分析，企业可以更准确地评估员工的绩效，确保人力资源的合理配置和有效利用。

（三）组织结构的数字化优化

数字化技术的发展促使企业重新思考和优化其组织结构。数字化技术不仅可以提高组织运作的效率，还可以增强组织的灵活性和适应性。例如，通过实施扁平化的组织结构和灵活的工作团队，企业可以更快地响应市场变化和客户需求。数字化工具如项目管理软件和协作平台不仅能够支持跨部门和跨地域的团队合作，还能打破传统的组织边界。

（四）内部沟通的数字化途径

有效的内部沟通对于企业的运营至关重要。数字化技术为内部沟通提供了新的途径和平台。通过电子邮件、即时消息工具、视频会议系统和内部社交网络，员工可以更方便、更快捷地进行沟通和交流。这些工具不仅提高了沟通的效率，还促进了知识和信息的共享。

（五）业务流程自动化与效率提升

业务流程的自动化是数字化转型的重要模式。通过引入自动化工具和系统，企业可以减少手动操作，避免错误，从而提高工作效率。例如，使用自动化的财务系统可以加快财务报告的制作，减少错误；使用CRM系统可以自动跟踪客户互动，提高客户服务的质量。此外，流程自动化还可以释放员工的时间，让他们专注于更有创造性和战略性的工作。

内部资源的数字化管理通过数字化技术，企业不仅能够提高运营效率和效果，还能够塑造积极的企业文化，优化组织结构，改善员工管理和内部沟通。

四、数字化管理模式的实施挑战

数字化管理模式为企业带来了众多机遇，也随着一系列挑战。企业在实施过程中必须克服这些挑战，以确保数字化转型的成功。

（一）技术整合与数据安全性的挑战

在数字化管理模式中，技术整合是一大核心挑战。企业需要将各种数字化工具和平台融入现有的业务流程中，这要求系统的兼容性和灵活性。技术整合的复杂性不仅体现在硬件和软件的适配上，还包括数据的整合和流通上。企业必须确保各种系统能够无缝连接，数据能够自由流动，以发挥数字化技术的最大效能。

与此同时，数据安全性是另一个重要挑战。随着大量敏感数据的数字化存储和处理，企业面临着数据泄露和网络攻击的风险。为了保护数据安全，企业需要投入资源建立强大的网络安全防护体系，包括使用加密技术、实施严格的数据访问控制和定期进行网络安全培训等。

（二）组织文化适应与员工培训

数字化转型不仅是技术的变革，也是组织文化和工作方式的变革。传统的组织文化可能难以适应数字化的快节奏和灵活性。因此培育一种适应数字化的组织文化是成功实施数字化管理模式的关键。这包括鼓励创新思维、拥抱变化和促进跨部门之间的合作。

为了适应数字化管理模式，员工的培训和技能提升同样至关重要。这不仅涉及对新技术的培训，更包括对新工作流程和方法的适应。企业需要为员工提供必要的培训资源，帮助他们掌握数字化工具的使用，理解数字化变革的意义，并提升他们在数字化环境中工作的能力。

（三）保持数字化管理模式的持续创新

在快速发展的数字化时代，仅仅实施数字化管理模式并不足以保证长期的成功。企业需要在数字化的基础上持续创新，以适应不断变化的市场和技术环境。这要求企业要不断审视和更新其数字化策略，探索新的技术应用，以及适应新的业务模式和市场趋势。

持续创新还包括对新兴技术的关注和应用。例如，人工智能、机器学习和大数据分析等先进技术，为企业管理提供了新的可能性。企业需要不断探索这些技术的潜在应用，将它们融入现有的业务流程中，以提升决策质量、优化运营效率和增强客户体验。

数字化管理模式的实施虽然面临诸多挑战，但通过有效的技术整合、组织文化适应、员工培训以及持续的创新和更新，企业不仅可以克服这些挑战，而且可以实现数字化转型的成功。

第三章　企业数字化转型的商业模式创新路径

在当前的商业环境中，许多传统企业正面临着互联网企业带来的激烈竞争。这种竞争环境下，传统企业逐渐认识到他们曾经依赖的成功经验和模式不再能够支撑企业的持续增长。相反，这些过时的做法有时甚至成为企业发展的障碍，阻碍它们的进一步成长。因此仅仅依靠数字化技术对这些传统做法进行局部的优化已无法带来显著成效。企业必须深入地重新思考和重构其创造价值的商业模式，采用数字化思维来推动商业模式的创新和转型，以适应日益变化的市场环境。数字化商业模式创新模型见图3-1。

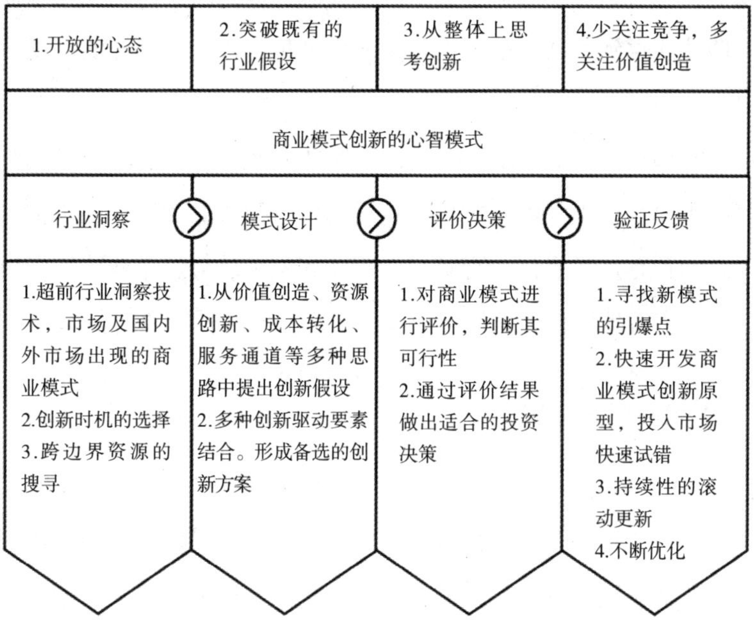

1.开放的心态	2.突破既有的行业假设	3.从整体上思考创新	4.少关注竞争，多关注价值创造
商业模式创新的心智模式			
行业洞察	模式设计	评价决策	验证反馈
1.超前行业洞察技术，市场及国内外市场出现的商业模式 2.创新时机的选择 3.跨边界资源的搜寻	1.从价值创造、资源创新、成本转化、服务通道等多种思路中提出创新假设 2.多种创新驱动要素结合，形成备选的创新方案	1.对商业模式进行评价，判断其可行性 2.通过评价结果做出适合的投资决策	1.寻找新模式的引爆点 2.快速开发商业模式创新原型，投入市场快速试错 3.持续性的滚动更新 4.不断优化

图3-1　数字化商业模式创新模型

第一节　数字化商业模式创新思路

商业模式创新是一个多要素协同作用的动态过程，商业模式的复杂性对任何一个传统企业来说都不是一件简单的事情，要进行模式的重构与创新，需要一套科学的方法来指引[1]。

一、通过观察分析发现新机遇

在探索数字化商业模式创新的过程中，深入的行业观察不仅涉及技术创新和用户需求，还包括对外部竞争环境的全面分析。尽管许多行业从业者凭借多年经验自认为对行业了然于胸，但在面对新兴技术和商业模式时，传统思维可能导致他们对新趋势的反应迟缓。这种心态和有限的视野往往难以捕捉创新的机会。即使注意到了新兴趋势也常常从消极角度看待，这样的态度不利于创新的发展。

对于企业来说如果计划进入一个全新的行业领域，进行详尽的调研和分析变得尤为重要。这不仅涉及对该行业现有商业模式的理解，还包括对可能出现的新模式的预判。只有深入理解行业现状和未来趋势，企业才能做出有准备的决策，才能有效地抓住创新机遇，从而实现业务的转型和增长。

（一）用户需求分析

商业模式的核心始终围绕着用户需求展开，任何成功的商业模式都源自对用户痛点的深刻理解和有效的解决方案。这些痛点可能是当前市场未能充分满足的需求，或是用户在使用产品和服务过程中遇到的困难和不便。通过深入

---

[1] 刘继承.数字化转型2.0 数字经济时代传统企业的进化之路[M].北京：机械工业出版社，2021：70.

分析和理解用户需求，企业能够开发出创新的产品和服务，从而形成独特的商业模式。

商业模式的探索和成长大多是用户驱动的。通过持续的用户分析，企业能够发现并解决用户在产品使用过程中的不便之处，从而提升产品价值，改变传统的操作模式，使用户体验更加简单、便捷。这种对用户需求的敏感性和响应能力是商业模式创新的关键。

很多曾经成功的企业最后之所以最终失败，很大程度上是因为它们失去了对用户需求的关注。成功带来的自满往往会导致企业忽视用户需求的变化，从而错失创新机会。相反，那些具有敏锐商业嗅觉的企业，能够及时地捕捉市场变化和用户需求的新动向，快速实现崛起。这就是为什么很多创新的商业模式往往是由新兴企业推动，而不是那些已经在市场上取得成功的传统企业。

（二）行业发展分析

产业发展洞察和分析能力涉及对行业环境和趋势的全面研究、深刻理解以及准确把握。为了获得对特定产业的深入洞察，关键在于采用三个核心方法：深入研究、长期研究以及独立研究。

1.深入研究

在数字化商业模式创新的探索过程中，深入和全面的行业观察要求从根本上对行业进行系统性的研究与分析。这一过程涉及两个主要维度：深度和透彻度。

深度的核心在于探究行业的基本和根本要素。这通常包括与创业者的交流、消费者访谈、资深从业者的洞察，以及收集第一手的行业数据。深度研究的目的是构建对行业历史脉络、横截面数据和价值链的全面理解，从而形成对行业环境的独特认知和超越常规的判断。此外，深度研究还包括全球商业进化史的分析，通过考察世界各国不同地区的产业的发展轨迹，来模拟产业演变的逻辑。这种跨地区、跨周期的分析有助于企业把握全球视角下的行业动态，从而更好地理解和预测行业趋势。

透彻度方面则要求研究结果具备对时间的耐受性和逻辑的自洽性。这一过程中，逆向思维成为一种重要的方法论。即通过反向思考来质疑现有的行业假设，探究如果生态、盈利方式、组织流程、市场环境或传统规则发生变化时，商业模式的可持续性和逻辑前提。这种方法不仅有助于企业识别潜在风险，还能够检验商业模式的健壮性和适应性。通过全面透彻的研究，企业能够确保其商业模式在各种环境下的有效性和一致性。

2.长期研究

在数字化商业模式创新的探索中，长期研究涉及两个重要方面：关键时点的辨识和关键变化的理解。这要求企业具备敏锐的洞察力和对行业动态的深刻理解能力，以便捕捉产业变革的关键时刻并响应环境的结构性变化。

关键时点是指在大多数观察者难以理解行业变化之时，少数洞察者能够准确捕捉到产业变动并预见未来的方向。在这些时点上，创新者通过向消费者和价值链提供新模式和价值，能够引领行业进入新的阶段。而关键变化则涵盖产业生态的调整、基础设施的完善、需求的升级或转移等方面。这些变化往往带来了创新的机遇，开辟了新的市场空间和商业可能性。

在创新的早期阶段，存在所谓的"傻瓜窗口"，这个时期创新的商业模式通常被认为是不切实际的或不可行的。许多企业在这个阶段会遭遇质疑和不理解。然而，正是在这段时间，有远见的企业会积极尝试、调整产品，并逐渐建立起商业壁垒。随后，随着市场认知的逐渐成熟和环境的变化，这些早期的尝试和积累可能迎来"拐点"，实现商业上的快速增长和变革。

3.独立研究

在数字化商业模式创新的探索过程中，独立研究不仅要求企业具有独特的视角和数据洞察，还要求理性和系统的分析方法。在一个充满喧嚣和竞争的环境中，保持独立的视角和态度成为突破传统思维局限的重要途径。这种独立性不是对现状的盲目否定，而是在现有知识体系和商业逻辑之外探索新的可能性。通过特立独行的研究和判断，企业能够在那些被主流观点忽视或质疑的领域中寻找机会，实现超出常规的商业成功。例如，许多创新型企业所采用的价值创造机制和盈利模式,往往超出了传统商业分析的范畴,仅有独立而坚定的思维才能够识别并珍视这些机遇。

(三)技术发展趋势分析

数字化技术的发展对商业模式创新产生了深远的影响,成为新商业模式出现的关键推动力。面对日新月异的数字化技术,如何有效地建立其与商业模式创新之间的联系,成为企业在现代商业环境中需要解决的重要问题。这不仅要求企业关注技术本身,更重要的是从业务价值的角度重新审视和思考这些技术。在商业应用中,数字化技术的价值主要体现在几个核心方面。

1.建立全面连接

信息技术的发展使人与人、人与物、物与物、人与组织、组织与组织之间的连接变得更加智能和全面,预示着万物互联的未来。这种连接方式的革命性变化本身就代表着巨大的创新潜力,已经在电子商务等领域表现出显著的影响。随着新型连接方式的出现和发展,预期将对更多行业的竞争格局产生根本性的改变。

2.构建用户运营平台

数字化技术的发展使企业能够直接与用户建立联系,从而开启了一种全新的、更为个性化的服务模式。这种直接的连接不仅改变了企业与消费者之间的互动方式,也为商业模式的创新提供了广阔的空间。通过持续的用户运营,企业能够更准确地理解并满足用户的需求,从而大幅提升用户体验。这种以用户为中心的运营模式,要求企业在服务提供、产品设计、市场营销等各个环节都进行创新,以适应消费者日益增长的个性化需求。

3.打造社会化商业生态圈

数字化时代特征之一是连接、共享和协作的多样性发展,这使企业不再局限于传统的经营范围,而是在数字化技术的推动下向外延伸,与多个行业、多种业态形成交错复杂的互动和合作关系。这种跨行业、跨领域的融合与协作,逐渐形成了一个多元化的创新生态圈。在这个生态圈中,企业不再是单纯的产品或服务提供者，更成为一个平台和网络的一部分，通过这些平台和网络与不同的利益相关者进行互动和合作。这种基于数字化技术的新型商业生态系统，为企业提供了全新的商业模式和创新机会。

4.数据变现

数据资产化不仅代表着一种新的经济价值，也是当前领军企业竞争优势的核心。这种以数据为基础的商业模式创新，源于对业务数据的深入分析和高效利用，其目的在于将数据转化为实际的经济价值。领先企业在这一领域的探索展示了数据变现的巨大市场潜力和商业潜能。它们通过创新的方式将数据集成、分析、应用于不同的业务场景中，从而开辟了新的收入渠道和增长点。

5.外扩IT能力

企业在数字化转型的过程中积累了丰富的经验和能力，可以尝试将这些原本用于内部的IT能力商品化或服务化向市场提供解决方案，从而可以打开新的收入增长渠道。这种基于内部IT能力的外部输出不仅能为企业自身带来新的商业机会，也可以为整个行业的数字化转型提供新的动力和方向。这种商业模式的创新突破了互联网公司与传统企业之间的界限，表明数字化技术和工具不仅是互联网公司的专利，传统企业同样可以通过利用这些技术和工具进行产业的重构和商业模式创新。

二、寻找商业模式创新机会

在数字化时代，商业模式创新的思路转变为一种系统性、方法论导向的实践,创新不再被视为偶然的灵感，而是长期、深度思考的结果，商业模式画布成为了重要的分析和指导工具。商业模式画布的提出本身就体现了创新思维，它通过结合宏观环境、行业分析以及公司内部资源和能力分析，帮助企业识别并把握可能影响竞争优势的关键因素。借助这一工具，企业可以更清晰地探索商业模式的构成要素，从而在竞争激烈的市场中找到新的、可持续的盈利点。

相比于传统的商业模式研究,商业模式画布的独特之处在于它的直观性和结构化逻辑,这使商业模式的构建过程更加清晰和系统。

商业模式创新可以从四个关键维度入手:重构价值主张、重振价值传递、重塑价值创造、重生价值获取。这些维度包括了从重新定义顾客和提供新产品或服务(重构价值主张),到彻底重设计用户接触端的价值链,提升用户体验(重振价值传递),再到利用新思维和技术重新构建关键业务、资源和合作伙伴关系(重塑价值创造),以及创造新的盈利模式和减少成本(重生价值获取)。商业模式创新的过程是一个整体性的设计过程,各个要素相互依赖、相互影响。比如重新设计的价值链会改变顾客的价值观,重新定义的顾客群体需要不同的价值链设计方案。因此在对各个部分进行局部的优化后,企业还需要对整体商业模式进行综合的考量和整合,以确保创新在各个方面都能协同工作,共同推动企业的成长。

(一)重塑价值主张

价值主张是企业与用户之间的纽带,决定了用户为何选择某一企业而非其竞争对手。这不仅关乎于解决用户的问题或满足其需求,而且涉及如何创造和传递这些价值。创新的商业模式关注于用户需求的深度挖掘、理解和满足,将用户需求作为出发点,进而展开全方位的价值创新。这一过程不仅要求企业准确地识别和理解用户需求,还要求企业根据这些需求创新其产品和服务,从而更好地满足用户。

尽管不同行业的价值主张各不相同,但也存在一些跨行业的共性特点:创新的价值主张应具备新颖性,能够满足用户的新需求或提供前所未有的体验;提升产品或服务的性能是传统但有效的价值创造方法;定制化服务能够满足特定用户群体的具体需求;品牌价值则能通过特定品牌的使用或展示来增加用户的实用性和感知价值;而在价格方面,提供更具竞争力的价格可以吸引价格敏感的用户群体;帮助用户削减成本和抑制购买风险都是创造价值的重要手段;提高产品或服务的便利性和用户友好程度,能够增加用户获取价值的便利性。

（二）重振价值传递

在重整价值传递的过程中，特别是在与用户关联的各个方面，这一变革不仅涉及如何更精准地识别和满足用户需求，也关系如何利用数字化手段重新定义企业与用户之间的互动方式。

1.用户细分

不同于传统的市场细分方法，数字化时代的用户细分可以达到前所未有的精细度。这得益于大数据和用户画像技术的应用，使企业能够根据用户的具体行为、偏好和需求将其细分成上千个小类别。这种精细化的用户细分不仅允许企业更准确地理解和满足用户需求，也为企业提供了深入洞察特定用户群体的机会，从而在产品设计和市场策略上做出更为精准的调整。

传统企业在商业模式创新过程中往往面临挑战，即如何在广阔的市场中发现尚未被充分满足的用户需求。在这一点上数字化技术通过深入地数据分析和用户行为研究，企业能够发现那些被忽略或未被充分服务的细分市场。这些细分市场往往隐藏着巨大的商业潜力，也为企业提供了开辟新市场和创造新价值的机会。尤其在低端或尚未充分开发的市场中，企业通过发现独特的用户需求，能够采用创新的方法满足这些需求，从而实现市场的颠覆性创新。

2.深化用户关系

商业模式创新的核心之一是转变和深化用户关系，企业不仅需要维持与用户的联系，更要借助数字技术的力量提升这种联系的价值和深度。用户关系的管理已不再限于传统的交流和反馈方式，而是涉及了一个更加复杂和动态的交互过程，其中包括直接接触、数字平台互动，甚至智能终端产生的数据交流。

在构建依存型的用户关系中，关键在于通过互动和反馈深入理解每一位用户，同时准确地把握企业自身的优势和不足。这种深层次的理解和互动为企业带来的不仅是短期的销售收益，更重要的是能够形成长期的用户忠诚度和品牌认同。对用户来说，持续的交流和企业的关注使他们对自己的需求有了更清晰的认识，进而为企业提供了更准确的市场指引，如图3-2所示。

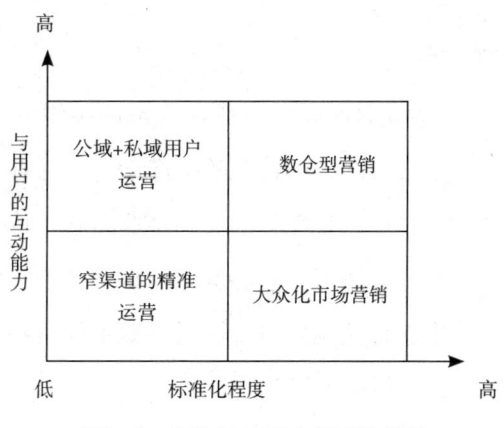

图3-2 四种维系用户关系的模式

（纵轴：与用户的互动能力；横轴：标准化程度）
- 公域+私域用户运营
- 数仓型营销
- 窄渠道的精准运营
- 大众化市场营销

3.调整渠道通路

渠道通路，即企业将价值主张传递给目标消费者的路径，是实现交易和商业目的的关键环节。在这一领域的创新不仅涉及渠道的物理形态，更是关乎如何通过技术手段创新渠道结构，以更高效地连接市场和消费者。

在数字化背景下，渠道通路的创新趋向简化和优化消费者购买行为的流程。传统的消费者购买行为模型从认知、评估、决策到购买和消费的每一步，均可通过数字化手段得到改进。例如，瓜子二手车和人人车的模式不仅去除了传统二手车交易中的中间渠道，还降低了成本并提高了效率；分众传媒和淘屏广告通过改变广告渠道场景增加了用户接触的机会和效果；而O2O模式和新零售模式则是通过整合线上线下的渠道资源，提供了更加无缝和便捷的消费体验。

（三）重塑价值创造

为了有效地向用户创造并传递价值，企业需建立一个全面的支持价值系统。这一系统涵盖了公司的组织结构、运营模式和管理框架，传递价值的活动可以视为公司的前端操作，为这些活动提供支撑的元素则构成了公司的中台和后台。这一支持体系主要由三大核心部分组成：核心资源、关键业务和合作伙伴。

1. 整合核心资源

核心资源包括企业为实现其价值主张所必需的关键资产及整合这些资产的能力。这些资源可以是有形的，如特殊的生产设备、稀有的物理资源、关键的人力资源或用户基础，也可以是无形的，如企业品牌、特殊技能、知识产权或专利、先进的管理流程和方法等。核心资源的特点在于它们为企业提供竞争优势，使之能够在市场中获得超额回报。这些资源中的某些，尤其是数字化能力如大数据和商业智能，变得越来越关键。

2. 明确关键业务

在数字化商业模式创新的过程中，关键业务是实现和传递价值主张的基本活动。这些活动不仅是企业商业模式的核心，也是维持市场地位和客户关系的基石。关键业务的本质在于其与企业的行业定位、价值主张及盈利模式的紧密联系。这些业务的内容和执行方式经常因技术进步和市场变化而发生变革。

制造产品的业务活动是许多企业商业模式的核心。在这一领域中，企业必须集中于生产符合质量标准和数量需求的产品。随着数字化技术的发展，制造业务不再仅局限于传统的生产流程，而是融入了先进的制造技术和智能化系统，使产品的生产过程更为高效和灵活。这种技术的融合为企业提供了在保持成本效率的同时提升产品质量的机会。

3. 连接合作伙伴

现代企业不再是一个孤立的经营实体，而是一个由多个互动主体构成的复杂网络。合作伙伴的选取和协作关系的构建在这样的背景下成为商业模式创新的重要组成部分。

现代企业的经营活动越来越依赖与外部机构的合作。这种合作不仅局限于传统的供应商关系，更扩展至各种利益相关方，包括技术合作伙伴、分销渠道合作伙伴甚至是竞争对手。通过赋能合作伙伴，使其投入能够获得更高的回报,已经成为推动商业模式创新的一种有效策略。例如,企业可以通过构建数字化平台,使合作伙伴能够更高效地交易、协作和创新,从而促进整个价值链的优化和升级。

现代企业管理理念的转变也反映在对合作伙伴的管理上。传统的管理方法往往侧重于对资源和过程的控制,而在数字化环境下,通过交易的方式替代传统的管理,即通过市场机制来协调合作伙伴之间的关系和活动,已成为一种越来越普遍的做法。这种做法不仅降低了管理成本,还增加了合作伙伴之间的灵活性和适应性。企业可以通过信息系统整合所有业务活动,通过对信息流的掌控来管理整个业务流程,实现更加灵活和高效的运营模式。

(四)重生价值获取

在数字化商业模式创新的背景下,探索和实现重生价值获取,即盈利模式的创新设计不仅关乎企业的生存和成长,还关系到企业的竞争优势和市场地位。重生价值获取的途径主要有增加收入和重塑成本结构两个方面。

增加收入是盈利模式设计的关键。不同的收入来源可以通过不同的方式来实现,每种方式都有其特定的商业逻辑和市场适应性。以下几种是常见的收入模式。

1.资产直接销售收入

企业通过销售实体产品的所有权来获得收益。例如,在线电商通过销售书籍、服装、消费电子产品等获取收益。

2.使用服务收费

根据服务的使用程度来收取费用。例如,电信运营商根据用户的数据使用量来收费。

3.服务订阅收费

这种模式依赖于客户对持续服务的订阅,如视频和音频及媒体服务。

4.租赁收费

提供暂时使用权并收取费用,如汽车租赁服务。

5.授权收费

通过知识产权的授权使用来获取收入。这在传媒、科技和创意产业中较为常见。

6.经纪收费

通过提供中介服务来获取佣金,如股票经纪和房地产经纪。

7.广告收费

这种收入模式在传媒业和会展业非常普遍,近年来也被电商和社交软件等平台广泛采用。

三、建立评价体系

在数字化商业模式创新过程中,识别并选择具有潜力的模式是关键。面对众多的创新方案,组织需要进行有效的评价和决策,以确保资源的最优分配。而评价决策过程涵盖了定量和定性指标的综合考量。

定量评价指标是衡量商业模式效果的客观数据,包括但不限于投资回报率、收入增长率、利润增长率、用户增长率及用户基数等。这些数据可以直观地反映商业模式的经济效益和市场影响力。

除了定量指标,企业还需考虑创新性、与现有业务的协同性、对现有业务的推动作用等定性指标。这些指标有助于理解商业模式创新对企业整体战略和长期发展的影响。

综合这些评价指标,企业可以对各备选商业模式进行全面的分析,从而在多个方案中做出明智的选择。评价结果不仅指导是否投资,也决定了投资的时机和规模。在数字化快速发展的环境下,这一过程显得尤为重要,因为它关系到资源的有效利用和企业的未来发展方向。然而,如何衡量一个商业模式的优劣呢?虽然世界上不存在一套统一的、简单的评价标准,但可以参考以下几个关键指标来评估商业模式的有效性:

（一）价值创造能力

企业创新的核心在于创造价值，而商业模式的成功取决于其在价值创造方面的效果。评估企业商业模式创新的有效性，核心标准在于是否在现有资源框架下实现了价值的显著提升。如果企业通过商业模式创新达到了价值增长，此种创新可以被视为有效；反之，若价值提升未能实现，则商业模式创新未能达到预期效果，可以被认为是无效的。此评估标准强调在资源约束条件下对创新成效的判断，体现了商业模式创新的实质性要求。

评估商业模式创新的创造价值能力，需考虑以下几个关键维度。

1.目标消费者定位

企业必须准确识别其目标消费者群体。理解消费者的需求、行为、偏好及其变化趋势等是至关重要的。询问的问题包括：企业是否具备详尽的消费者信息？是否了解他们的购买动机和决策过程？

2.市场规模评估

企业应估计其关注的市场潜在规模及扩张可能性。这涉及对市场容量、增长速度和市场趋势的研究。有效的市场规模估计能够帮助企业定位其商业模式创新的潜在价值。

3.解决消费者痛点

企业提供的产品或服务应能有效地解决消费者的问题或满足其需求。探究其解决方案的独特性和有效性，以及消费者支付意愿的强度。

4.关键成功因素分析

识别和分析商业模式创新的关键成功因素在于对市场竞争、技术优势、供应链管理等方面的深入研究，以及相关证据的收集和评估。

5.市场增长潜力

研究目标市场的未来增长潜力，考察影响市场的宏观和微观趋势，包括经济、社会、技术等因素，以及这些因素如何影响商业模式的可行性和盈利性。

6.市场趋势影响

评估未来的市场趋势如何影响目标市场，这些市场趋势对商业模式创新是有利还是不利，如新兴技术、政策变化、消费者行为的转变等。

7.可复制性和可扩展性

探究企业是否有能力将在一个细分市场的成功经验复制到另一个市场。评估其商业模式的可扩展性和可复制性，以确定其在不同市场环境中的适应性。

（二）不可复制性

创新的商业模式不仅需要对市场变化做出迅速响应，而且必须具备系统性的创新能力，整体地推进各价值链环节的创新。此外，持续的创新是保持竞争优势的必要条件，因为一旦商业模式被其他企业成功复制，原有优势可能迅速消失。

评价商业模式独创性的几个关键维度包括。

1.独特的产品与服务优势

探究企业提供的产品和服务是否具备其他竞争对手无法提供的独特利益。这包括产品创新、服务创新，以及通过这些创新能够带给消费者的独特体验和价值。

2.行业细分的特殊性

如果企业处于一个相对较小的细分市场，需评估其在该领域内能否展现出别具一格的竞争优势，以及这种优势是否足以说服潜在消费者。

3.消费者需求的证据支持

考察企业是否拥有充分的市场研究和用户反馈，以此证明潜在消费者对其产品或服务的需求和购买意愿。

4.市场进入难度

评估新进入者进入目标市场的难度。这涉及对行业准入门槛、必需的技术和专业知识以及市场规模等因素的分析。

5.供应商和购买者的市场地位

分析供应商和购买者在交易中的相对地位，以及他们是否具有制定交易条款和条件的能力。

6.替代品的威胁

评估市场上替代品的存在以及其对市场的影响。这涉及对替代品的性能、价格、可用性的评估，以及这些替代品如何影响企业在现有商业模式的竞争地位。

（三）持续盈利能力

企业的商业模式创新不仅关注短期盈利，而是着眼于持续盈利的能力。这意味着商业模式应当能在竞争激烈的市场中保持稳定的市场地位，进入并长期保持在利润区，持续创造高于行业平均水平的利润。为了评价商业模式的持续盈利能力，以下几个问题可作为参考。

1.盈利与投资的匹配

考察企业所需的资本投资与其能够获得的利润之间的关系。这包括评估企业的收入是否足够覆盖投资成本，并在此基础上是否能产生合理的利润。

2.用户获取与维护

分析企业获取和保持用户的策略及其有效性。这包括考量企业吸引新用户和维护现有用户的成本和时间投入，以及这些策略的长期可持续性。

3.成本与利润的平衡

评估企业的总利润是否足以覆盖运营成本，这涉及对成本结构的深入分析，包括直接成本和间接成本。

4.现金流的管理

考察企业收入的现金流入速度与其对供应商和员工支付的现金流出速度之间的关系。企业需要确保收入现金流的稳定性和可预测性，以免现金流断裂。

5.经济可持续性的验证

基于以上因素，综合判断企业商业模式的经济可持续性。企业需证明其商业模式不仅不会迅速耗尽现金流，还能够在市场竞争中持续生存和发展。

（四）可执行性

在数字化商业模式创新的过程中，探索创新机会的同时必须重视团队的执行能力。这不仅涉及创意的产生，更关键的是创意的实现。团队的执行力是实现商业模式创新的关键，因此评价团队能力时，需从多个维度进行分析。以下可通过六个方面加以说明。

1.执行历史证明

企业需展示过往业绩作为团队执行力的证明，而非仅依赖语言描述。这包括以往项目的成功案例，团队如何克服挑战，以及在实现关键成功因素方面的具体举措。

2.独特专业能力

团队是否拥有特殊的、难以被竞争对手复制的能力，如专有技术、知识产权和商业秘密等。这些因素增强了团队的独特性和竞争优势。

3.创新组织与流程

团队是否能够开发出其他团队难以模仿的组织管理结构和运营流程，以及如何有效地利用资源。

4.弥补执行难点

识别团队在执行过程中可能遇到的困难和挑战，并提出相应的解决策略。这包括对资源、技能和时间上的制约因素进行评估。

5.团队构建与组织关系

明确团队建设的策略，以及团队与现有组织结构和人员的互动方式，确保团队成员之间的协同和效率。

6.风险承受能力

评估团队面对未来挑战时的风险承受和应对能力，包括对风险的预测、评估和管理。

综合以上因素，一个有效的商业模式应当能够通过一个有能力、具备核心竞争力和可以持续盈利的运行系统来实现。团队执行力的强弱直接影响商业模式创新的成功与否。因此，在数字化商业模式创新中，团队的组织、管理和执行能力是不可或缺的关键要素。

四、执行反馈

商业模式创新是一个持续性的过程，需要不断地对其进行循环升级，并且在种种理论中，还需要找到最适合的那些创新商业模式。而执行反馈正是解决这些问题的解题思路。

执行反馈在数字化商业模式创新中主要有四个环节：寻找新模式的引爆点、快速开发商业模式创新原型并投入市场进行快速试错、持续性的滚动更新，以及不断优化这一过程。

寻找新模式的引爆点涉及识别市场需求和技术趋势的结合点，从而发现可能导致商业模式发生根本变革的机遇。信息流动的加速使市场趋势和消费者需求迅速变化，这要求企业能够灵活地识别和适应这些变化。有效的市场研究、消费者行为分析和技术趋势评估是寻找引爆点的基石。企业必须建立起一种敏锐的市场洞察力，以便及时地捕捉到潜在的创新机遇。同时，引爆点的识别不仅是一个被动的市场观察过程，更是一个主动的创新过程。这要求企业在技术和商业模式上保持创新，通过创造性地重组资源和能力来开发新的商业模式。

快速开发商业模式创新原型并投入市场进行快速的试错这个过程中，迭代是关键。创新团队应采用灵活的开发方法，如敏捷开发或精益创业方法，来加速从想法到原型的转化。快速原型化使创新团队可以迅速将理念转化为可测试的产品或服务，并将其投入市场以收集反馈。这种方法的核心在于可以快速试错。通过在实际市场环境中测试原型，企业可以更有效地学习和调整其商业模式。在这一过程中收集客户反馈、市场数据和运营表现指标是判定原型是否成功和决定下一步如何调整的关键依据。

市场环境和技术不断变化，因此商业模式也需要不断地适应和变化。这要求企业不仅在创新初期迅速应对市场反馈，而且在整个商业模式生命周期中持续更新和迭代。持续性更新的挑战在于平衡创新和运营效率。企业需要建立起一种机制，能够在不断变化的市场环境中持续学习、适应并迭代其商业模式，同时保持运营的连续性和稳定性。

不断优化是确保数字化商业模式创新稳定性的一个步骤，优化过程包括对商业模式进行持续的评估和改进。这涉及对内部流程、客户体验、价值主张和盈利模式的不断审视和调整。优化不仅是一个技术过程，更是一个组织文化和心态的转变。企业需要培养一种基于数据驱动的决策文化，同时鼓励团队成员对现有做法持开放态度，不断寻求改进的机会。此外，优化还需要强调跨部门之间协作和整合多方视角，以确保商业模式的创新不仅局限于产品或服务，还包括客户关系、渠道和价值网络等各个方面。

第二节 双元数字化创新战略

一、第二曲线创新

（一）第二曲线的概念

第二曲线理论，起源于英国管理学家查尔斯·汉迪的思想，由李善友教授进一步推广研究，已成为当代企业创新和技术发展的重要指导理论。本理论基于观察技术或市场趋势的自然演变规律，强调在第一曲线（现有技术或业务模式）走向衰退之前，必须寻找或创造新的增长曲线——即第二曲线。它在这一过程不仅是技术革新的必然，也是企业持续发展的关键。

在经济学和管理学中，S型曲线通常被用来描述一项技术或产品从诞生、成长到成熟的整个生命周期。初始阶段，技术发展缓慢，随着研发投入的增加和市场的认可，技术逐渐成长，增长速度加快，直至达到某一峰值。然而，任何技术或产品都有其生命周期的极限，当它们达到这个极限时，增长将放缓，甚至出现衰退。这一点正是第一曲线的终点，也是第二曲线的起点。

第二曲线的本质在于非连续性的突破和创新。它代表着新的机遇、新的技术方向和新的业务模式。在第一曲线接近顶峰之时，企业必须审时度势，适时投资新的增长点，以保持竞争力和市场领先地位。这种转变并非渐进式的小步改进，而是需要战略性的大胆创新和跳跃。

在现代企业管理中，第二曲线理论的应用尤为广泛。企业领导者必须具备一定的前瞻性，能够在第一曲线的成熟期就开始寻找或创造第二曲线。这要求企业不仅满足于当前的成功和盈利，而是需要不断地探索新的市场需求、技术变革和商业模式。例如，众多传统制造业企业正通过数字化转型，寻找新的增长曲线；互联网企业通过不断的技术创新和业务拓展，寻求新的增长点。

第二曲线的创造并非易事，它要求企业在保持现有业务稳定的同时投入资源于未知领域。这需要企业具备良好的资源配置能力、市场洞察力和创新能力。这也是一种文化和心态上的转变，即从依赖已有成就转向不断探索新的可能性。

（二）业务的创新与组合

企业要实现基业长青，必须在第一曲线（现有成熟业务）和第二曲线（潜在的创新业务）之间找到一个平衡点，并采取有效的业务创新组合策略。谷歌公司实施的70-20-10原则是一个优秀的例子，它揭示了如何在维持现有核心业务的同时，探索新的增长机会和实验性项目。

在这种组合策略下，企业将大部分资源和精力投入现有业务的持续改进和优化中，这有助于维持稳定的市场地位和现金流。同时，企业也会将一部分资源投入与核心业务相关的新领域，这些领域可能成为未来的增长点。最后，企业将少量资源投入完全新颖、具有潜在重大影响力的边缘概念上，这些概念虽然风险较高，但可能带来颠覆性的变革。

这种策略要求企业必须具备前瞻性的市场洞察力和灵活的资源配置能力，以适应不断变化的市场需求和技术趋势。企业需要定期评估各业务线的表现和市场趋势，及时调整资源分配比例。同时，企业还需要培养跨领域的创新能力和合作精神，通过内部协作和与外部合作伙伴的合作，共同探索新的业务机会。

在实施业务创新组合策略时，企业还需注意避免资源分配失衡。过度侧重于现有业务可能导致错失创新机会，而过分投入边缘概念则可能对企业的稳定发展造成风险。因此，企业需要制定明确的评估标准和风险控制机制，确保资源投入能够产生最大化的效益。

（三）第二曲线的构建方法

第二曲线创新往往是基于非延续性技术实现的突破性创新，其特点是间断性和跳跃式的，如从传统机械表向石英表的转变，或航空公司从纯粹的运输服务向综合服务的转型。这类创新能够为企业带来全新的发展机遇，但同时随着高度的不确定性和风险。

要实现第二曲线创新，企业需要采取多方位的策略。首先，企业需要深入思考现有成熟技术可能带来的创新机会。这意味着要对现有技术进行全面的理解和掌握，同时寻找这些技术可能引发的市场变革点。其次，企业需要从用户需求出发，分析市场上哪些需求还未被满足，哪些领域有最大的发展空间。用户需求的深入洞察是驱动创新的重要因素。最后，企业应分析行业中新出现的颠覆者，评估哪些公司最有可能构建新产品和新服务。

第二曲线创新不应该是凭空产生的全新业务，而应该是在原有业务基础上，由于技术或模式的变化自然生成的新业务。这种创新模式可以被视为"分形创新"，即第一曲线业务在发展过程中产生的无数次级创新，这些创新促进了主营业务的增长。当其中某些次级创新受到市场或资本的重视时，就有可能发展成为第二曲线。

二、双元数字化创新的概念

为了适应快速变化的环境,企业需要在维持现有业务稳定增长的同时,积极探索新的业务机会和技术应用。双元数字化创新战略要求企业必须同时驾驭两种不同的创新模式:一是延续性创新,即第一曲线创新;二是非延续性创新,即第二曲线创新,见图3-3。

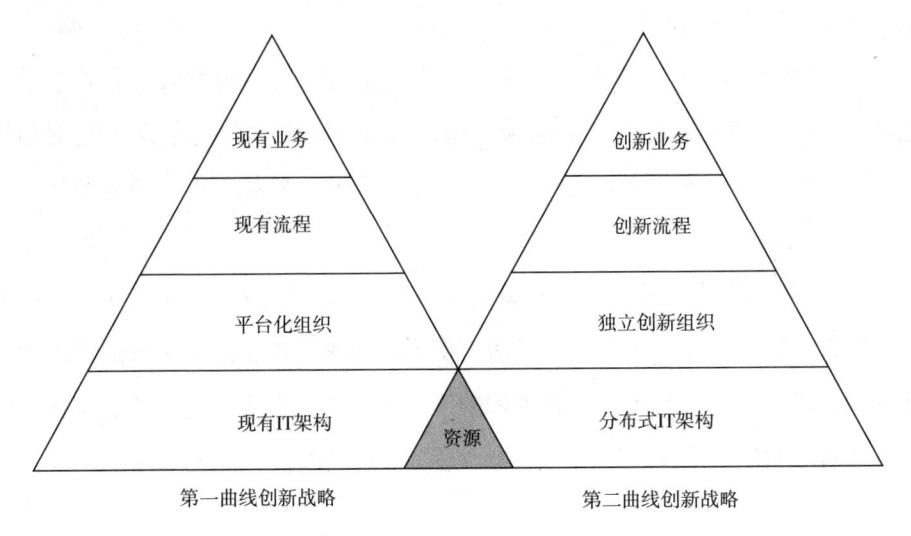

```
        现有业务                    创新业务
        现有流程                    创新流程
       平台化组织                  独立创新组织
      现有IT架构      资源       分布式IT架构
     第一曲线创新战略           第二曲线创新战略
```

图3-3　双元数字化创新

延续性创新是以改进和完善现有产品和服务为核心,致力提高企业现有业务的市场竞争力和市场占有率。这种创新通常较为保守,风险相对较低,易于被市场接受,有助于企业实现稳定的收益和增长。然而,单纯依赖延续性创新很难为企业带来突破性的成长。

相比之下,非延续性创新则更具冒险性和颠覆性,往往涉及新技术的采用和新市场的开拓。这种创新能够为企业打开全新的增长空间,但同时随着更高的不确定性和风险。技术的迅速发展和市场需求的快速变化为非延续性创新提供了肥沃的土壤。

所谓双元创新战略:企业使用一定的管理手段,增强探索式创新和利用式创新的协同作用,抑制探索式创新和利用式创新的冲突,从而同时实现探索式创新和利用式创新在较高水平上[1]。在数字化时代的背景下，这一概念不仅涵盖了对新技术、新市场的探索，同时强调了现有资源和能力的最大化利用。

探索式创新是指企业寻求新的机会，开发新市场，研制新产品的过程。这类创新注重未来，致力于开拓未知领域，挑战现有的业务模式和技术标准。其特点在于高风险和高回报，可以带来突破性的成果，但也可能因为方向错误或市场接受程度不高而导致失败。

利用式创新与探索式创新相对，更注重于当前的稳定发展。它着眼于改进现有产品，满足现有顾客的需求，通过对现有资源和能力的深入挖掘和优化，提高企业的运营效率和市场竞争力。这类创新风险较低，但通常只能带来渐进式的改进。

双元创新战略的挑战在于探索式创新和利用式创新在组织文化、资源配置、管理机制上往往存在天然的矛盾。例如，探索式创新需要更多的自由和创造性的思维空间，而利用式创新则依赖于规范化和标准化的流程。如何在这两种看似对立的创新模式之间找到平衡，是实施双元创新战略的核心。

三、构建双元数字化创新的方法

在构建双元创新战略时，企业需要同时发展两套运营机制：一套是专注于稳定和延续经营的传统业务（第一曲线），另一套则是专注于创新和探索未来市场的新业务（第二曲线）。这一过程听起来简单，实施起来却颇具难度，因为创新和日常管理之间存在内在的矛盾。创新需要探索新市场和新机会，而管理的核心在于优化现有市场的运营效率，企业需要在资源投入、组织结构和战略方向上做出平衡的选择，以保证两条曲线的和谐发展。

---

[1] 刘继承.数字化转型2.0 数字经济时代传统企业的进化之路[M].北京：机械工业出版社，2021：54.

第三章　企业数字化转型的商业模式创新路径

在第一曲线的运营中，企业应专注于优化现有运营体系和产品参数，跟随技术的发展步伐，不断提升现有产品的性能。这通常涉及优化企业内部价值链的活动，如通过规模化和集约化操作降低成本、提高效益。这些活动着重于维持和增强企业现有业务的竞争力，确保企业在现有市场中的稳定地位。

第二曲线的创新则更加注重于产品和服务的创新，以及完全重新定义业务模式。这包括结合新技术和新模式创造优化的产品和方案，专注于传统业务的延伸服务，以及开辟业务增量发展空间。例如，企业可能从单纯的产品制造商转变为提供综合解决方案的服务商。在这个阶段，企业会探索全新的商业模式，专注于数字化业务的发展，形成符合数字经济规律的新型商业模式，这通常涉及开放业务生态和构建更大的平台，与生态合作伙伴共同构建新的生态关系。

为了有效实施双元创新战略，企业需要建立一个科学的创新矩阵（图3-4）。在这个矩阵的纵轴上，企业应将创新活动分为三个层次：运营体系的持续优化、产品和服务的创新，以及完全重新定义业务模式。这三个层次分别对应不同的创新深度和市场方向，企业需要根据自身的资源、市场定位和长期战略来调整这些层次之间的关注点和资源分配。

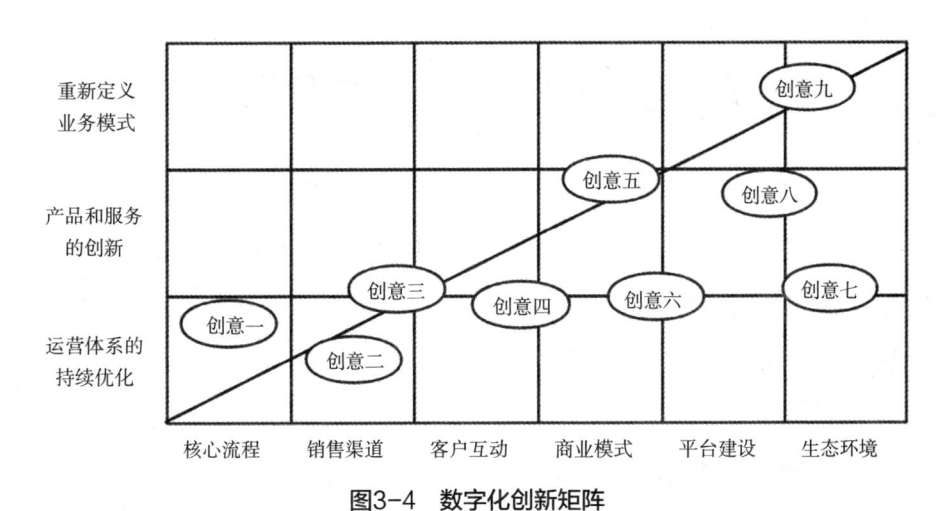

图3-4　数字化创新矩阵

而在横轴上，矩阵将创新活动按照范围（从内部调整到全面协同）分类，提供了一个清晰的框架以指导企业在不同阶段的创新策略。

根据创新矩阵企业可以理解到靠近右上角的创新活动，即那些需要广泛协同和彻底重定义的项目，往往随着更高的不确定性和风险。这类项目虽然潜在收益巨大，但同时需要巨大的资源投入和长期的承诺。在企业面临经营困难时，创新焦点应该放在矩阵的左下角，即风险较低、回报较快的创新活动上。这些活动通常涉及优化现有运营体系和提高现有产品的性能。

当企业稳定后，可以逐渐将资源和注意力转移到更具野心的创新活动上，如重新配置资源或全面重定义业务模式。这样的转变不仅要求企业领导者在不同业务阶段间保持投资比例的平衡，同时要确保在稳定性和创新性之间找到平衡点。

企业转型并非简单的线性过程，而是需要一个逐步演进和迭代的过程。这意味着，企业应该在保持现有业务稳定的基础上，逐步扩展和升级其业务模式，从A到A+，再到A++。这个过程需要领导者识别第一曲线和第二曲线创新之间的关联性和协同效应。如果两条曲线之间缺乏相互联系，转型的成功可能会受到限制。

第三节　企业数字化创新战略的内容框架

数字化创新战略的核心在于构建一个能够适应快速变化的数字化环境的全面战略框架，其内容包含多个关键维度，旨在确保企业在不断演变的数字化时代中保持竞争力和可持续发展。

一、聚焦数字化创新对于行业的影响

在构建数字化创新战略的内容框架中，企业应该优先聚焦解析数字化对

行业的影响。数字化的趋势如今渗透各行各业，其影响范围广泛且深刻，涉及产品和服务、运营流程以及商业模式等多个层面。

首当其冲的是产品和服务层面的变革。数字化技术的发展使传统产品和服务呈现出新的特性和功能，比如，通过物联网、大数据和人工智能，产品不再仅是物理实体，而是集成了智能化、个性化的服务，能够提供更加丰富的用户体验和价值。对于服务行业而言，数字化使服务更加便捷、高效，同时增加了个性化和预测性的特点。

运营层面的影响则表现为流程自动化和效率优化。数字化技术如云计算、自动化工具和机器学习应用，极大地提升了企业的运营效率，降低了成本，提高了灵活性。数字化工具使数据分析、决策支持和客户服务等方面更加高效，同时帮助企业实现更精准的市场定位和客户服务。

在商业模式层面，数字化推动了新商业模式的诞生。如共享经济、平台经济、订阅经济等新模式，这些模式不仅打破了传统的商业边界，还创造了新的市场机会。企业必须在这些新兴商业模式中寻找适合自己的位置，同时创新自身的商业模式，以适应数字化的大潮。

面对数字化的影响，企业的战略规划必须基于对大趋势的理性判断。这要求企业领导者不仅关注当前的市场动态，更要有前瞻性地看待技术的发展方向。理解数字化带来的长期趋势和其对行业格局的潜在影响，是制定有效战略的前提。

深刻理解行业竞争环境不仅涉及对传统竞争对手的分析，还包括对新兴数字化企业和跨行业竞争者的考察。企业需要评估自己在这样一个竞争环境中的位置，识别潜在的威胁和机遇。

对自身核心竞争力的准确把握是确保战略成功的重中之重，企业需要清晰地认识自己的优势和弱点，这包括技术能力、市场地位、品牌影响力、人才资源等多个方面。在此基础上，企业可以制定出一个既符合外部环境变化，又能够发挥自身优势的战略方案。

二、数字化创新战略愿景

锚定数字化创新战略愿景是企业未来发展的重点之一。这一愿景应当基于企业对数字化趋势的深刻理解，明确自身在数字化浪潮中的定位、价值主张和长远目标，构建这样的战略愿景需要企业进行全面的自我审视和市场分析，确保其既具有前瞻性，又具备实际可行性。

企业首先需要清晰界定其在数字化转型过程中的价值主张。这包括了解自身的核心优势是什么，如何在数字化环境中加以利用或转化。价值主张的明确有助于企业在数字化转型中保持独特性，避免盲目跟风，进而确保转型过程符合自身的实际情况和长期目标。

竞争优势的锚定是企业制定数字化创新战略的重要组成部分。企业需要分析在数字化趋势中如何保持或增强自己的竞争优势。这可能涉及对企业业务模式的调整，技术能力的升级，甚至是对企业文化的重塑。企业应当关注行业中的新兴竞争对手，以及可能出现的其他替代技术或服务，从而确保自身在竞争中保持领先地位。

确立数字化创新战略的目标是指引企业转型方向的灯塔。这些目标应当既富有挑战性，又在企业的能力范围之内。目标的设定应基于企业资源的整合能力，包括人力、资金和物质资源。企业应对目标实现的难度和可能的风险有清晰的认识，并制定相应的应对策略。同时，企业需要考虑如果无法实现这些目标，其对企业生存和发展的影响，确保有备选计划以应对不确定性。

在制定目标时，企业还需要考虑已经采取的或计划采取的措施。这些措施应当与企业的长期愿景和目标保持一致，并能够有效推动企业向设定的方向前进。措施的实施需要企业高层的积极参与和支持，确保企业内部的资源和能力能够得到最大限度地发挥和整合。

三、数字化创新的核心举措

数字化转型不仅是技术层面的升级,更是商业模式、运营方式以及整体架构优化的深度变革。以下是在规划数字化创新战略时需要重点关注的三个核心领域。

(一)商业模式创新

企业需要深入分析和评估当前商业模式在数字化背景下的适应性和未来潜力。创新的商业模式应该能够在维持现有业务的稳定基础上,开拓新的增长点。这需要企业领导层具有前瞻性的思维,对市场趋势和消费者需求的敏锐洞察力,以及对新技术的快速适应能力。商业模式创新可能涉及产品和服务的重构,市场定位的调整,以及价值链的重新设计等。

(二)运营模式创新

传统的运营模式往往不能满足数字化时代的需求。因此,企业需要构建一个更加灵活、高效和智能的内部运营体系。这包括全渠道的统一运营,利用平台化思维优化资源配置,以及基于数据驱动的决策流程。运营模式创新应注重提升客户体验、优化供应链管理,以及实现成本控制和效率提升等。这要求企业不仅要重视技术投入,还要对组织结构和企业文化进行相应的调整和优化。

(三)IT整体架构优化

IT架构优化是支撑数字化转型的技术基础。在数字化2.0阶段,企业的IT架构需要从传统的纵向烟囱式模式向更为灵活和集成的横向模式转变。中台架构作为未来IT架构的核心,将促进数据共享、流程标准化和业务协同。优化IT架构不仅需要采用先进的技术,还需要重视数据治理、系统安全和用户体验等方面。此外,IT架构的优化也需要企业在组织结构和人员技能上做出相应的调整和提升。

在规划数字化创新战略时,企业必须从整体出发,协调好商业模式创新、运营模式创新和IT架构优化之间的关系。这不仅是技术升级的问题,更是一次全方位的组织变革。企业需要确保这三个方面相互支持,相互促进,共同推动企业在数字化时代的持续成长和发展。

四、数字化创新的保障机制

数字化创新战略的成功实施取决于一系列细致周到的保障机制。这些机制不仅支持战略的有效执行,还确保了企业在变革过程中的稳定发展。以下是构建这些保障机制的关键要素。

(一)组织与人员结构调整

数字化创新战略的实施需要企业组织结构的调整。企业需要构建更加灵活和响应快速的组织结构,以适应数字化带来的变革。这涉及部门的重组、职能的整合,以及新部门的创建。同时,企业需要重视人才培养和团队建设,特别是那些具有数字化技能和创新思维的人才。人才的培养和引进不仅局限于技术人员,还包括具有数字化转型经验的管理人员和决策者。

(二)强化变革领导力

数字化转型的领导力不仅需要对数字化趋势有深刻理解,还需要具备推动变革的能力。领导层应展现出对新技术和新模式的敏锐洞察力,以及对组织文化和员工心理的深刻理解。领导者需要成为变革的积极推动者,通过个人的影响力和示范作用来引导团队接受和适应数字化转型。

(三)数字化投资策略

数字化转型需要充足的资金支持,这包括新技术的引进、新系统的建设、员工培训等。企业需要制订明确的投资计划,合理分配资源,确保资金用于最关键的领域。同时，投资决策应基于长远视角和综合考量，以期实现最佳的投资回报率。

（四）企业文化的变革

企业文化是推动数字化转型的软实力。企业需要培养一种开放、创新、包容的文化氛围，同时鼓励员工接受新技术、新理念，敢于尝试和创新。文化变革还需要重视员工的培训和发展，通过提供学习和成长的机会，提升员工的数字化能力和适应性。

数字化创新战略的保障机制不仅是战略实施的基础，也是确保企业在数字化浪潮中保持竞争力和持续发展的关键。企业需要在人才管理、领导力培养、资金投入和企业文化等方面下功夫，进而确保这些保障机制能够支持企业在数字化转型道路上稳步前行。

五、数字化创新的路径与破局点

在制定数字化创新战略时，明确创新的路径和破局点不仅涉及创新项目的选择和排列优先级，更关键在于识别并利用创新的关键切入点。以下是制定数字化创新路径和破局点的关键步骤。

（一）用户体验优化

用户体验优化是数字化创新的核心，企业应深入分析用户需求，通过数据分析了解用户行为和偏好。基于此企业可以开发出更符合用户需求的产品和服务，从而提高用户满意度和忠诚度。优化用户体验的关键在于持续的用户反馈收集和迭代改进。

（二）运营效率提升

数字化创新应致力提升企业的运营效率。这包括但不限于流程自动化、数据驱动的决策制定和智能化的资源管理。通过优化这些方面，企业可以实现成本节约和效率提升。重要的是企业需要确定哪些运营环节最需要改进，并能投入相应的资源和技术进行优化。

（三）新商业模式拓展

数字化创新还应包括探索和实施新的商业模式。这可能涉及利用新技术创造新的收入来源，或者重塑现有业务模式以适应数字化时代。寻找新商业模式的切入点，这通常要求企业有一定的市场洞察力和创新能力。

（四）项目影响力和可行性分析

对于潜在的数字化项目，企业需要根据其对公司整体战略的影响力和实施的可行性进行评估。评估标准应包括项目的成本效益分析、资源需求、时间框架和预期的回报。企业可以通过这种方式确定哪些项目应该优先执行。

（五）寻找创新的切入点

确定数字化创新的切入点是成功实施战略目标的重要步骤，切入点应当是那些能够最大限度地发挥企业优势、最快响应市场需求和最有效整合资源的点。这可能是一个特定的技术、市场机遇、客户需求或是一个内部流程。通过集中资源和注意力于这些切入点，企业可以在数字化转型中取得早期的成功，从而为更广泛的变革奠定坚实的基础。

（六）资源整合原则和路径

在确定了切入点之后企业需要制定资源整合的原则和路径。这包括确定所需技术、人员、资金和其他关键资源的配置，以及这些资源如何协同工作以实现创新目标。资源整合需要企业考虑内部和外部资源，以及如何有效地利用这些资源以支持创新项目。

明确数字化创新战略的路径和破局点要求企业不仅要在战略层面上具有清晰

的视野，还需要在执行层面上具有灵活性和创新能力。通过这种方式企业不仅可以在数字化时代中找到自己的方向，而且能成功导航于快速变化的市场环境。

第四节　典型案例分析

案例：链家的战略跃迁

北京链家房地产经纪有限公司自2001年成立以来，历经18年的发展，已成为居住服务行业的领军企业。在面对产业数字化的新机遇时，链家的创始人左晖采取了大胆的战略转型决策，正式启动了公司的自我颠覆式转型。2018年4月，公司成立了"贝壳找房"，打破了传统的"链家时代"垂直自营模式，构建了一个以数字技术为驱动的开放型新居住服务平台。2020年8月13日，贝壳找房在美国纳斯达克上市，并迅速成为中国最大的房地产交易和服务平台，其市场地位仅次于阿里巴巴，成为中国第二大商业平台。

这一成就实现行业内的重大突破，贝壳找房在居住服务行业的竞争中显著优势是值得深入探讨的。贝壳找房的成功，不仅是链家的继承和延伸，更是其在居住服务产业数字化转型中的创新和领先。左晖将贝壳找房描述为"18年链家与两年贝壳的组织结合体"，这一描述准确地概括了其发展历程：从传统的线下二手房经纪到互联网化再到平台化，最终升级为更为全面的住居服务。这一过程不仅改变了传统的交易方式，更是利用数字技术和数据能力重塑了整个行业的价值观和市场边界。

链家的这种自我革新的战略智慧是传统企业在数字化转型过程中值得学习的典范。其成功的经验可归纳为以下几个关键点：首先，链家在转型过程中始终坚持创新和自我革新，不断探索新的业务模式和服务方式；其次，公司在数字化转型过程中充分利用了互联网技术，实现了业务流程和服务模式的优化；最后，链家在转型过程中始终注重用户体验和市场需求，通过提供更加个性化和高效的服务来满足用户需求。

彭永东，贝壳的联合创始人和CEO，他强调贝壳采用的是产业互联网思维，而非传统消费互联网思维。这种思维方式不仅关注于消费者需求，还关注于整个产业链的高效运作和优化。通过对产业物的标准、人的标准和流程的标准进行全面的重新设计，贝壳找房成功地构建了一个高效、透明且用户友好的房地产服务平台（图3-5）。

链家的数字化转型可以总结为三个方面：第一是数字技术的应用实现了物的标准化；第二是运营模式的创新实现了人和流程的标准化；第三是通过贝壳找房独立运作实现了平台化创新。

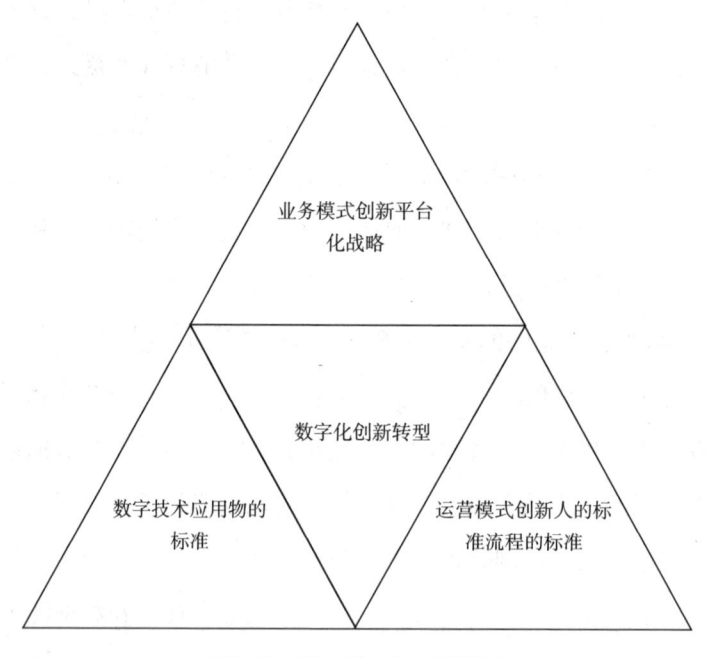

图3-5 链家数字化转型思路

（一）数字化技术创新的应用

自2001年成立以来，链家一直面临着房地产市场中用户对假房源的普遍反感。这种通过发布不真实的低价或虚构房源信息来吸引用户流量的策略，一直是房地产市场的痼疾。在缺乏真实房源数据库的情况下，用户难以在众多房源中进行有效的筛选，企业也难以精准掌握核心资产——房源的真实情况，导致服务效率低下，行业信任度难以建立。为解决这一问题，链家开始着手构建一个真实的楼盘信息数据库，从根本上解决假房源问题。

2008年起，链家投入了巨资和人力，开展了建立楼盘字典的重大项目，这是一项长期、高投入、无直接产出的重要工程。左晖，公司的董事长，他不仅雇佣了数百人的团队，还为他们配备了GPS轨迹定位器、经过时间校准的相机和智能手机，确保所收集的楼盘信息真实可靠。数据工程师们将这些信息处理成结构化数据，形成楼盘字典的一部分。与同期其他企业依靠手工填报和抽查的方法相比，链家选择了结合高成本的先进设备和大数据的方式来构建真实的房源数据库。尽管当时左晖无法预见这个庞大的数据库何时能产生价值，但他坚定不移地投入资源，甚至对楼盘字典团队不设立投入产出绩效考核。而到2018年，这个项目的累计投入额超过了6亿元人民币。

十年间，链家通过数据资产的积累、迭代和运营，构建了行业内最真实、最大规模的数据资产。这为链家在线上化重构房产中介服务流程，进而平台化重构整个行业的商业模式奠定了坚实的大数据基础。到2020年第三季度，根据贝壳的财报，楼盘字典累积的真实房源数量已超过2.33亿套，覆盖全国57万个小区的490万栋楼宇，成为国内覆盖面最广、颗粒度最细的房屋数据库。

楼盘字典则进一步活化了这些数据。依托于此平台，房屋过去的交易情况、带看次数和频率都能清晰展现，并实时更新。这些及时的数据更真实、有效地反映出了市场情况，为服务者和用户提供强有力的数据支持，大幅提升合作效率，为建立基于服务规则创新的互信互利、合作共赢的行业风气提供了数字化的技术支撑。

贝壳于2018年首次将VR看房服务引入行业，通过3D全景线上展示房源，为买家和经纪人提供了更加确定的房源信息，有效减少了双方筛选不符合要求房源的时间。这种直观、生动的房源VR图像优化了用户体验，弥补了时间和空间的差异。在过去几年间，VR看房成为贝壳平台的显著优势。截至2020年三季度末，贝壳通过VR采集的房源数量达到711万套，同比增长191.7%。VR看房逐渐成为用户的新习惯。

为增强用户体验，贝壳还在VR看房基础上增加了AI讲房功能。通过图像识别、结构处理等算法，AI助手可以在三秒内提供周边配套、小区内部情况、户型结构和交易信息等维度的个性化智能语音讲房服务。VR的本质是通过数字化三维复刻房屋，为居住服务行业提供了坚实的数据基础。

彭永东，贝壳的CEO，他指出这些措施虽然看似是数字技术的应用，实际上是对房屋作为物的数据化过程。基础数据、潜藏数据和交互数据构成了房屋的数字空间。基础数据包括居住空间的基本信息数字化，潜藏数据涵盖空间内的所有物品、声光、关联数据等，为AI设计和匹配提供基础，而交互数据则通过VR看房等手段实现线上线下行为的数据复刻。

从基础信息数字化到数字空间的构建和应用，虽然核心都是数据，但其范围和含义已经发生了巨大的变化。数据不再是单一和扁平的数字，而是随着"数字空间"的建设而获得了更多的维度，打破了时间和空间的限制。这些变化促进了从简单应用到AI化智能应用的转变。

随着基础数据、潜藏数据和交互数据的逐步完善，整个行业的真正贯通将成为可能，并衍生出众多数字化、智能化的应用，从而为服务者和消费者提供了更多的能力。

（二）运营模式创新

房地产中介行业的线上化转型在过去十多年间经历了重大变革，但这一过程并非一帆风顺。在传统模式下，线上平台的主要职责是收集和开发房屋买卖信息，而线下的中介品牌则需支付信息使用费以接入这些平台。门店经纪人利用平台提供的信息达到交易促成，但这种模式存在明显的短板。由于线上平台无法有效地进行标准化和控制经纪人的交易行为，导致了房产中介行业中一系列的问题，主要是以下几点：

（1）由于低收入和社会地位等因素，很多经纪人只是将这一工作视作短期职业，而非长期事业。

（2）鉴于房屋交易金额通常较大，许多经纪人在职业生涯中很难完成单笔交易，导致经纪人的单次博弈行为和诚信缺失。

（3）签单决定成败的交易机制催生了恶性竞争方式，如撬单行为等，这些行为大幅降低了交易效率，并严重侵蚀了居住服务行业的信任基础。

针对这些情况，链家认识到要想根本性解决房屋经纪行业职业化水平低、服务品质低、用户满意度和信任度低等行业发展痛点，必须从根本上革新规则，打破经纪人之间的零和博弈和恶性循环。于是在2010年，链家开始着手打造一种新的机制——ACN（agent cooperate network，即经纪人合作网络）。

ACN机制的核心在于将原先由单个经纪人负责的房屋买卖过程分解为10个细分任务，为每个任务设立相应的角色，并根据各角色的贡献程度分享原本由单个经纪人独享的中介费。这种机制的创新之处在于它打破了传统的单点服务模式，通过协作分工，不仅提高了交易效率，也优化了服务质量。各个环节的经纪人可以专注于自己擅长的领域，从而提供更专业、更高质量的服务。

链家的ACN机制的实施彻底改变了房地产中介行业的经纪人关系，将原本的零和博弈转变为共赢共生的合作关系。这种变革不仅提升了经纪人的职业道德水平，而且有效降低了交易成本，改善了经纪人与用户之间的关系。这一创新过程的核心在于通过协作和专业分工，提升了平台上每位参与者的价值创造能力和收益上限。

专业化分工带来的网络效应不仅增加了平台的竞争力，也提升了链家在互联网领域的地位。通过这一转变，链家不再仅是一家传统的二手房中介公司，而是成为一个具有创新能力的数字化居住服务平台。这种转型不仅代表了链家对行业未来趋势的深刻理解和适应，也体现了其在数字化转型过程中的领先地位。

在链家的这一转型过程中数字化技术的应用发挥了至关重要的作用，通过对房源数据的详细收集和分析，链家建立了一个庞大而准确的房源数据库，这为经纪人提供了更为精准的房源信息，同时极大提升了用户体验。数字化技术的运用不仅限于房源信息的收集，还包括了交易流程的优化、用户界面的改善以及服务质量的提升等多个方面。通过这些创新，链家不仅改善了内部的运营效率，也为外部用户提供了更高质量的服务。这种双核协同的数字化运营模式，不仅有效地推动了整个居住服务行业的数字化基础设施的迭代和升级，也为行业内其他公司提供了可借鉴的范例。

（三）战略跃迁

2014年对于链家来说是重要的一年。面对房地产经纪行业遭受互联网的全面冲击，链家并没有选择直接与互联网企业进行竞争，而是选择了一条与众不同的道路。当时，搜房网开始组建线下团队，58同城合并赶集网后收购了安居客，而爱屋吉屋则以其纯互联网基因的租赁模式在上海占领了约30%的房屋租赁市场。面对这些挑战，链家选择了与搜房网的战略合作，而不是直接对抗。

在2014年的战略研讨会上，链家的高管团队集中讨论了互联网对行业的影响。他们认识到，虽然技术在变革，但房地产中介行业的商业本质并未发生根本变化。优秀的经纪人不仅是行业中最稀缺的资源，也是提高效率的关键。基于这一洞察，链家决定先夯实线下交易基础，再集中精力发展线上业务。

2014年10月，链家在线更名为链家网，由彭永东领导的团队从链家总部独立出来，并从望京搬到了上地西二旗，这实际上也是贝壳找房的前身。链家开始探索O2O的发展模式，尝试将线下高品质服务的理念贯彻到线上，并打通O2O数据循环。这种模式不仅优化了消费者的在线筛选体验，还提升了线下带看和推荐的针对性，显著提高了成交率和运营效率。2018年2月28日，链家网正式更名为贝壳找房，标志着链家不仅从垂直自营品牌向开放平台转型，也全面拥抱了数字化，从而进入了一个全新的发展阶段。贝壳找房的成立是对传统房地产中介模式的颠覆，它不仅扩大了链家的业务范围，也为行业带来了新的发展方向。

贝壳找房的成功不仅在于其创新的商业模式，更在于它对数字化技术的深入理解和有效应用。通过数字化转型贝壳找房不但能够更有效地整合和分析大量的房源信息，还能够提供更准确、更便捷的服务，从而提升用户体验并增强市场竞争力。这一创新举措不仅改变了链家的运营方式，也为整个房地产中介行业树立了新的发展标杆。

房产服务领域面临的五大矛盾不仅挑战了整个行业的运作模式，也提出了对传统业务模式的根本性质疑。贝壳找房的成立和发展，旨在通过一系列创新的举措解决这些矛盾，进而重塑行业格局。主要体现在以下几个方面。

（1）服务者与消费者之间的矛盾主要体现在对真房源的承诺上。在传统的房地产交易中，信息的不对称性导致消费者难以获取真实、全面的房源信息。而贝壳找房通过建立完善的房源信息数据库和透明的交易机制，不仅让消费者能够获得更真实和可靠的房源信息，还建立起消费者的信任。

（2）经纪机构和经纪人之间的矛盾通常表现在恶性竞争上。贝壳找房通过引入合作规则和价值导向，建立了一种新的合作模式，促进了经纪人之间的正向激励和良性竞争，这不仅提高了服务质量，也提升了行业整体的职业标准。

（3）时间上的矛盾是指行业周期性波动对企业的影响。贝壳找房通过多元化服务和产品线，减少了对单一市场波动的依赖，增强了抗风险能力。例如，通过提供新房装修、搬家等多元服务，贝壳找房在房地产市场低迷时期也能保持稳定的业务增长。

（4）前台与后台的矛盾体现在需求响应的不一致上。贝壳找房利用先进的信息技术，如大数据分析和人工智能技术等，有效地整合前台需求与后台资源，提高了组织效率和客户满意度。

（5）经纪人与经纪机构之间的矛盾主要源于利益分配和职业发展路径

上。贝壳找房通过创新的业务模式和激励机制，为经纪人提供更多的职业发展机会和更合理的利益分配，实现了经纪人与经纪机构的共赢。

如此，链家从商业模式创新、运营模式创新以及IT整体架构优化三个层面深度践行了企业数字化创新的内容架构，利用数字化带给企业的敏捷性不仅优化了组织整体架构，重塑了评价体系，还赋能了一线业务逻辑，使得前线员工之间对齐了颗粒度，不再因无效内卷而耗费多余的精力。

聚焦数字化平台，新的商业模式所带来的是行业新的增长点，链家抓住新机遇，布局新赛道，发展新路径，最终从一片"红海"中找到了属于自己的破局点。

然而贝壳找房在成为行业领导者的同时，面临着新的挑战。随着阿里巴巴、腾讯等大型企业的进入，市场竞争越发激烈。贝壳找房需要不断创新和优化其业务模式，以维持其在行业中的领先地位。这包括持续的技术创新、服务模式的迭代更新，以及对市场趋势的敏锐洞察。

第四章　企业数字化转型的组织与人才转型对策

组织与人才转型议题本质上是一个管理层面的挑战，涉及在特定战略和思维导向下对团队结构、组织架构的调整，以及企业文化的塑造和演进。对于一些习惯于传统管理方式的行业管理者而言，这些概念可能显得有些陌生甚至颠覆性，因为它们或许与他们长期累积的管理经验存在较大差异。然而，正所谓"广泛倾听，方能有所洞察"，理解传统行业与互联网公司之间的根本性差异，将有助于管理者领会为何需要采取不同的管理策略。也有部分管理者采取更为积极的策略，试图在短期内彻底重塑自己的团队，并自称为互联网公司。然而，这种做法并非总是理想的。数字化转型是一个渐进的过程，选择符合自身特点和发展阶段的转型路径才是关键。

第一节　组织与文化：培育转型的软实力

一、数字化团队的分工

在不同公司、不同发展阶段以及业务形态的影响下，数字化团队的职能配置往往呈现多样性。考虑这种多元性，本文拟以成熟的互联网公司的职能架构为参考，结合传统行业的具体状况，深入地探讨团队分工与职能分配的相关议题。

（一）需求分析阶段

图4-1是一个典型互联网研发团队的分工示意图。公司高层的全面参与对于数字化转型是非常重要的，高层领导不仅包括负责数字化转型的高管，还应涵盖公司所有高管层成员。数字化转型的本质在于利用数字化的能力和思维推动企业的整体转型，而不仅仅局限于建立一个团队或开发一个应用程序。这要求公司的高管团队不但要完全认同这一转型目标，还要积极配合实施。

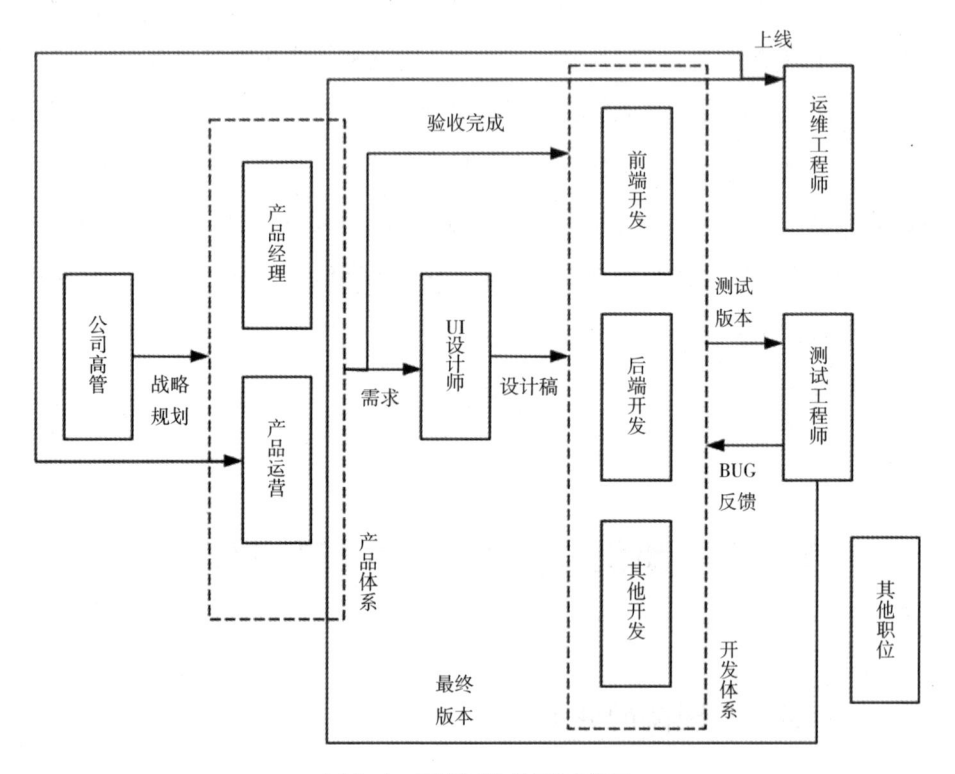

图4-1 研发团队分工示意图

在战略和产品的大方向确定之后，便进入数字化团队的产品体系建设阶段。产品经理和产品运营根据业务的复杂性，这些角色可能进一步细分。例如，产品经理可能细分为业务型产品经理、数据产品经理等，而产品运营可能包括用户运营、内容运营等。这些团队成员的职责包括如何确定产品需求，研究用户行为，定义用户场景，设计功能方案，细化业务逻辑，并准备易于开发人员理解的需求文档。

产品体系的一个重要职能是在开发过程中协调各类资源。产品经理作为项目的负责人,需要组织需求评审会议,关注项目进度,及时识别和解决潜在风险。他们负责确保所有研发团队成员对产品需求有清晰、一致的理解。尽管产品需求文档已经详细罗列了功能逻辑,但面对面的沟通仍然是必不可少的。这是因为数字化产品的业务逻辑往往复杂多变,如果没有充分的沟通,可能会导致开发过程中的理解偏差和工作返工。

产品体系还负责将产品需求文档转换为具体的开发指南。这份文档是为"下游"开发团队准备的,它详细说明了产品的设计理念和功能逻辑。产品经理在需求评审会上详细讲解文档内容,确保所有参与研发的团队成员对产品的预期结果有统一的理解。这种细致入微的工作方式不仅有助于缩短开发周期,提高开发效率,而且降低返工的可能性,从而加快产品的上市速度。

(二)产品开发阶段

在需求评审会议之后,UI设计师(从事对软件的人机交互、操作逻辑、界面美观的整体设计工作的人)与开发人员就开始各自的工作,共同目标是将产品体系的需求转化为实际的数字化产品。在实际操作中UI设计与初期的开发工作往往是并行进行的。开发团队根据需求文档先着手开发与用户界面无关的后端逻辑部分,而UI设计师则负责设计用户界面。一旦UI设计稿完成并确认无误后,前端开发人员便会开始基于这些设计稿进行界面的开发工作。

UI设计师的主要任务是创建一套高保真的设计稿。这些设计稿是产品最终用户界面的视觉表现,必须与最终产品的实际界面高度一致。设计稿不仅需要展示产品的视觉效果,还应包含用户交互的各个细节,如按钮的布局、颜色方案、字体选择等。

开发人员的工作更为复杂和繁重,他们需要将产品体系设计的功能通过编程实现。开发团队通常分为前端工程师和后端工程师。前端工程师负责开发用户直接交互的部分,如移动应用的客户端、微信小程序的前端以及网页等。

这些工作需要对用户体验有深入理解，并且能够熟练运用各种前端开发技术。

后端工程师则负责开发服务器上运行的程序，这些程序负责处理数据存储、业务逻辑等核心功能。这些后端服务通常是不直接与用户交互，而是为前端提供支持。后端开发对系统的稳定性和性能要求很高，需要深厚的服务器端编程能力和对数据库、网络、安全等方面的深入了解。

根据产品的不同需求，团队可能还需要其他类型的专业技术人员。例如，数据库管理员（DBA）负责管理数据库的设计、优化和维护，而算法工程师则专注于开发和优化复杂算法和数据处理技术。

（三）反复测试与项目上线

在开发完成的数字化程序进入测试阶段时，测试工程师的主要职责是对程序进行全面细致的测试，以便发现并记录所有潜在的bug和问题。测试过程通常包括功能测试、性能测试、安全测试等多个方面，旨在确保产品在各种环境和使用场景下都能稳定运行。

测试工程师在识别问题后会及时与开发团队沟通，提供详细的bug报告。这些报告通常包括bug的具体描述、复现步骤、影响范围以及可能的影响程度。开发工程师根据这些反馈进行bug修复，然后再次交付给测试团队进行复测。这个过程可能会重复多次，直到所有关键的bug被解决。值得注意的是，不是所有bug都会被立即修复，有时候团队会根据bug的严重程度和影响范围决定修复的优先级。

在这个过程中可能会出现开发和测试观点不一致的情况，这时候产品经理的角色变得尤为重要。他们需要协调双方，确保产品能在既定时间内以合理的质量上线。

当产品通过测试并得到产品体系人员的最终验收后，就决定了上线时间。然而，产品的上线并不代表着项目的结束。上线后的产品还需要持续的运维支持，以确保其稳定性和高效性。而运维工程师在这个阶段扮演着至关重要的角色。他们不仅需要监控服务器和网络环境，还需要处理突发的技术问题，确保服务的持续可用性。

运维工程师通常使用各种监控工具来跟踪服务器性能指标，如CPU使用率、内存占用、网络流量等。此外，他们还需要定期地对系统进行维护和更新，以防止潜在的安全威胁和提升系统性能。在某些情况下，他们还可能需要与产品运营团队密切合作，以确保产品能够承载大量用户的使用需求。

二、数字化团队的组织架构

上文提及的数字化团队职能多样性，表明在数字化转型中企业的组织架构设计非常重要。特别是考虑数字化转型与企业的传统业务之间的紧密结合，一个恰当的内部结构设计对成功实施转型至关重要。在构建数字化团队的内部架构时，以下几个原则值得参考。

（一）业务导向原则

业务导向原则在数字化团队构建中强调业务的核心地位，其中团队的组织架构和职能配置需紧密围绕业务需求展开，如图4-2所示，以甲乙两条业务线为例，其中，甲业务与数字化融合较为深入，而乙则以传统方式为主。在这种情形下，组织架构的设计要根据每条业务线的特点和需求来决定。

对于深度依赖数字化的业务，其负责人应具备互联网或数字技术背景，以便更好地引领数字化转型。该业务部门下的所有职能组，包括数字化相关职能，应以业务需求为导向进行配置。在这种模式下，数字化团队不仅是业务执行的一个部分，而且在策略制定和实施中发挥关键作用。

对于以传统方式为主的业务，虽然数字化仍是重要的辅助角色，但负责人更可能是具备传统业务背景的专家。在这种情况下，虽然数字化团队同样重要，但其在业务决策和执行中可能不如以数字化为主的业务部门那样中心化。这要求传统业务部门的负责人不仅能够有效地整合数字化资源，还要以确保业务的平稳运行和逐步创新。

每个业务部门可以通过这种方式根据其特定的业务需求和市场环境配置

恰当的团队结构，确保数字化和传统业务有效结合，从而促进整体业务的成长和创新。以职能为导向的组织架构设置与业务导向相对应，如图4-3所示。

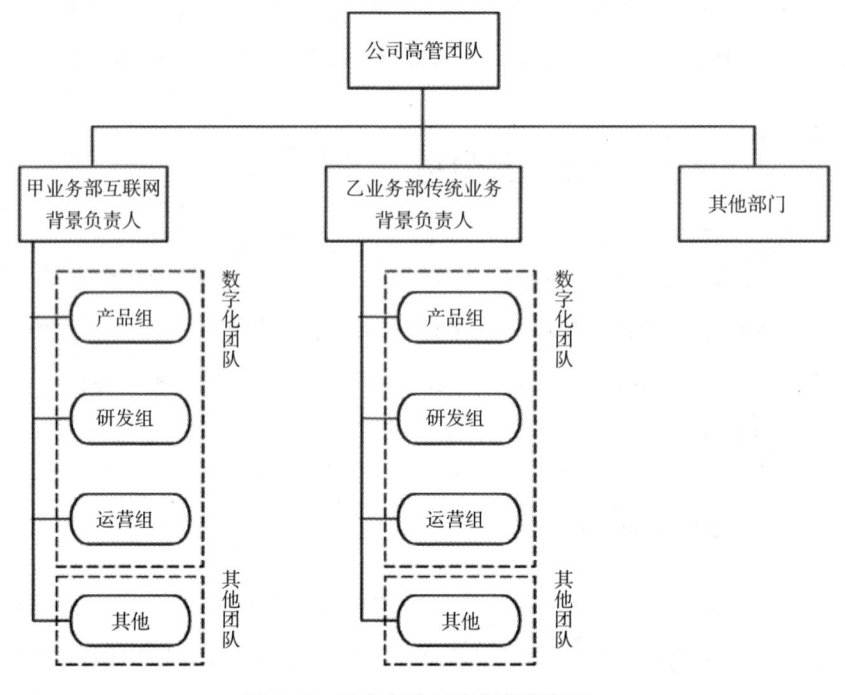

图4-2 以业务为导向的组织架构

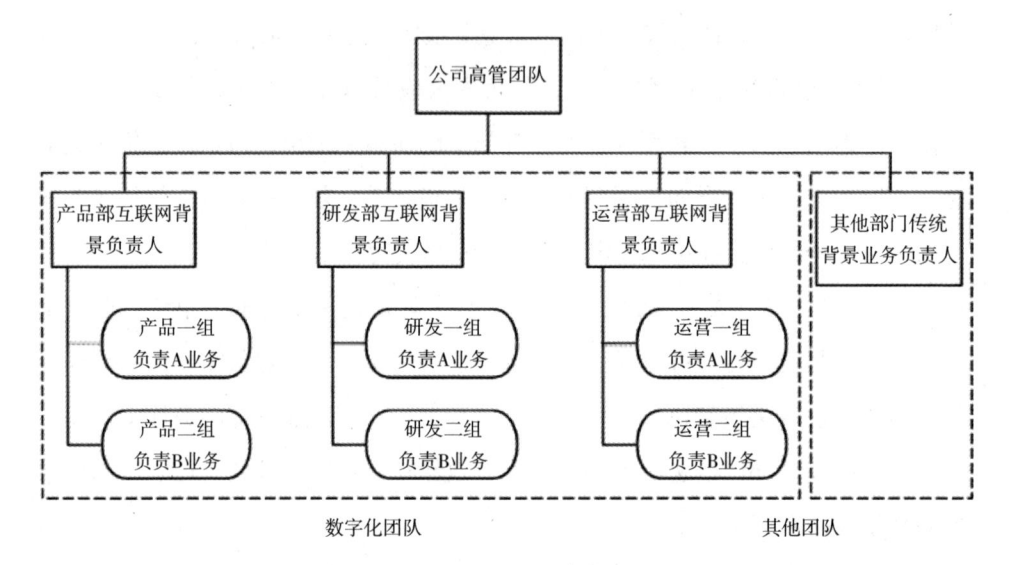

图4-3 以职能为导向的组织架构

以职能为导向的组织架构在数字化转型的背景下呈现出明显的局限性。该模式下，不同职能的团队—如产品、研发和运营—相互独立，彼此间缺乏必要的交流和协同。这种架构在一些传统业务中可能有效，主要是由于传统业务的不同环节通常相对独立。然而数字化团队的性质决定了它们之间必须进行更紧密、更频繁的沟通和合作。比如产品策划团队的想法和需求需要与设计和研发团队紧密结合，而运营团队的反馈和市场数据又对产品策划和迭代至关重要。这种协作并非简单的信息交换，而是一种持续的、互动的过程，需要团队成员之间有共同的目标和紧密的联系。

为实现这一目标，组织架构应该支持这种协作模式。团队成员需要朝着共同的目标努力，这通常要求他们直接向同一位负责人汇报，确保团队的方向和战略一致性。而职能导向的组织架构，通过建立不同职能团队的独立性，可能制造出"部门墙"，妨碍跨职能团队间的有效沟通和协作。

因此，在数字化转型的语境下建议采用更加灵活和集成的组织架构。这样的架构鼓励跨职能团队合作，不仅能打破信息孤岛，还能促进快速决策和响应市场的能力。一个有效的方法可能是建立跨职能团队，每个团队都聚焦于特定的项目或产品线，团队成员来自不同的职能部门，但共同为项目目标工作。这种跨职能团队的优势在于它能够提供多元视角，同时促进更紧密、更高效的内部合作，这是数字化时代成功转型的重要因素。

（二）长期负责原则

长期负责原则强调了人员在特定业务上的长期稳定性和连续性的重要性。数字化产品的生命周期通常较长，且其性质要求产品不断迭代和优化，这就意味着所有团队成员—包括产品策划人员、研发人员、测试人员及运营人员—应对其负责的业务持续、长期地投入。

在数字化产品开发和维护中，团队成员需要对产品历史、业务逻辑和用户反馈有深刻理解。这样的理解不是短期内可以建立的，它需要在长时间的工作中逐渐积累和完善。团队成员的稳定性直接影响产品的质量和创新能力，频繁的人员变动会导致知识的流失，增加沟通成本，降低工作效率，进而影响产品的持续优化和迭代。

如果一个负责产品核心功能的开发人员频繁更换，新来的开发人员可能需要较长时间才能完全理解已有的代码逻辑和业务规则，这不仅延缓了开发进度，还可能导致新的bug和问题。同理，如果一个产品经理在项目的关键阶段更换，新的产品经理可能需要重新评估产品路线和策略，这会影响产品的连续性和市场响应速度。

为了确保数字化产品能够高效、持续地发展，企业需要对数字化团队进行长期的规划和布局。这包括对关键职能进行长期的人才培养和稳定配置，确保关键人员对业务有深入的理解和投入。同时需要在组织文化和管理机制上支持长期负责原则，比如提供职业发展路径、绩效评估体系和激励机制，以保证员工的稳定性和忠诚度。

图4-4展示了一种高效的组织架构，它适用于强调长期负责和深度合作的数字化团队。在这个架构中，产品组包括三名产品经理，分别专注于不同的产品模块。产品经理1专注于"模块a"的产品策划，而产品经理2和产品经理3则集中于"模块b"的策划。相应地，研发组由五名工程师组成，他们按照相同的任务分配原则进行工作。

在这个架构中，产品经理1将与工程师1和工程师2进行更紧密的合作，频繁地进行讨论和对接，确保"模块a"的高效开发和优化。与此同时，产品经理2和产品经理3则与剩余的四名工程师密切合作，共同推动"模块b"的发展。

由于所有的产品经理都在同一团队中工作，他们之间将自然形成密切的沟通和交流网络。对于五名工程师而言，也会有类似的交流和协作机会。这样的组织架构，结合明确的任务分配方式，有利于构建一个高效、协同的工作体系，从而提升团队整体的执行力和创新能力。

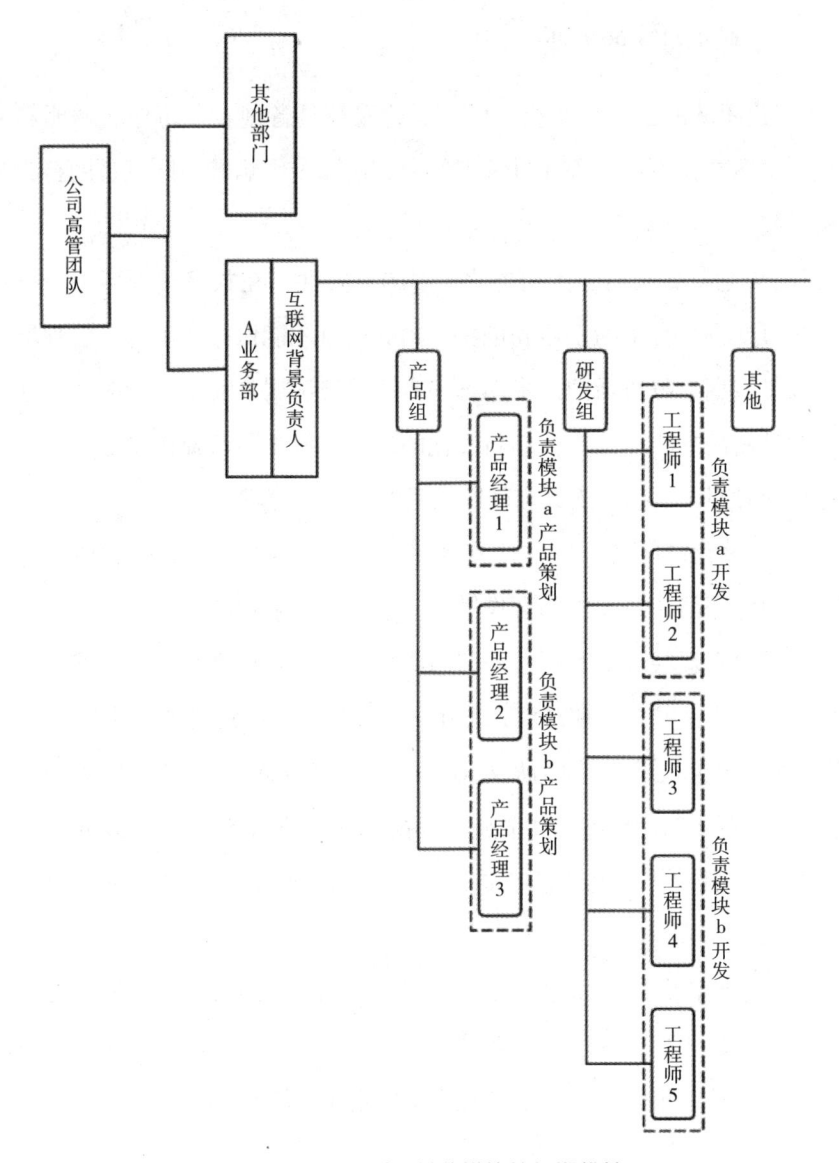

图4-4　团队对于某些模块的长期维护

三、数字化团队的内部文化建设

塑造企业文化是现代企业的必修课,本节主要探讨数字化团队内部工作氛围的营造策略。

（一）尊重员工的专业

数字化团队的工作性质决定了其文化必须具备创新、协作、透明和灵活等特点。团队文化不仅体现在日常工作中，还深刻影响着团队成员的行为模式和决策过程。

团队文化需要强调创新和持续学习的重要性。在数字化领域下，技术和市场瞬息万变，只有不断学习和创新，团队成员才能保持竞争力。管理层应鼓励团队成员定期学习最新的技术动态、市场趋势和用户需求，同时支持他们在工作中尝试新的方法和工具。创新文化的培养有赖于公司提供足够的资源和支持，这包括时间、培训、工具和鼓励试错的环境。

由于数字化产品的开发往往需要多个专业领域的紧密合作，所以团队成员需要习惯跨部门、跨职能的合作模式。这不仅要求团队成员具备良好的沟通技巧，还需要管理层创造有利于跨部门协作的环境和机制。比如，通过定期的团队会议、项目回顾会议和开放式工作区来促进信息的流通和想法的交流。

透明文化也是数字化团队文化建设的关键方面。所谓透明文化意指信息在团队内部的自由流动，每个成员都能够访问到关键的业务数据和决策过程。这种文化有助于增强团队成员的参与感和归属感，同时促进了团队间的信任和尊重。

团队文化需要灵活和适应变化。数字化团队面临的任务和挑战经常变化，团队成员需要能够快速适应新的情况和需求。管理层应该倡导一种灵活的工作方式，鼓励团队成员根据项目的需要灵活调整角色和职责。

（二）保持开放与包容的团队氛围

在数字化团队的文化建设中，开放性和包容性可以促进团队成员之间的有效沟通和协作，创造一个鼓励创新和接纳多样性的工作环境。这种文化不仅体现在日常工作的各个方面，而且深刻影响团队成员的思考方式和行为模式。

开放包容的文化一方面体现在决策过程中。在一个开放的环境里，团队成员，无论职位高低，都可以自由地表达自己的意见和建议。这种文化鼓励团队成员积极参与项目讨论中，共同探索最佳解决方案。决策过程中的开放性不仅能带来更多创新的想法，还能增强团队成员的责任感和参与感。

包容性则表现在对团队成员多样性的尊重上。在数字化团队中，成员们可能来自不同的文化背景，拥有不同的技能和经验。包容性文化认可和尊重这些差异，鼓励团队成员彼此学习和借鉴。例如，团队中的设计师可能擅长创意思考，而工程师可能更注重逻辑性和实用性。在包容性文化下，这些不同的思考方式和工作风格可以相互补充，促进团队整体效能的提升。

在工作环境的布置上，开放包容的文化体现在对个人空间和个性化需求的尊重。团队成员被鼓励按照自己的喜好来布置工作区，这不仅能提升工作满意度，也能激发创造力。例如，一些员工可能更喜欢有个性化装饰的工作区，而另一些员工则可能更倾向简洁实用的布局。公司对这些个性化需求的包容，体现了对员工个性的尊重和理解。

（三）目标导向

在数字化团队内部文化建设中，实施目标导向的管理方式对激发团队创造力和提升工作效率至关重要。数字化团队的工作性质往往涉及创新、策划和设计，这些任务难以通过简单的量化指标来衡量，因此关注目标的完成程度而非过分管控行为是更为合理的管理策略。

在数字化团队中目标设置通常与团队的长期战略和短期业务目标紧密相关。这些目标不仅需要明确且具有挑战性，还应该具备可衡量性，以便团队成员能够更清晰地了解期望结果。例如，提高用户满意度、增加日活跃用户（DAU）数量、提升订单量等，都是具体而明确的目标。团队的工作重点还应该放在如何创新、策划和执行计划以达成这些目标上，而非仅仅聚焦于日常的具体操作。

目标导向的管理方式鼓励团队成员在完成目标的过程中发挥自己的专业能力和创造力。与其限制他们按照固定的模式工作，倒不如给予他们自由，让他们根据自己的专业判断和工作风格来设计和执行任务。这样的管理方法不仅能够激发团队成员的积极性，还有助于培养他们的责任感和团队协作精神。

目标导向的管理方法避免了过度监督和控制可能带来的负面效果。当管理者过度关注员工的日常行为和工作细节时，往往会导致员工感到压力过大或创造力受限。例如，过分强调工时记录、详细日报撰写或频繁的进度汇报等，这些措施可能适用于标准化的生产流程，但对于需要高度创造力和自主性的数字化工作来说，却是不必要甚至是有害的。

对于数字化团队而言，重视目标的达成而非过分管控行为不仅能够提升团队的整体效能，还可以促进团队成员之间的信任和尊重，从而创造一个更加健康和富有活力的工作环境。管理者应该认识到通过设定清晰、具有挑战性的目标并赋予团队成员完成这些目标的自由和责任，才能真正激发团队的潜力，促进团队和组织的长期发展。

（四）尊重事实，扬弃形式主义

数字化团队通常由具有创新精神和独立思考能力的年轻人组成，他们倾向于实际成效而非仅仅完成任务的形式。年青一代的员工更加注重实际工作内容和成果，他们倾向于在充满挑战和提供成长空间的环境中工作。如果团队文化过于重视形式而忽视实质内容，可能导致优秀人才的流失。比如过于烦琐和机械化的行政流程，如严格的工时记录和繁复的报告要求，可能会被认为是浪费时间和精力的行为，容易引起员工的不满和反感。

互联网公司的环境往往强调自驱力，鼓励员工自我激励，主动推动创新。在这样的文化中，如果管理者坚持形式主义，很可能导致那些能力出众、具有进取心的员工离开，而那些只是混日子的员工则可能留下。现代年轻人追求职业成长和挑战，他们不会满足于没有发展前景的工作环境。

一些公司可能会试图通过机械化的规章制度来管理数字化团队，如要求员工详细记录每日工时，与具体项目关联。这种做法通常无法在创新型团队中有效实施，因为数字化工作的本质是非线性和创造性的，很难通过严格的时间管理来衡量效率和成果。员工可能需要在不同项目间切换，或者在工作中不断地进行思考和讨论，这使精确的时间记录变得不切实际。

强行实施这类制度通常会导致员工的抵触，甚至可能导致员工为了符合不切实际的要求而虚报工时，最终这些制度可能会因为无法执行而被放弃。这样的做法不仅浪费了管理资源，还可能破坏了员工的积极性和团队的凝聚力。

因此作为数字化团队的管理者，制定任何规章制度时都应深入考虑其实际的可行性和效果，确保规章制度与团队的实际工作相匹配，鼓励实际成效而非形式上的遵从。管理者应专注于激发团队的创新精神和自主性，而非仅仅强调程序和规则。通过实事求是的管理方式，可以建立一个更加高效与和谐的工作环境，吸引并留住有才华的员工，推动团队和组织的长期发展。

四、数字化团队的社会责任

企业在追求发展和利润的同时，承担起相应的社会责任是必不可少的。这种责任不仅体现在积极参与公益活动和为社会创造价值上，更重要的是拒绝从事可能对社会造成不良影响的活动。随着科技的发展，特别是在数字化浪潮中，企业拥有了前所未有的能力和机会。然而，这些能力的使用必须谨慎，以确保不对社会造成负面影响。

一个突出的例子是手机应用程序（App）对用户个人信息的收集。当前，许多App在用户使用时，会要求授权获取个人信息，包括地理位置、联系方式等。但实际上，这些信息并非提供服务的必要条件，有些App甚至涉嫌滥用用户数据，如倒卖信息或用于其他未经用户同意的目的。这种过度收集用户信息的行为，不仅侵犯了用户的隐私权，还可能导致更严重的信息安全问题。针对这一问题，企业需要自律，不应仅仅出于盈利目的而忽视对用户隐私的尊重。同时政府部门在采取行动以保护公众利益，工业和信息化部会定期审查各类App，并为公众提供了举报渠道。在一些地区，如深圳，更是通过立法手段禁止了App在未获得全面授权时拒绝服务的行为。

社会责任不仅是主动做好事，还包括避免对社会产生负面影响。这种责任有时表现在对业务活动潜在的负面社会影响的关注。以外卖平台为例，它们在为用户提供便利、为商家打开新的销售渠道和创造就业机会方面确实做出了贡献，这在很大程度上是一个多方共赢的结果。然而，外卖行业也带来了一些显著的问题。外卖配送员常常在强压力下工作，由于配送时间受到严格控制，他们可能面临因超时而遭受经济损失的风险。此外，一些配送员为了更快完成任务，可能会违反交通规则，如闯红灯、进入机动车道、与机动车竞速等。这些行为不仅威胁到他们自身的安全，也对其他路人和驾驶员构成了风险，进而扰乱了城市交通秩序。从这个角度来看，外卖平台在一定程度上对这种情况负有责任。平台需要平衡商业效益和社会责任，不仅关注订单的快速完成，还要关注整个交付过程的安全和合规性。

首先，平台可能需要重新考虑以配送速度为核心的评价体系，弱化或取消因配送超时而对配送员施加的经济处罚。其次，平台应开发有效的监控功能，如监测配送员的速度，发现异常时及时介入，并在必要时协助交警部门对违规行为进行评估和处罚。再次，加强对配送员的安全教育，提高他们的交通安全意识，是切实可行的预防措施。最后，外卖平台还可以改进投诉处理机制，增加人力资源以更公正地解决消费者投诉。结合大数据能力和地理位置信息，平台能够协助政府部门更有效地监管电动车辆，并执行更严格的执法措施。这些措施的实施不仅能提升外卖行业的整体服务质量和安全性，还能在较大程度上保障公共交通的安全和顺畅。

当前外卖平台在承担社会责任方面的表现仍有不足，平台需要认识到作为行业的重要参与者，他们在维护社会公平和秩序方面也担负着重要职责。只有当这些问题得到有效解决，外卖行业才能真正实现可持续发展，为社会创造更大的价值。

共享单车的兴起本质上是互联网驱动下的自行车租赁服务，其迅速成为城市通勤的重要工具，用户价值显著。然而这种服务的模式由于缺乏多元供应商竞争，导致在发展的高峰期运营商采取了"疯狂铺量"的策略。这一策略虽然在初期扩大了运力提供了便利，但随着时间的推移问题开始显现。

许多运营商在迅速扩张的同时，忽视了对故障车辆的及时回收和维护，导致城市街道上充斥着许多无法使用的废弃单车。这些故障车不仅造成资源浪费，还因堵塞道路而干扰城市交通。从某种程度上看，这些运营商虽受损失，但其运营策略直接导致了这一局面。尽管他们公司的估值一度高达数百亿元，但在追求短期扩张的过程中，却忽略了生态和长远战略的考虑，未能充分考虑业务发展与社会公共环境之间的平衡。

共享单车行业的这一现状，反映了超越社会责任的更深层次问题。它关系公司的长期发展和在公共环境中的角色。遗憾的是随着共享单车热潮的退去，社会上遗留的不仅是便利的交通工具，还有大量废弃的单车和故障车，这些"单车尸体"成了城市的一大负担。

对于任何面临快速发展机会的企业数字化决策者来说，共享单车的经历都是一个宝贵的教训。它提醒着企业在追求经济增长的同时，必须考虑其对社会环境的长远影响，平衡商业发展和社会责任，以实现可持续发展。在规划和执行新的商业模式时，必须深入思考，防止重蹈共享单车覆辙，确保企业发展同时，为社会带来真正的利益和便利。

第二节　数字化人才：转型的关键要素

发展数字化人才是企业转型的关键要素，而数字化知识学习又是发展数字化人才必备的一步。企业需要采取行动以适应这一变革，确保企业生态系统能够平稳过渡，同时避免形成赢家通吃的局面。

（一）增强一线员工的能力

在技术日益发展的今天，企业不应仅依赖于自动化和机器人技术，而应通过这些技术的部署，使人类操作员能够集中精力参与最具增值效应的活动。这意味着要最大限度地发挥人类的创造性思维、决策能力和对新环境的适应能力。通过这种方式企业不仅能提高生产效率，还能增强工作场所的吸引力，促进员工的职业发展和满意度。

（二）企业需要通过投资来提升员工的能力，并实现终身学习

企业的变革将改变许多职位的要求，并可能在组织内部和组织之间替代某些工作岗位，所以企业必须帮助员工准备好迎接这些变化。这包括调整教育系统，加强培训投资，实现员工的终身学习。通过这种方式可以建立一个更加灵活和适应性强的劳动力群体，使其更好地从数字化转型带来的机遇中受益。

企业还应注意到数字化转型不仅是技术上的改变，还涉及企业文化和组织结构的变革。企业需要培养一种鼓励创新、持续学习和适应变化的文化。这需要企业高层的支持和引导，以及确保所有级别的员工都能参与这一过程中。

在人才发展方面，企业需要采取多种措施来吸引、培养和保留数字化人才。这包括提供具有竞争力的薪酬和福利，创造有吸引力的工作环境，以及提供职业发展和晋升机会等。企业还需要与教育机构合作，确保人才培养能与行业需求保持一致。

一、学习型组织与创新

学习型组织的概念在管理学领域获得了前所未有的关注，特别是在《组织科学》这本书中这个主题被深入探讨并引起了主流经济学界的注意。这一概念的核心在于组织通过历史活动的积累和学习对未来的活动产生深远的影响。在学习型组织的理论中，组织过去的经验、知识积累和过往的决策模式都在很大程度上决定了其未来的路径。这种视角强调了组织学习的重要性，即组织如何从过去的经验中吸取教训，从而改善未来的决策和行为。

组织学习的概念被广泛应用于管理的各个领域，从人力资源管理到技

管理策略。这种普遍应用使组织学习成为一个多面且复杂的概念。虽然它在不同的领域中有不同的表现形式，但其核心思想却是简单而明确的：成功的企业不但具备获取知识和技能的能力，并且能够有效地应用这些知识和技能。

长期保持成功的企业之所以能够做到这一点，是因为它们已经展示了强大的学习能力。这些企业不仅能够从自身的活动中学习，还能够从外部环境中吸收新知识，不断地适应和应对变化。这种能力使它们能够在不断变化的市场环境中保持竞争优势。

（一）知识学习概述

从整体来看知识学习理论总共可分为四种方式，分别是"干中学""用中学""研究开发中学"和"组织间学习"。

"干中学"和"用中学"这两种学习方式在生产过程和日常操作中普遍存在，它们的实质是通过实际操作和使用中的体验来获取知识和技能，从而达到提高效率和技术水平的目的。

"干中学"是指在工作执行的过程中进行学习。这种学习方式强调动手实践的重要性，通过不断的实际操作，使工作人员能够逐渐掌握技能，并在实践中不断完善和提高。重复操作使工作人员能够熟悉各种情况和问题，通过经验的积累来解决问题和提高效率。例如，一个工厂的工人通过不断地操作机器，不仅能够熟悉机器的运作，还能在操作中发现和解决问题，从而提升个人的技能和整体的生产效率。

与"干中学"相似，"用中学"则是指在使用过程中进行学习。这种方式通常出现在产品的使用和服务的提供过程中。通过使用产品或提供服务，用户和服务提供者能够学习到如何更好地使用产品或提供服务，从而提高产品的使用效率和服务的质量。例如，用户在使用软件的过程中逐渐学习到更多的功能和操作技巧，提高使用效率；服务提供者通过与客户的互动中学习，优化服务流程，提高服务质量。

在"干中学"和"用中学"的过程中，程序化学习是核心要素。程序化学习意味着在重复的操作和使用过程中，个体或组织能够逐步形成标准化和规范化的操作流程和使用方法。这种学习方式对于技术能力的提升尤为重要，因为它不仅是技能的简单积累，更是对最佳实践的探索和发现。

这两种学习方式还有助于提升创新能力。在实际操作和使用过程中，人们往往能够发现现有方法的不足和潜在的改进空间，进而激发创新思维，推动新技术和新方法的开发。这不仅有助于个体技能的提升，也有助于整个组织的技术创新和发展。

"研究开发中学"作为一种知识吸收和创新的学习过程，这种学习模式不仅促进了知识的创造和整合，也为企业的持续创新和技术能力的提升提供了动力。在"研究开发中学"的过程中，研究开发活动被分为四个阶段：发散、吸收、收敛和实施。在发散阶段，创新思想的产生是关键，这要求企业持续探索新的概念和方法，鼓励创新思维和非传统解决方案的产生。这一阶段的成功在很大程度上取决于企业文化是否支持创新和员工是否拥有足够的自由来探索新想法。

吸收阶段涉及对这些创新思想的深入理解和整合，这要求企业具备吸收和理解新知识的能力。跨学科团队的合作在这一阶段尤为重要，因为不同领域的知识和技能可以在此阶段相互碰撞和融合。再次，收敛阶段则是将这些创新思想转化为具体的解决方案，这要求企业能够将创新思维与实际应用相结合，形成可行的产品或服务。技术专家和业务团队需要紧密合作，确保解决方案既具创新性又实用。最后，实施阶段是将解决方案付诸实践，这不仅是技术实现的过程，也是新知识和技能应用的过程。在实施阶段，企业需要有效地管理项目，确保创新成果能够按时、按质完成。

"研究开发中学"还包括具体的体验、沉思的观察、抽象的概念化和积极的实验四个连续循环的学习阶段。这些阶段经过不断循环，构成了企业在研究开发中的持续学习系统。企业不断从具体的实践中吸取经验，通过沉思和观察深化对这些经验的理解，再将理解转化为抽象的概念和理论，最终通过实验将这些概念和理论应用实践中。

"组织间学习"这种学习形式通常发生在企业与其合作伙伴之间,涉及显性和隐性技术知识的共享和吸收,对于提高企业的技术能力尤为有效。在"组织间学习"的过程中,显性技术知识如专利、标准作业程序或技术规格等的共享相对容易实现。更为关键的是隐性技术知识的传递,这种知识往往与特定的组织文化、工作经验和个人技能密切相关,不易形式化或文档化。因此,在战略性合作中,如何有效地传递和吸收这些隐性知识成为"组织间学习"的重要挑战。

"组织间学习"的有效性取决于多个因素。首先两个组织在知识基础方面的相似性至关重要。如果合作双方拥有相似的技术背景和知识结构,那么知识的传递和吸收过程将更为顺畅。其次组织结构和补偿政策的相似性也非常重要。类似的组织架构和激励机制有助于促进知识的共享和协作。最后两个组织在文化上的相似性或互补性同样关键,因为相似或互补的文化背景有助于建立信任和理解,从而促进知识的有效传递。

对于发展中国家而言,"组织间学习"在技术能力提升方面尤为重要。通过从发达国家或先进企业引进技术和知识,发展中国家的企业可以快速提升自己的技术水平,加速产业结构的升级和经济的发展。在这一过程中企业不仅是简单地复制技术,更是在吸收的基础上进行本土化的改进和自主创新从而形成自己独特的技术优势。事实上,无论是在西方国家还是发展中国家,许多企业在技术能力发展的过程中都经历了从技术引进到自主创新的转变。通过与外部组织的合作和学习,企业不仅可以获取先进的技术知识,还学习到如何在自己的组织和市场环境中应用这些技术,从而提高了自身的竞争力。从战略的角度看,企业技术能力的发展旨在构建难以模仿、具有独特性和战略价值的核心技术能力。"组织间学习"提供了一种有效的方式,不仅帮助企业获取和吸收关键的技术知识,还加速技术能力的提升,从而最终实现竞争优势的构建。

(二)探索性学习与利用性学习

自詹姆斯·马奇(James G. March)于1991年提出探索性学习与利用性

学习的概念以来，这两种学习类型在组织学习和管理领域中引起了广泛的关注。探索性学习和利用性学习是组织应对不断变化的环境和维持持续发展的重要策略。

探索性学习强调对新知识的探索、实验和创新。这种学习类型更倾向于采取冒险、尝试和创新的方式来探索未知领域，发掘新的机会。探索性学习不仅关注技术和产品的新领域，还包括对市场、管理和组织文化的创新。通过探索性学习，组织能够开发出新的产品和服务，进入新的市场，采用新的工作方式和管理模式。然而，探索性学习也随着较高的风险和不确定性，因为探索新领域往往需要大量的资源投入，且成功的可能性不确定。

利用性学习则侧重于对现有知识、技术和流程的改进和优化。这种学习类型致力提升现有操作的效率和有效性，通过改善和精化现有的技术、产品和服务来提高组织的绩效。利用性学习有助于组织在现有的业务领域中巩固其竞争优势，降低成本，从而提高质量和客户满意度。但单纯依赖利用性学习可能导致技术惰性，使组织失去创新动力，难以适应市场和技术的快速变化。

组织在实践中往往面临探索性学习与利用性学习之间的平衡问题。一方面组织需要通过探索性学习来开发新技术、新市场和新管理模式，以应对快速变化的环境和市场需求。另一方面组织也需要通过利用性学习来提升现有业务的效率和效果，以保持在现有市场的竞争力。这种平衡不仅涉及资源的配置，还涉及组织文化和战略方向的选择。为了有效平衡探索性学习和利用性学习，组织需要建立适应性强的组织结构和文化。这意味着组织既要鼓励创新和冒险，也要重视效率和稳定性。其中，领导者的角色至关重要，他们需要在鼓励创新的同时，要保持对组织现有业务的关注和投入。

组织还需要在员工发展和培训上投入资源。员工不仅需要具备执行现有任务的技能，也需要具备创新和适应新环境的能力。通过综合培训和发展计划，组织能够培养出既能有效执行现有任务，又能积极探索新领域的多面技能人才。组织在追求长期的创新和发展的同时，不能忽视对现有业务和技术的持续投入和维护。通过在技术投入和研发上实现探索性学习和利用性学习的平衡，组织能够在维持现有业务的稳定发展的同时，为未来的创新和成长打下基础。

二、数字化人才综述

数字技术的迅猛发展标志着社会正进入了一个全新的数字经济时代。这一时代的特征是大数据、云计算、人工智能、机器学习和物联网等前沿技术的广泛应用，它们不断地颠覆着传统的生活和工作方式，推动着各行各业的深度融合，从而彻底改变了商业环境的格局。如中国信息通信研究院于2017年发布的《中国数字经济发展白皮书》所预测，到2030年，数字经济将占据超过一半的GDP比重，这标志着中国将全面进入数字经济时代。

在这种飞速发展的环境下，企业为了保持竞争力必须进行数字化和智能化的转型。这种转型不仅涉及技术的更新换代，更关乎企业战略的根本转变。关键的挑战在于，企业在迈向数字智能化转型的过程中，往往会发现缺乏足够的合格人才来支撑和推动这一转型的需求。这些人才不仅需要具备传统的商业理解能力，更需要掌握数字技术、数据分析等新兴技能。

德勤（Deloitte）的研究指出，数字化转型所需的人才技能可以分为三个层次：数字化领导力、数字化运营能力和数字化发展潜力。在这三个层次上，企业需要的不仅是技术专家，还包括能够领导变革、推动创新和适应新环境的战略思考者。具备数字化领导力的人才能够识别和推动技术的商业应用，将新技术融入企业战略和运营中。他们理解数字技术带来的机遇和挑战，并能够带领团队在变革中前进。而数字化运营能力则要求员工能够熟练使用数字化工具和平台来提高其工作效率，优化其业务流程，并在日常运营中不断提升产品和服务质量。至于数字化发展潜力，则涉及组织在数字化转型过程中培养和吸引具有高潜力的人才，这些人才能够在不断变化的市场环境中学习新技能，发展新思维，从而推动企业持续发展和创新。

为了适应和引领数字经济时代的浪潮，企业不仅要投资最新技术的引入和应用，还必须重视人才的培养和发展，尤其是在数字化转型战略的实施过程中。企业需要建立系统的培训体系和学习机制，以确保员工能够不断更新其技能和知识，适应新的工作需求。同时企业需构建一个支持创新和实验的文化环境，鼓励员工探索新方法和新工具，提升企业的整体创新能力和市场适应能力，具体需求见表4-1。

表4-1 企业数字化转型对于人才技能的需求

分类	技能需求
数字化领导力	转型领导力
	商业洞察能力
	数字化意识
数字化运营能力	数据分析能力
	产品研发能力
	运营能力
	数字化制造能力
	数字营销能力
数字化发展潜力	变革潜力
	智力潜力
	人际潜力
	驱动潜力

（一）数字化领导力

数字化领导力不仅要求领导者具备传统的领导技能，还要求他们能够引领和管理数字化转型过程。领导者需要不断更新自己的知识体系，了解并运用最新的数字化技术，制定符合数字化发展趋势的战略，并激发团队的潜力，共同面对转型过程中的挑战。

转型领导力要求领导者不仅要有远见，还要有能力将愿景转化为行动。领导者必须具备对新兴技术的深刻理解，能够识别哪些技术变革对企业具有战略性意义，并能够鼓励和支持团队去实践和采纳这些技术。领导者还需要能够处理来自转型的各种不确定性，包括技术选择、商业模式创新以及新的市场机遇。

商业洞察力则涉及到领导者如何将数字化工具和策略与企业的商业模式相结合，从而创造出新的价值。这要求领导者不仅要对自身行业有深入的了解，还要对市场动态、消费者行为以及竞争对手的策略有清晰的认识。商业洞察力意味着能够预见和应对市场变化，利用数字化工具来捕捉和分析数据，从而制定更有针对性的商业决策。

数字化意识反映了领导者对数字化的重要性和紧迫性的认识。领导者需要意识到数字化不仅是一种技术趋势，更是一种全新的工作和思考方式。数字化意识要求领导者不仅能够理解数字化对企业运营、市场营销、客户服务等各个方面的影响，并能够推动企业文化和组织结构的相应变革。

数字化领导力中这三个维度相互依赖、相互强化，领导者需要在这三个维度上不断提升自身能力，才能有效地引导企业在快速变化的数字经济中稳步前行。这意味着领导者需要建立跨部门的合作机制，推动数据驱动的决策过程，并培育一个开放和创新的企业文化。只有这样，企业才能在数字化时代保持竞争力，并实现可持续性发展。

（二）数字化运营能力

1.数据分析能力

在数字化转型的浪潮中，数据分析能力已成为企业中数字化人才必不可少的技能。这种能力不仅包括对数据的理解和处理能力，还包括从数据中提取有价值信息并将其转化为对企业有意义的洞察和策略的能力。数字化人才在数据分析方面的专长直接影响企业的决策质量、运营效率以及市场竞争力。

数据分析能力的核心在于能够有效地处理和解释大量复杂的数据。随着大数据技术的发展，企业能够收集来自各种渠道的庞大数据集，包括客户行为数据、市场趋势数据、内部运营数据等。数字化人才需要具备运用统计学、机器学习和数据挖掘等方法来分析这些数据的技能，以便识别出关键趋势、模式和关联性。

除了技术技能，数据分析能力还要求数字化人才具有强烈的商业洞察力。这意味着他们不仅要理解数据本身，还需要能够将数据分析的结果与企业的业务目标和市场环境联系起来。有效的数据分析能够帮助企业识别新的市场机会，优化产品和服务，提升客户满意度，甚至预测和减轻业务风险。

在实际应用中，数据分析能力表现为对多种数据分析工具的熟练运用，例如，BI（business intelligence）工具、数据可视化软件以及高级数据处理平台。通过这些工具，数字化人才能够更快速、更直观地展现数据分析结果，使决策者能够基于实时和准确的信息做出可行性决策。

数据分析在数字化营销、供应链管理、产品开发等多个业务领域都发挥着关键作用。例如，在数字化营销领域，通过分析客户数据，企业可以更精准地定位目标市场，个性化营销策略；在供应链管理中，数据分析可以优化库存水平，预测供需趋势；在产品开发中，数据分析有助于企业理解客户需求，指导产品创新。

因此企业需要重视对数字化人才数据分析能力的培养和提升。这不仅包括提供技术培训和工具，更包括培养一种以数据为中心的企业文化，鼓励全员参与到数据驱动的决策过程中。只有这样，企业才能充分利用数字化转型带来的机遇，提升整体的运营效率和市场竞争力。

2.产品研发能力

数字化时代的产品研发能力反映了企业在创新、设计、开发及推出新产品或服务方面的综合实力。数字化人才在产品研发领域的专业能力不仅包括技术知识和工程技能，还涉及对市场趋势的洞察、用户需求的理解以及创新思维的运用。

在产品设计方面，数字化人才需要具备将创新理念转化为实际产品的能力。这包括对设计原则的理解、用户体验（UX）和用户界面（UI）设计等专长，以及运用各种设计工具和软件的技能。现如今产品设计不再仅仅关注于产品的功能和外观，还要考虑到与用户的互动、便利性以及整体的用户体验。

项目管理要求数字化人才具备卓越的组织、协调和沟通能力。他们需要有效地管理项目资源、控制时间表，确保项目按计划进行。在数字化项目管理中，运用敏捷方法论和DevOps实践已成为常态，这要求项目经理和团队成员能够快速适应变化，灵活应对市场和技术环境的变动。

在大数据和人工智能驱动的产品研发中，有效的算法是提升产品智能化水平的关键。数字化人才不仅要熟悉数据结构和算法设计，还要能够在实际项目中灵活运用这些知识。同时，他们需要关注系统架构的可扩展性和可维护性，确保产品在不断迭代中的稳定性和性能。

软件和系统的研发能力是数字化产品研发中不可或缺的一部分，这要求数字化人才不仅要精通多种编程语言和开发框架，还要对软件开发的整个生命周期有深入的理解。他们需要编写高质量的代码，同时进行严格的测试和调试，确保最终产品的可靠性和安全性。

3.运营能力

在数字化转型的过程中，运营能力的提升对于企业的成功至关重要，而这一过程中的关键驱动力是拥有强大运营能力的数字化人才。这类人才不仅需要掌握传统运营管理的知识，还必须精通数字化工具和技术，以促进企业运营流程的创新和优化。

数字化人才的运营能力首先体现在对创新运营设计的掌握上。他们需要能够识别并实施新的运营方法和工具，以提升企业的效率和响应速度。这可能包括引入新的信息管理系统、优化供应链流程或者实施自动化技术以减少人力成本和错误率。数字化人才在这个过程中关键是要能够理解和利用大数据、云计算、物联网等新兴技术，将这些技术的优势转化为企业运营的提升。

质量测试是确保产品和服务达到企业和客户标准的重要环节。数字化人才在这一领域的能力涉及使用高级分析工具进行数据驱动的质量控制，能够快速识别问题并采取措施进行纠正。此外，他们还需要能够在产品开发初期就参与进来，确保产品设计的可行性和质量标准，从而减少后期的修改成本和风险。

技术支持能力同样是数字化人才不可或缺的一部分。在数字化转型中，企业会采用越来越多的技术解决方案，这就要求技术支持人员不仅要对这些技术有深入的了解，还要能够有效地解决技术问题，保证企业运营的连续性。他们需要具备跨领域的技术知识，能够快速学习和适应新技术，为用户提供及时和专业的帮助。

流程自动化能力是数字化运营能力中的另一个重要方面。通过引入自动化技术，企业能够有效提升工作效率，降低成本，同时减少人为错误。数字化人才需要能够识别哪些流程可以自动化，如何实施自动化，以及如何确保自动化流程的稳定性和安全性。

数字化人才的运营能力覆盖了从运营设计、质量测试到技术支持和流程自动化等多个方面。他们通过运用数字化工具和方法，能够帮助企业优化运营流程，提升产品和服务的质量，最终实现企业效率和效益的双重提升。

4.数字化制造能力

在数字化时代，数字化制造能力成为衡量企业在制造领域竞争力的重要指标，而数字化人才在这一领域的专业技能是推动企业制造升级和创新的关键。数字化制造能力涉及多个方面，包括对硬件技术的应用、机器人和人工智能技术的融合应用，以及对先进制造技术的掌握。

硬件技术在数字化制造中起着基础性的作用。数字化人才在这一领域需要具备对各种智能设备和机械的深入理解，能够有效地运用这些设备进行高效、精准的生产。此外，他们还需要掌握如何通过物联网技术将这些硬件设备连接起来，实现数据的实时收集和分析，以优化生产过程和提高制造效率。

机器人与人工智能技术的应用则是数字化制造的另一个关键方面。这一应用要求数字化人才不仅要理解机器人技术的基本原理，还要能够将人工智能算法应用于机器人，实现更加智能化和自动化的生产。例如，通过机器学习，机器人可以自主识别制造过程中的问题并进行自我调整，从而提高生产质量和效率。

先进的制造技术如3D打印、数控机床（CNC）和自动化装配线等，为企业提供了更多的制造选择和灵活性。数字化人才需要掌握这些技术的应用和维护，能够在产品设计和生产过程中灵活运用这些技术，以满足市场对个性化和高质量产品的需求。

在数字化制造能力的提升过程中，企业需要对数字化人才进行系统的培训和技能提升。这包括对最新制造技术的培训、对新型材料的研究以及对生产流程的优化等。同时，企业需要建立一个鼓励创新和实验的环境，让数字化人才能够自由地尝试新技术，快速应对市场的变化。

5.数字营销能力

数字化时代的营销环境要求企业拥有能够适应和利用数字工具、平台的人才，即具备数字化营销能力的专业人员。这些人才不仅需要了解传统的营销理念和实践，而且要精通如何通过数字渠道与客户互动，理解数字媒体的特性，并能够运用数据驱动的方法来优化营销策略。

数字营销能力的重要核心在于能够利用数字技术来增强品牌的市场影响力。这包括营销自动化、新媒体运营、电子商务和新零售等诸多方面。营销自动化允许企业通过软件平台自动执行营销流程，如电子邮件营销、社交媒体营销和在线广告投放等，以此提高效率并降低人力成本。这些自动化工具能够根据客户行为和偏好提供个性化的营销信息，从而增强客户的参与感和对品牌的忠诚度。

新媒体运营则涉及社交媒体、博客、视频平台等新型数字平台的运营。数字化营销人才需要熟悉这些平台的运作机制和用户行为，能够制定有效的内容营销策略，以及通过这些平台与用户建立互动和社区。新媒体运营的成功关键在于内容的创意和质量，以及如何将这些内容传播给目标受众。

电子商务和新零售则是数字化营销的另一个重要方面，它们代表了数字技术如何改变传统的零售业和购物体验。电子商务不仅是在线销售产品，更是整合了物流、支付、客户服务等多个环节，为客户提供一站式的购物体验。新零售则是线上线下融合的商业模式，它通过数据分析来优化库存管理、个性化推荐和客户体验。

人才的数字营销能力对于企业来说是不可或缺的，这种能力直接影响到企业能否在数字经济中成功吸引和保持客户，以及能否有效地进行品牌建设和产品推广。

（三）数字化发展潜力

1.变革潜能

变革潜能是衡量数字化人才价值的一个重要维度。这种潜能反映了个人在面对巨大不确定性和挑战时，领导和推动变革的能力。在快速变化的数字化时代下，变革不仅是常态，更是企业生存和发展的关键。

变革潜能首先体现在对不确定性环境的适应能力。数字化人才在这方面需要能够快速理解和适应新的技术趋势、市场变化和组织结构调整。他们必须能够在不断变化的环境中做出快速而准确的判断，制定灵活的策略以应对未来可能出现的各种情况。这种能力要求个人不仅要有强大的心理承受能力，还要有快速学习和适应新情况的能力。

在新且不熟悉的情境下交付任务是变革潜能的另一个显著体现。数字化人才在这方面需要展现出强大的使命感和责任感。面对新的挑战和机遇，他们应当能够积极主动地探索未知领域，不畏困难地推动项目向前发展。这不仅需要具备深厚的专业知识和技能，还需要具有优秀的项目管理能力和团队协作能力。

领导和引领变革的能力是变革潜能的核心。变革往往随着技术创新和业务模式的重塑。具备变革潜能的数字化人才还应当能够洞察变革的趋势和方向，制定明确的变革目标和路径，并能够激发和引领团队成员一起面对和适应变革。这种领导力不仅基于个人的魅力和影响力，更基于对变革本质的深刻理解和对未来发展的清晰规划。

培养和提升变革潜能需要企业和个人共同努力。企业需要为员工提供持续的学习和发展的机会，鼓励他们积极探索新技术、新方法和新理念。同时，企业应当创建一个支持创新和容忍失败的文化环境，允许员工在尝试和实验中学习和成长。对于个人而言，提升变革潜能需要持续地学习新知识，锻炼解决复杂问题的能力，以及不断提高自己的领导力和影响力。

2.智力潜能

数字化人才的智力潜能体现在个人对新知识的快速学习能力、处理复杂问题的能力，以及在宏观视角下理解和解决问题的能力。随着技术的不断进步和业务环境的日益复杂化，拥有高智力潜能的人才将成为企业寻求持续创新和适应市场变化的关键。

快速学习新知识和新技能是数字化时代人才必备的能力。在这个信息爆炸的时代，新技术、新工具和新理念层出不穷，数字化人才必须能够迅速掌握这些新知识，以保持自己的竞争力。这不仅是学习特定知识或技能的问题，更是一种持续学习和适应新事物的心态。批判性思维能力和分析性思维能力可以帮助个人在大量信息中筛选出有价值的内容，并快速将新知识应用于实际工作中。

处理愈加复杂的问题能力是数字化人才在智力潜能上的另一重要体现。在数字化环境中，问题往往不再是单一和线性的，而是多维度、跨领域的。数字化人才需要能够在复杂和动态性变化的环境中识别和解析问题，运用系统性思维和创新性思维找到解决方案。这要求他们不仅要有深厚的专业知识，还需要能够跨领域融合不同的知识和观点，形成全面且创新的解决方案。

更大的大局远景是数字化人才智力潜能的另一方面。这意味着他们能够胜任且超越当前的任务和挑战，从更广阔的视角审视问题。在数字化转型的过程中大局观可以帮助个人不仅关注眼前的技术和操作，更是从整体的商业策略和市场趋势角度思考问题。这样的视角使数字化人才能够预见行业趋势，为企业的长期发展做出战略规划。

3.人际潜能

数字化人才的人际潜能关涉到个人在多元化工作环境中能够建立和维护有效人际关系的能力。这一能力不仅体现在日常管理沟通和团队协作中，还涉及跨文化交流、处理复杂人际关系和在组织中发挥影响力等方面。

数字化人才在人际关系方面需要适应和管理多样化的工作环境。随着全球化和多元文化的融合，工作场所变得越来越多元化。在这样的环境中，数字化人才需要具备跨文化沟通的能力，理解并尊重不同文化背景下的工作方式和价值观。这种能力不仅有助于建立一个包容和协作的团队环境，还能够促进创新思维的碰撞和融合。

在处理复杂人际关系方面，数字化人才需要能够在各种情境下有效沟通和协调。随着组织结构变得越来越扁平化和网络化，他们往往需要和来自不同部门、不同级别甚至不同组织的人进行交流和合作。良好的沟通技巧、冲突解决能力和组织影响力不仅能够帮助个人在工作中取得成功，也对维护和增强整个组织的协作能力至关重要。

随着数字化转型的深入，数字化人才还需要在组织内部发挥更大的影响力。他们不仅需要在自己的专业领域内展现专长，还需要能够向组织内的其他成员传递数字化转型的理念和价值观，从而激发团队的创新潜能和变革动力。这种影响力需要建立在深厚的个人信誉和专业能力之上，通过有效的沟通和说服，推动组织文化和战略的转变。

4.驱动潜能

数字化时代对人才的驱动潜能提出了更高的要求，特别是在面对更大的挑战和更高的绩效期望时，这种潜能成为推动个人和组织成功的关键因素。驱动潜能指的是个人面对困难和压力时展现出的动力和决心，以及在复杂环境中实现目标的能力。数字化人才的驱动潜能不仅影响他们个人的职业发展，也对企业的长期成功起着至关重要的作用。

面对更大的挑战，数字化人才需要展现出强大的适应能力和解决问题的决心。在数字化转型的过程中，企业和员工经常会遇到技术障碍、市场不确定性和组织变革的挑战。数字化人才需要能够迅速适应新环境，勇于面对和克服困难，以及寻找创新的解决方案。这种驱动潜能要求个人不仅要有坚定的意志力，还要有持续学习和自我提升的动力。

在更高的绩效期望下，数字化人才的驱动潜能体现为他们对成果的追求和对卓越的承诺。他们不仅要满足日常工作的要求，还要不断追求更高的标准，创造出色的工作成果。这种追求卓越的态度不仅能够提升个人的工作绩效，也能够激励团队和组织实现更高的目标。

在交付更大范围的结果方面，数字化人才需要能够有效管理更大的工作量和更复杂的项目。这要求他们不仅要有出色的时间管理和项目管理能力，还要能够在压力下保持高效的工作状态。同时，他们还需要具备领导能力，能够带领团队一起应对挑战，共同实现团队目标。

三、数字化人才的培养与发展

（一）数字化学习模式

数字化学习模式在职业生涯导向和问题导向的发展中扮演着至关重要的角色。在这个快速变化的数字时代，企业对人才的需求不断演进，这要求人才发展模式必须更加灵活和多元化。职业生涯导向的人才发展模式（career-oriented talent development）和问题导向的人才发展模式（issue-oriented talent development）是企业人才培养的两种主要策略，见表4-2。

表4-2　人才发展模式对比

职业生涯导向的人才发展模式	问题导向的人才发展模式
体系化	短平快
未来时	现在时
以人为本	以事为本
有助于员工的发展与企业的发展之间的一致性	有助于员工快速填补技能水平与绩效要求之间的差距

1.职业生涯导向的人才发展模式

在职业生涯导向的人才发展模式中，企业的重点在于根据公司的战略方向，识别关键能力差距，并对员工进行有目标、体系化和多手段的发展。这种模式强调个人职业发展的规划与企业战略的紧密结合，旨在为员工提供清晰的职业路径，帮助他们实现自身价值和职业目标。

在这一模式下，数字化技术的应用变得尤为重要。通过使用学习管理系统（LMS），企业可以为员工提供个性化的学习资源和课程，帮助他们提升专业技能和专业知识。同时，这些系统能够记录员工的学习进度和成果，为企业提供有关人才发展的重要数据。此外，将LMS与人才管理系统（TMS）、绩效管理系统（PMS）和OKR（目标与关键成果）等工具进行整合，可以更有效地跟踪员工的成长和表现，确保人才发展与企业战略一致。

更为前沿的企业甚至使用xAPI（experience API）来跟踪员工的日常工作和关键经历。这种技术可以捕捉员工在工作中的表现和经验，为个人职业发展提供更加丰富和实时的数据。通过分析这些数据，企业不仅可以更精确地识别员工的优势和劣势，还可以为他们提供更加订制化的发展计划和指导。

职业生涯导向的人才发展模式要求企业不仅要提供培训和学习资源，还要创造支持员工成长的环境。这可能包括建立企业大学、提供职业辅导、组织内部分享和讨论等。这些举措能够激发员工的学习兴趣，提升他们的职业技能，同时有助于建立一种以学习和成长为中心的企业文化。

随着企业对人才需求的不断变化，职业生涯导向的人才发展模式能够帮助员工适应新的工作要求，提升自己的竞争力，同时为企业创造了一个更加高效和有能力的劳动力队伍。

2.问题导向的人才发展模式

问题导向的人才发展模式针对的是企业在快速变化的市场中面临的实际问题和挑战，重点在于帮助员工快速地适应新岗位、掌握新技能，并解决具体的业务问题。这种模式的核心在于实时的反馈和迅速的学习，以确保企业和员工能够及时应对市场的变化和业务的需求。

在数字化趋势下，商业模式的快速演变和新技能的不断出现使企业内部的人员需求发生变化。员工通常需要在短时间内掌握新的技能和知识，以适应新的工作要求。问题导向的人才发展模式正是为了解决这一挑战而设计的。通过这种模式，员工可以通过各种快速有效的学习方式，如在线课程、工作坊、短期培训等，快速提升自己的专业能力，解决工作中的实际问题。

这种模式通常是围绕企业当前的经营问题和员工的实际工作情景来设计的。它更加注重于解决具体问题，而不是提供长期的、系统化的培训。在这种模式下企业会提供一系列快捷、高频使用的工具和方法，帮助员工提高工作绩效。对于绩效持续不达标的员工，企业可能还会提供脱岗培训或转岗机制，以帮助他们改善当前的表现或找到更适合自己的岗位。

数字化技术在问题导向的人才发展模式中发挥着关键作用。许多企业利用数字化工具来管理绩效过程，提供知识共享和经验分享的平台，如微视频、在线讨论论坛等。这些工具和平台可以帮助员工快速获取所需信息，学习新知识，并与同事分享自己的经验和见解。知识和经验可以在组织内部快速传播，从而提高整个组织的学习效率和创新能力。

越来越多的企业在绩效管理系统中加入了绩效辅导或教练辅导的内容。通过定期的绩效辅导会议，员工可以获得关于如何提高工作绩效的反馈和建议。同时，全球高科技公司普遍重视知识共享平台的建设，提高知识的透明度和可访问性，这对于提升员工的学习和创新能力至关重要。

在数字化人才发展的实践中，职业生涯导向的人才发展模式和问题导向的人才发展模式相辅相成。职业生涯导向模式为员工提供了长远的发展方向和目标，而问题导向模式则更加注重于快速应对当前的挑战和业务需求。这两种模式的结合可以确保员工不仅能够适应当前的工作要求，还能够为其未来的职业发展打下坚实的基础。

（二）数字化学习体验

1.个性化体验

随着互联网技术的发展，尤其是云计算和大数据分析的应用，个性化的学习体验已成为提升员工技能和知识水平的重要途径。个性化学习不仅能够满足员工的具体需求，还能够激发他们的学习兴趣和动力，从而为企业培养出更加适应数字化挑战的人才。

个性化学习体验的核心在于"以人为本"。这意味着个性化学习的学习内容和方式应该围绕每位员工的具体需求来设计。员工也可以根据自己的职业发展方向、技能需求和兴趣爱好选择合适的学习内容和方式。这种学习方式与传统的"一刀切"式培训有本质的区别,它更注重个人的差异性和选择性。

企业可以借助大数据分析和机器学习技术来识别员工的学习需求和偏好。通过分析员工的工作绩效、历史学习记录和职业发展路径,企业可以为每位员工提供定制化的学习计划。这种定制化不仅限于学习内容的选择,还包括学习方式的选择,如在线学习、面对面培训、微课程、互动式学习等。

在个性化学习体验中,反馈和评估机制也是非常重要的组成部分。通过定期的学习反馈和绩效评估,员工可以了解自己的学习进度和效果,同时为企业提供了改进学习计划的依据。这种反馈和评估不仅可以来自直接的上司和同事,也可以通过数据分析和智能算法自动生成。

个性化的数字化学习能够更好地满足员工的个性化需求,提升他们学习的有效性和效率。通过为员工提供个性化的学习资源和环境,企业可以更加有效地培养出能够适应快速变化的数字化环境的人才,从而在竞争激烈的市场中占据优势。

2.敏捷化体验

随着移动技术的发展和普及,学习方式正在经历一场根本性的变革。敏捷化意味着学习可以随时随地进行,以适应快速变化的环境和个人的需求。这种学习方式的灵活性和便利性,为数字化时代的人才发展带来了新的机遇和挑战。

移动工具的爆发式增长为敏捷化学习提供了强大的支撑。随着智能手机和平板电脑等移动设备的普及,人们可以轻松地随时随地访问学习资源。这种便利性极大地拓展了学习的可能性,使得员工可以利用碎片化的时间进行学习,如在通勤途中、等待会议开始时或者休息时间等。

在敏捷化学习中"时间–空间–形式"的多元组合为人才发展开辟了新的路径。员工不再受限于传统的培训课程和固定的学习场所,而是可以根据自己的实际情况选择最合适的学习时间和地点。同时，学习的形式更加多样化，包括视频课程、音频讲座、在线研讨会、互动式应用等。

微学习平台的出现是敏捷化学习的一个重要里程碑。微学习指的是将学习内容分解成小块，每个学习单元都简短且具有针对性。这种方式非常适合于快节奏和高压力的工作环境，员工可以在短时间内快速掌握必要的知识和技能。

间隔学习平台则采用基于记忆科学的学习方法，通过在特定的时间间隔重复学习内容，来增强记忆和理解。这种学习方法对于需要长期记忆的知识领域尤为适用，如语言学习、专业技能的深化等。

移动阅读平台则提供了一种轻松方便的学习形式，员工可以随时查阅电子书籍、专业文章和最新的行业报告。这种平台使得学习更加灵活和个性化，员工可以根据自己的兴趣和需要选择阅读材料。在实施敏捷化学习时，企业需要考虑不同员工的学习偏好和需求。这可能意味着企业需要提供多种学习工具和丰富的资源，以适应不同员工的学习风格。通过提供灵活、便捷的学习方式，企业可以帮助员工更好地适应快速变化的工作环境，提升个人的技能和知识水平，从而为企业的长期发展做出贡献。

3.沉浸化体验

随着数字化技术的发展，特别是虚拟现实（VR）、增强现实（AR）和混合现实（MR）的应用，沉浸化学习已成为一种创新且有效的学习方式。这种学习体验通过模拟实际操作场景，为员工提供了一个近乎真实的学习环境，使他们能够在"认知–运用–理解"的过程中进行深入学习。

沉浸化学习的核心优势在于其能够为学习者提供一个高度互动且真实的学习环境。在这种环境中，员工不是被动地接受信息，而是主动地参与学习过程中。通过模拟真实的工作场景，员工可以在安全无风险的环境中练习和探索，这不仅有助于增强他们的实践技能，还能增强他们对知识的理解和记忆。

沉浸化学习在展示复杂流程和工具方面具有显著优势。例如，在制造业或医疗行业，通过VR或AR技术的应用，员工可以模拟操作高度复杂的机械或进行手术操作练习，这种模拟训练能够帮助员工更好地理解复杂的流程和技能。此外，这种学习方式还可以模拟那些难以在现实世界中重现的场景，如危险的工作环境或高成本的操作，从而为员工提供更广泛的学习机会。

沉浸化学习还能够激发员工的创造力和想象力。通过创新独特的场景设计，员工可以跳出传统的思维模式，探索新的解决方案和方法。这种学习体验不仅适用于技能的培训，还适用于策略思考、团队协作和领导力等软技能的培养。在这些培训中，员工可以通过模拟的团队互动和决策过程，提升自己的沟通能力和团队合作精神。

国际上的许多公司已经开始尝试并成功实施了沉浸化学习体验。通过实际案例和反馈，这些公司发现沉浸化学习不仅能提高学习效率，还能提升员工的学习兴趣和参与度。例如，一些公司利用VR技术进行安全培训，通过模拟危险的工作环境，帮助员工了解和应对潜在的安全风险。还有一些公司则使用沉浸化技术进行语言学习和文化交流，为员工提供一个仿佛置身他国的学习环境。

为了有效地实施沉浸化学习体验，企业需要投资于相关的技术和设备，并设计高质量的学习内容。企业还需要对员工进行指导和支持，帮助他们适应这种新的学习方式。企业也应该收集和分析学习过程中的数据，以不断优化和改进学习体验。

4.共享化体验

随着社交媒体和数字化通信工具的迅速发展，人与人之间的联系、沟通和信息共享变得前所未有的便捷。企业越来越多地利用这些工具和思维，打造全新的学习模式，不仅提高了学习效率，也促进了组织内部的协作和知识共享。

共享化学习的核心在于打破组织内部的横向和纵向壁垒，建立一个开放、协作的学习环境，员工可以自由地共享知识和资源，相互学习，共同成长。这种学习方式有助于快速传播新知识和新技能，加速个人和组织的学习进程。

企业内部共享平台的建立是共享化学习体验的关键。这些平台可以是内部社交网络、知识管理系统或者企业论坛等。在这些平台上，员工可以发布和访问学习材料、经验总结和最佳实践等，与同事进行讨论和交流，使知识和经验可以迅速在组织内部传播，从而提高整个组织的学习效率和创新能力。

邮件群发系统和博客也是促进共享化学习的重要工具。通过邮件群发，企业可以及时将最新的学习资源和信息传达给所有员工。而博客则提供了一个更为深入和持久的学习和讨论平台，员工可以在博客上发表自己的观点和经验，并与其他员工进行交流和讨论。

研讨系统和内部社交网络则更加侧重于促进员工之间的直接交流和协作。在这些系统中，员工可以直接与学习领域的专家进行交流，从而获取第一手的学习材料和指导。这种直接的交流和互动不仅提高了学习效率，也加强了员工之间的联系和团队协作精神。

通过社交+学习的体验，员工可以将原本被少数人掌握的知识通过总结、沉淀后传承下来，形成企业的领域知识和技能。这种知识的传承和共享不仅加速了企业内部知识与技能的复用，也为知识与技能的不断创新奠定了基础。

（三）数字化学习方式

1.数字化学习工具

在过去二十多年里，数字化技术的快速发展彻底改变了企业人才学习与发展的方式。传统的讲师培训方式已经逐渐让位于多样化的数字化学习工具和手段。这些新兴的数字化工具不仅提高了学习效率，而且拓展了学习范围和深度，使得人才发展变得更加灵活和高效。

数字化学习工具的发展可以追溯到互联网和多媒体技术的兴起，这两者共同推动了在线学习和多媒体学习的诞生。随着4G/5G网络、社交网络服务（SNS）技术及智能手机的普及，移动学习和社交学习逐渐成为越来越多企业的学习管理系统（LMS）所采用的新学习方式。这些技术的发展不仅使学习变得更加便捷，还使学习内容变得更加丰富和具有互动性。

LMS（学习管理系统）现在是数字化学习的核心工具之一，它为企业提供了一个集中的平台来管理、跟踪和评估学习活动。MOOC（大规模开放在线课程）则为员工提供了访问顶尖高校和机构课程的机会，使得高质量的学习资源变得更加易于获取。

仿真系统（simulation system）和增强现实/虚拟现实/混合现实（AR/VR/MR）技术为员工提供了沉浸式的学习体验。这些技术通过模拟真实工作场景，帮助员工更好地理解复杂概念和操作程序，增强其学习的实用性和参与度。

移动学习应用（mobile learning apps）和微学习平台（micro-learning platform）则代表了更加灵活和个性化的学习方式。员工可以利用碎片化的时间进行学习，同时这些平台的内容通常是针对特定技能或知识点设计的，使学习目标更加明确。

xAPI（experience API）和行为审计（behavior audit）则是学习数据分析的重要工具。它们能够捕获员工的学习行为和进度，为企业提供数据支持，以优化学习计划和内容。

社交网络服务（SNS）、维基（Wiki）、论坛（forum）、视频网站（video website）和搜索引擎（search engine）等工具也在数字化学习中发挥着越来越重要的作用。它们为员工提供了一个平台，不仅可以获取信息，还可以与同事和行业专家进行交流和讨论。

自适应学习平台（Adaptive Learning Platform）则代表了个性化学习的最新趋势。这种平台通过分析员工的学习行为和表现，提供定制化的学习路径和内容，以更好地满足员工的个人需求。

2.智能学习的应用

随着大数据、人工智能（AI）、虚拟现实（VR）/增强现实（AR）/混合现实（MR）等技术在人才发展领域的广泛应用，智能学习不仅激发了人们的学习动机和兴趣，而且通过提供个性化、自适应的学习内容和方法，极大提升了人才的发展速度。

在智能学习时代，技术应用的焦点已从课程制作和交付渠道的数字化变革，转向更加注重学习体验和效率的优化。这是一种从"以人为本"的角度出发的变革，更多关注于学习动机的强化、学习过程的体验优化和学习结果的分析。智能学习通过集成AI、AR/VR、大数据和云计算等技术，为员工构建一个开放、共享和协作的学习生态系统。在这个生态系统中，员工不仅可以接触到个性化、精准匹配的学习内容，而且能够根据自己的学习节奏和方式进行学习，从而更有效地掌握所需的技能和知识。

大数据和人工智能技术在智能学习中的应用，使得学习内容能够根据员工的学习行为和表现进行自适应调整。这种个性化的学习方法不仅能够更好地满足员工的个人需求，还能够提高其学习的吸收率和效果。VR/AR/MR技术则为员工提供了沉浸式的学习体验。通过模拟真实的工作场景或复杂的操作流程，这些技术不仅能够增强员工的实践技能，同时能够提供更加生动和直观的学习体验。

在智能学习环境中，学习动机和过程体验被极大地强化。通过更加智能的技术应用，员工被鼓励更深入地参与学习过程，这不仅增加了他们学习的乐趣，而且提高了其学习效率。例如，通过自适应学习平台，员工可以根据自己的学习进度和理解程度接收定制化的学习内容。而虚拟现实和模拟系统则使员工能够在无风险的环境中进行实践操作和技能训练。下面来看一些具体的使用案例。

基于仿真技术的模拟实验平台通过仿真技术构建动态的教学模型，可以实时模拟真实的实验现象和过程。模拟实验程序允许学员在一个交互式的模拟学习环境中进行操作，产生与实际一致的实验现象和结果。这种沉浸式的学习体验相比于传统的被动式教学更能激发学员的学习与思考的主动性与参与性。例如，富士康的虚拟学习实验室平台就是一种成功的应用。该平台模拟出真实的网络搭建环节，学员可以通过软件进行路由和核心交换的实验操作练习。与传统的物理实验室不同，这种虚拟实践平台节省了资源和设备的支出，同时提供了更加灵活的学习时间和个性化的学习进程管理。这种智能学习时代的技术应用关注于从"以人为本"的角度实现人才发展效率的提升。不再仅是关注学习内容的制作和交付渠道，而是更加集中在学习动机强化、学习过程体验和学习结果分析上。这种以人为本的数字化变革，通过更智能的技术应用，如自适应学习、虚拟现实和模拟系统，促使学员对学习进行更深度的自主参与，进而达到提升学习效率的目的。

自适应教学系统，如Shute & Zapata-Rivera开发的系统，通过分析学习者的行为和表现，自动调整教学内容和难度，使之更适合学习者的个性化需求。这种个性化的学习方法有助于学习者更有效地掌握复杂和抽象的概念，同时能够根据学习者的情感和态度变化提供更加有吸引力的学习体验。

自适应学习平台通过整合和分析大量的培训数据，深入挖掘员工的工作绩效、技能需求以及其他相关信息。这些数据被用来精确匹配员工的个性化培训需求，从而实现更为高效的学习过程，平台不仅能够提供定制化的学习内容，还能主动引导员工学习，从而有效提升学习效率。CogBooks是另一个自适应内容工具的例子，它在提供学习内容时考虑了诸多因素，包括学生的信心指数、自测成绩、完成练习的时间、回答问题的表现以及在相似学习模块中的学习表现等。这种全面的考虑使得CogBooks能够为学习者提供更加个性化和高效的学习体验。2015年，亚利桑那州立大学与CogBooks合作，在教学中使用这种自适应工具。这一工具在生物学和美国历史两个线上课程中的应用，展示了自适应学习平台在实际教学中的巨大潜力。学生能够根据自己的学习进度和理解程度获得个性化的指导和支持，从而实现更加有效和深入的学习。

AR技术，特别是在工业培训领域展示了其巨大的应用潜力。例如，通用汽车公司已经开始使用Google Glass及Google Gadget对工人进行培训和实时反馈。通过AR技术，工人能够获得上下文信息和操作流程的提示，模拟出真实的工作环境，从而有效地进行复杂操作的练习。这种技术不仅使学习变得更加直观和生动，还能够减少培训过程中的错误和风险。

VR技术则为学习者提供了一个完全沉浸式的学习体验。在VR环境中，学习者可以完全沉浸在一个虚拟的世界中，进行各种操作和实验，而不受物理空间的限制。这种技术特别适合于那些需要高度实践操作的领域，如医学、航空和工程等。

MR技术结合了AR和VR的优点，提供了一个既包含真实世界元素又包含虚拟元素的学习环境。通过MR技术，学习者可以在一个更加丰富和互动的环境中进行学习,从而更好地理解复杂的概念和流程。

IoT技术则通过连接各种设备和传感器,提供了一个更加智能和互联的学习环境。在这种环境中,学习者能够获得实时的数据和反馈,从而更有效地进行学习和操作。

第三节　典型案例分析

案例:Q供电局数字化人才队伍建设

在全球能源革命和数字化潮流的大背景下,南方电网公司正面临着碳达峰、碳中和这一新时代的挑战。这些新要求不仅是南方电网公司成为世界级能源企业征途上的新目标,也是其转型的动力。在这一过程中,培养与企业结构、文化相适应的数字化人才成了南方电网公司走向国际舞台、建立全球竞争力的关键。

自2019年以来,南方电网公司已经明确将数字转型作为新的战略方向,致力于构建"数字南网"。在这一大背景下,基层供电公司不仅需要执行南方电网的整体数字化转型策略,还必须探索如何培育与自身运营相适应的数字化人才。这一过程的核心是将数字化技术深度融入传统电力业务,同时提升员工的学习能力,解决人员结构不平衡的问题。这需要基层供电企业制订科学、合理的人才培养计划,充分挖掘不同年龄段员工的潜力,为数字化转型提供坚实的人才基础和持续的人才支持。

Q供电局是南方电网公司基层的地市级供电企业,在数字化人才培养方面展现出了显著的先锋意识和实践成效。在面对数字化转型的挑战时,Q供电局采取了一系列创新举措,致力于将自身建设成为一个技术先进、管理高效的数字化供电企业。

（一）数字化人才梯队的构建

在数字化转型的初期，Q供电局面临着不少挑战。他们在新项目和新设备刚上线时，主要依赖于设备厂家或集成商提供的1年至3年额外质保和网络运维服务。这种委托运维的模式最初被视为一种临时性的、过渡性的解决方案，旨在缓解数字化专业人才的工作压力，并帮助他们更好地学习背景知识和设备运维技能。

然而随着时间的推移，这种依赖第三方服务的做法逐渐演变成了一种长期的、习惯性的做法。几乎每个网络项目都至少对应一个网络运维项目，网络规模较大的则拆分为多个子项目。这种做法的弊端逐渐显现：数字化专业人才开始产生依赖心理，独立解决问题的能力和对新问题的钻研精神减弱，技能因长时间不使用而变得生疏。

面对这些问题，Q供电局意识到必须进行变革。数字化领导层开始转变思维，着力提升员工的技能水平，并减少对第三方运维团队的依赖。他们采取了一系列措施，包括加强内部培训，鼓励员工参与实际的网络维护和故障处理，以及定期组织技能提升工作坊。通过这些努力，员工的技能水平得到显著提升，独立解决问题的能力也得到恢复。

此外Q供电局还重视年轻员工的培养，制订了一系列旨在识别和培育年轻人才的计划，为他们提供了更多实践机会和职业发展平台。通过这些措施，Q供电局成功打破了对外部服务的依赖，建立了一支能够迅速响应、高效作战、在关键时刻能够发挥关键作用的高素质数字化专业人才队伍。

（二）贯彻终身学习

在Q供电局的数字化转型过程中面临着一个普遍问题：45岁以上的员工在新技术和新设备的学习上表现出了明显的兴趣和能力下降。调查显示，在这个年龄段的员工中，有69%更倾向于选择周期性、分散式的培训方式，而77%的员工在提升数字化技能方面，更多地关注基础技能的提升。大多数关键岗位的员工提到，一部分资深员工对数字化转型工作的支持度不高，他们更愿意只承担基础的运维工作。

考虑到ICT领域技术和设备更新迭代的频繁性，基本每5年至10年就会有新一代技术的涌现。在员工25年至30年的职业生涯中，至少要经历3轮至4轮技术更新换代。因此，如果没有持续学习的准备和动力，员工可能会在知识和经验最丰富的壮年时期被新技术所淘汰。

面对这一挑战，Q供电局迅速采取了应对措施。公司高层对培训体系进行了全面的优化，确保所有年龄段的员工都能接受到适合他们的培训。同时，公司强调了终身学习的重要性，激励所有员工，无论年龄大小，都要不断学习和适应新技术。

对于年长的员工，Q供电局特别设计了更为友好的培训课程，以激发他们的学习兴趣，并帮助他们克服学习新技术的障碍。通过这些措施，年长员工开始逐渐适应并接受新技术的学习和应用。此外，公司也鼓励年长员工与年轻员工之间进行交流和互助，促进跨代知识的传递和共享。

年轻员工则被鼓励不仅要学习最新的技术，还要理解技术的发展历史和脉络，这样他们就能够更全面地掌握技术的变革和发展趋势。他们还被激励去成为技术和管理上的领导者，从而引领公司的数字化转型。

通过这些全方位的措施，Q供电局成功地将终身学习的理念贯彻到老中青三代员工之中。如今，不论是资深的老员工还是新入职的年轻人，都在积极地学习和应用新技术，共同推动着公司的数字化转型进程。

（三）加强数字化人才引进

最初Q供电局在人才招聘方面存在一定的局限性。约45.4%的中老年员工是通过内部分配等传统方式加入的，而40岁以下的员工主要是通过校园招聘进入公司，这一情况反映出Q供电局在人才招聘渠道上的单一性。在数字化转型的关键时期，这种单一的招聘模式导致了数字化专业人才的短缺，尤其是在技能技术过硬、拥有丰富实战经验的高端人才方面更是如此。

在数字化转型期间，Q供电局对人才招聘策略进行了重大调整。公司意识到在ICT行业，技术更新迅速，需要更多具有实际操作经验和技术深度的高端人才。因此，Q供电局开始拓宽招聘渠道，向社会和互联网大厂的资深数字化专业人才敞开大门。这些人才通常具有丰富的专业技术和技能经验，能够为企业的数字化转型提供强大的技术支撑。

另外，Q供电局也加强了校园招聘，在ICT相关专业上适当增加招聘名额，以引入更多新鲜血液。再次，公司调整了招聘策略，逐年增加通信、信息技术、自动化和网络安全等专业的招聘名额，确保每年都有新生力量加入。这种渐进式的人才引进策略，旨在稳步构建一个多层次、有活力的数字化专业人才梯队。

通过转型，Q供电局不仅解决了数字化尖端人才匮乏的问题，还成功地建立了一支结构合理、技能多样的数字化人才队伍。这种多元化的招聘策略，使得Q供电局能够更好地适应数字化时代的要求，也为其未来的发展奠定了坚实的基础。

第五章　企业数字化的管理与财务转型对策

第一节　智慧型财务

一、智慧型财务的概念

在大数据、人工智能（AI）、云计算等数字技术迅速发展的背景下，财务作为企业运营的核心，其数字化转型不仅与企业的其他业务和技术领域紧密相连，而且对于推动企业整体的智能化发展具有重要意义。

根据互联网数据中心对数字化转型的定义可知，这一过程是利用数字技术和能力来更新企业的商业模式和生态系统。财务数字化转型特指使用这些技术和能力对财务工作的转型。这一转型的目标是优化和完善企业的业务管理、运营、决策流程，同时提升财务数据的质量和处理速度。借助于大数据和云计算等技术，企业可以重新构建业务组织结构和业务流程，这对于企业的持续发展至关重要。财务数字化转型的成功依赖于相关数据的真实性、完整性、时效性和有效性。这种转型不仅需要评估企业的总体产业升级、财务管理效率提升以及新IT技术基础的可行性，还涉及财务战略、组织结构、职能定位、人力资源和操作流程等多个方面的考量。这些因素的综合考虑和优化是财务数字化转型成功的关键。在财务数字化转型中，采用先进技术的正确方式至关重要。例如，云计算可以提供更高效的数据存储和处理能力，而大数据分析可以帮助企业洞察市场趋势和客户需求。人工智能和机器学习的应用则可以在财务决策过程中提供更深入的洞察和更准确的预测。

除了技术层面，财务数字化转型还要求企业在组织和文化层面进行改革。这包括推动内部团队对新技术的接受和使用，培养数据驱动的决策文化，以及促进跨部门的协作和信息共享。此外，培训和发展财务团队的数字技能是确保转型成功的重要一环。员工需要具备处理复杂数据、使用先进分析工具和理解数字技术的能力。

财务数字化转型的初衷在于提升会计信息的质量和强化会计管理控制能力，从而持续提高会计核算的效率，财务共享服务中心作为财务数字化转型的主要对象，承担着核心的角色。这种服务中心以会计集中核算为基础，通过实现业务流程的标准化、自动化和集中化，有效提升了财务管理的效率和质量。随着数字技术的广泛应用，财务共享服务中心不仅实现了数据和资源的连接、共享和协同，还通过运用诸如机器人流程自动化（RPA）技术，进一步提高了服务效率。这些技术的引入为智能财务的构建奠定了基础，实现了从简单自动化到智能化的转变。数字技术的发展使得财务数字化转型不局限于传统的财务共享服务，而是逐渐扩展到采购、人力资源、信息技术和税务等领域，形成了一个更为广泛的共享服务平台。这种平台与管理会计工具相结合，有效提升了企业在数据处理、计算和算法应用等方面的能力。数据中台作为财务数据的采集和转换中心，为企业提供了高品质的数据服务，并支持了更有效的业务决策。人工智能技术的不断引入，使得智能财务不断进步。尽管在初期阶段，人工智能应用可能仍局限于弱AI水平，但随着数据积累和效率提升，以及对AI应用场景的创新，强AI的应用成了未来发展的重要方向。

为了顺利实现财务数字化转型并达成智慧型财务的目标，企业需要在多个层面进行改革。合理应用数字技术是基础，这包括选择合适的技术工具和平台，以及确保这些技术与企业的实际需求相匹配。企业需要对原有的组织架构和业务流程进行变革，以确保这些架构和流程能够支持新的数字化运作方式。集团管控模式的变革同样重要，这涉及企业如何在集团层面实施有效的管理和控制。同样重要的是思维理念和企业文化上的革新，这种革新对于保证数字化转型的成功至关重要。企业需要培养一种以数据为中心的思维方式，鼓励创新和变革，同时在企业文化中植入对新技术和新方法的接受和支持。

二、数字化转型中的财务管理创新

在数字经济时代，数据不仅是信息的载体，也是创造价值的关键资源。企业通过分析和利用大数据，可以洞察市场趋势，优化产品和服务，提高运营效率，从而在激烈的市场竞争中获得优势。因此，将数据资产纳入财务管理体系，成为企业数字化转型的重要内容。

企业进行数字化转型，不仅需要革新经营理念，也需要改变组织框架和企业文化。这意味着所有员工，包括财务管理团队，都需要培养数字化思维，即能够理解和利用数字技术，以数据为驱动做出更加精准的决策。优秀的企业已经开始将充分并合理地利用数据价值作为衡量财务转型成功的关键指标。

数字时代的财务管理与以往相比，发生了根本性的变化。从系统方面来看，以往的财务管理依赖于独立的信息系统，而现在的财务管理则转向与外部市场经营的各数据单元互相链接的数字化系统。这种系统的转变使得财务管理更加高效、透明，能够实时响应市场变化。在思维方面，从传统的信息化管理思维转变为以市场需求为中心的数字化思维。这种思维方式强调对市场动态的快速响应和数据驱动的决策制定。

在业务经营和管理活动与数字技术融合的当下，企业的财务工作需要及时改变或完善观念、方法和技术。这意味着企业需要加快财务革新的步伐，建立全新的财务会计管理模式和体系。新型的财务会计管理方式不仅包括传统的账目处理和报告，还包括对数据的深入分析和洞察，以及利用数字技术如AI和机器学习来优化财务流程和提高决策质量。

财务管理的数字化创新主要包含六个层面的内容。

（一）开放式账表体系创新

在数字化转型的浪潮中，企业财务管理的核心之一——账表体系，正在经历从传统的封闭模式向开放式模式的重大创新。这一变革的推动力主要来自区块链技术的发展，该技术为会计账表体系带来了前所未有的变革。

传统的会计账表体系，是依据会计的基本等式，形成了一个封闭的账簿系统。这种系统在很长一段时间内被广泛采用，但随着区块链技术的出现和发展，会计账表体系的基础和操作方式正发生根本性的改变。区块链作为一种分布式账本技术，提供了一种全新的方式来存储和处理数据信息。区块链技术的核心优势在于其构建了一个牢固的信任基础，通过去中心化的网络结构和加密技术确保数据的安全和透明。这一技术的应用在会计领域中意味着，储存在区块链上的数据信息具备不可伪造、全程留痕、可追溯、公开透明和集体维护的特性。这些特性对于提高会计信息的准确性和可靠性至关重要。在区块链技术支持下的开放式账表体系中，数据信息的处理和存储方式与传统模式截然不同。开放式账表体系的每一笔交易和账目都被记录在区块链上，并由网络中的多个节点共同验证和维护。这种模式不仅提高了数据的安全性，还增强了数据的透明度和可访问性。此外，由于区块链的不可篡改性，一旦数据被录入，它将成为永久性的记录，从而大幅提高了会计信息的可信度。

随着区块链技术的不断发展和成熟，其在会计领域的应用前景越发广阔。企业利用这一技术，不仅可以在会计信息记录上实现创新，而且可以在整个财务管理流程中实现更高效、更透明和更安全的操作。例如，区块链可以用于简化和加速交易过程、自动化合同执行、提升审计效率等。在一个分布式和去中心化的会计信息系统中，所有参与方——企业、审计师、监管机构和投资者——都能够实时访问和验证信息。这种开放式的合作机制有助于提高整个会计生态系统的透明度和效率。

（二）业财融合式财务工作创新

企业的财务管理正在经历一场深刻的转型——从自成体系的传统模式转向与业务紧密融合的新模式。这一变化不仅是对财务工作方式的改革，更是对企业经营策略和管理哲学的全面更新。传统的财务管理体系往往与业务操作相分离。财务部门主要聚焦于财务报告、账目处理和合规性等后置性工作，与日常业务活动存在一定程度的隔离。然而，随着数字技术的融入，这种局面开始发生改变。数字化不仅为财务和业务的融合提供了技术支持，也为企业管理带来了新的理念，财务管理变得更加动态和具有前瞻性。与传统的静态财务管理不同，数字时代的财务管理需要在业务操作的前、中、后阶段进行深入的业务核算和分析。这种模式要求财务管理不仅要处理事后的财务信息，更要参与业务决策的全过程中，从而实现财务信息的即时分析和反馈。

财务与业务的融合体现在多个方面。在数据管理方面，财务部门需要整合内外部的数据资源，利用先进的分析工具和技术（如大数据分析、云计算和人工智能）来支持业务决策。通过实时分析销售数据、市场趋势和成本信息，财务部门能够为业务决策提供更加精准和有效的支持。在预算管理和控制方面，数字化的财务管理系统使得预算更加灵活和具有更强的适应性。通过对市场和业务变化的快速响应，财务部门可以及时调整预算分配，支持企业把握市场机会并应对风险。财务与业务的融合也表现在对企业发展战略的支持上。财务部门不仅要关注财务数据的准确性和合规性，还需要从战略的角度出发，帮助企业评估和制订长期发展计划。这就要求财务人员不仅要具备专业的财务知识，还要对业务有深入的理解和洞察力。

财务工作的创新要以主动和开放的态度推动业务的快速发展。这意味着财务部门需要积极参与业务创新中，提供关键的财务数据和见解，帮助企业在竞争激烈的市场中取得优势。财务部门也需要适应数字化时代的快速变化，不断更新其技能和知识，以适应新的管理要求。

（三）个性化财务服务创新

企业财务服务的创新正在从传统的综合性服务转向更加个性化、以人为本的服务模式。这一转变反映了数字技术在企业管理和运营中日益重要的作用，同时体现了现代企业对客户需求更深入、更细致理解的追求。

传统的财务服务通常是以一种标准化的方式运作，即对所有用户提供相同的服务内容，主要通过定期的财务报表来满足信息需求。这种服务方式虽然在过去十分有效，但在数字化快速发展的当下，已不能满足市场和客户日益多样化和个性化的需求。数字时代的财务服务思想重点在于"以人为本",强调通过创新来满足不同用户的个性化需求。这种服务模式的实施,要求企业不仅需要在财务数据的搜集和利用方面具有高效和精准的能力,而且需要对数据进行深入分析,以洞察和预测不同用户的特定需求。为实现这一目标,企业需要依靠先进的数字技术,如大数据分析、人工智能(AI)、云计算等,以提高对财务信息的处理能力。通过这些技术,企业可以对大量的财务数据进行快速分析,从中提取有价值的洞察,并根据这些洞察为不同的用户群体设计和提供个性化的服务。例如,基于客户的消费行为、偏好和历史交易数据,企业可以提供定制化的财务咨询和决策支持。数字化也使得财务服务能够更加灵活和响应迅速。利用云计算和移动技术,财务服务可以随时随地为用户提供所需信息和支持,而不再局限于传统的办公环境和时间。此外,AI技术的应用,如聊天机器人和智能助手,可以提供7×24小时的服务,即时回应客户的查询和需求。

个性化的财务服务还需要企业对用户的隐私和数据安全给予高度重视。在处理大量个人和财务数据时,企业必须确保符合相关的数据保护法规,同时采取强有力的安全措施来保护客户数据不被泄露或滥用。个性化的财务服务还意味着企业需要更加注重用户体验的优化。这包括简化和优化用户界面,确保服务流程的便捷性和易用性。通过提供一个直观、易操作的数字平台,用户可以更加轻松地访问和使用财务服务,从而提高整体的满意度。

(四)时效性财务信息创新

数字时代对财务信息的创新提出了新的要求,特别是在及时性方面。传统的财务管理模式下,财务报表的编制往往无法实时反映企业的现金流状况和经营成果。这种滞后性在很大程度上限制了财务信息在决策支持中的作用。然而,在数字化环境下,这一局面正在发生根本性的改变。

实时数据处理和分析工具的引入使得财务信息能够及时、准确地传达给相关需求者。这一变革意味着财务报表不仅可以更快速地编制完成,而且能够更真实地反映企业的财务状况和运营成果。这种及时性的提升极大增强了财务报表的参考价值，为企业管理者提供了更为有效的决策支持。及时性创新的关键在于整合并有效利用各类财务和运营数据。企业能够通过先进的信息系统收集和处理来自不同业务部门的实时数据。这些数据包括但不限于销售数据、库存信息、成本分析和市场趋势等。通过将这些数据及时整合到财务报表中，企业能够获得更全面、更即时的财务画像，从而做出更加准确和迅速的业务决策。数字化技术还使得财务信息的呈现方式更加灵活和多样。例如，通过仪表板和可视化工具，财务信息可以以更直观、更易于理解的形式呈现。这不仅有助于管理层快速理解财务状况，也促进了非财务背景人员的理解和参与。进一步地，财务信息的及时性创新还促使企业重视数据质量和准确性。为了确保提供及时的财务信息，企业需要确保数据的完整性和准确性。这通常要求企业建立健全的数据管理体系，包括有效的数据收集、处理、存储和分析流程。

为了提高财务信息的及时性，企业还需要在组织文化和流程上进行相应的调整。这包括推动跨部门协作、优化信息流通机制、鼓励基于数据的决策制定等。此外，财务人员的角色也在发生变化，他们不仅需要处理和分析财务数据，还需要积极参与业务流程中，提供实时的财务见解和建议。

（五）大数据财务分析创新

企业财务分析的范围和深度正在从传统的依赖于内部小数据，扩展到利用外部大数据资源。这一转变不仅增强了财务分析的准确性和多维度，还为企业提供了更为全面和深入的业务洞察。

传统的财务分析主要依赖于企业自身的系统产生的数据，如财务报表、销售记录和成本分析等。这些数据虽然对于理解企业的财务状况至关重要，但它们仅能提供企业内部运营的视角。随着数字化技术的发展，特别是大数据和云计算技术的应用，财务分析的领域和能力已经显著扩展。在数字时代的财务分析中，企业不仅需要利用内部数据资源，还需要关注和分析外部环境中的数据。这包括行业趋势、市场动态、政府政策、竞争对手的策略以及消费者行为等。通过整合这些外部数据，企业可以获得更全面的市场洞察，从而更好地评估自身的财务表现和战略方向。数字化时代的财务分析还涉及多种技术的应用，包括数据挖掘、预测分析、机器学习和人工智能等。这些技术使得企业能够从大数据中提取有价值的信息，以预测市场趋势，甚至模拟不同的业务决策场景。例如，通过分析社交媒体数据，企业可以了解消费者对其产品或服务的态度和需求，进而调整其市场策略。在进行财务分析时，企业应确保所使用的数据和方法合理且合法。这要求企业在收集和处理数据时遵守相关的法律法规，确保数据的安全性和隐私保护。财务分析不仅需要聚焦于历史数据，还应该关注未来的预测和趋势分析，以便为企业的未来发展提供指导。

财务分析的创新还意味着财务部门需要与其他部门如市场、销售、研发等密切合作。这种跨部门的协作可以促进信息的共享和流通，提高财务分析的准确性和实用性。例如，财务分析可以直接支持销售部门的定价策略，或者为研发部门的项目投资提供决策支持。财务分析的创新不仅是技术的应用，更是一种思维和文化的转变。这要求财务人员不仅要具备传统的财务知识和技能，还需要掌握数据分析和解读大数据的能力。同时，企业也需要在文化上鼓励创新和数据驱动的决策制定。

（六）智能化财务核算创新

财务智能化的核心在于利用人工智能（AI）和相关技术，将人类财务工作者的能力与智能机器人的高效性相结合，从而显著提升财务工作的速度、准确性和灵活性。

在传统模式下，财务核算主要依赖于财务软件和人工处理。虽然这些软件在一定程度上提高了工作效率，但在处理大量复杂数据时仍存在局限。然而，随着AI和机器学习技术的发展，财务核算的方式正在发生根本性的改变。这些技术能够自动处理和分析庞大的会计数据集，减轻财务人员的工作负担，提升数据处理的速度和准确性。AI在财务核算中的应用包括但不限于自动化的会计证据收集和核对、智能分类和匹配以及预测分析等。通过这些应用，财务人员可以更快速、更准确地分析大量的收支业务，提升决策制定的效率。同时，AI技术的应用还提高了财务核算的灵活性和针对性，使得财务工作能够更好地适应快速变化的市场环境。AI技术在财务核算中的应用还有助于减少人为错误和主观判断的影响。智能算法可以在巨大的数据集中快速识别模式和异常，从而帮助企业及时发现潜在的风险和问题。这不仅提高了财务报告的准确性，也加强了企业的风险管理能力。

AI技术还使得财务系统能够对收支业务活动进行实时监控。这意味着企业可以持续追踪财务状态，及时调整策略和操作方法，以应对市场变化。实时监控还为企业提供了更为丰富和深入的数据洞察，有助于优化财务管理和业务决策。

三、财务数字化转型的挑战

（一）不完善与高成本的挑战

在数字化时代，企业财务管理面临多重挑战，其中之一是财务管理制度的不完善以及运营成本的相对较高。这些挑战在很大程度上影响了企业在财务管理方面的效率和效果，对企业的长期发展构成了潜在威胁。

许多企业的财务管理制度存在着一定程度的不完善，这主要表现在财务部门的配置、内部监督和成本控制等方面。在这些企业中，权力分散、监管缺乏和流程不透明的情况较为常见。这些问题不仅增加了财务管理的复杂性，还可能导致资源浪费、风险控制不足和决策失误。传统的财务核算方式主要依赖于人工操作，这在很大程度上限制了财务工作的效率和准确性。相比之下，智能财务或数字化财务管理系统能够提供更高效、更准确的数据处理和分析。然而，许多企业尚未完成向数字化财务的转型，仍然采用传统的核算方式。这不仅导致了较高的财务运营成本,还增加了财务管理的风险。在市场竞争日益激烈的环境中,传统的财务管理方式难以满足企业对于高效、灵活和创新的需求。这一问题尤其在那些需要快速迭代和适应市场变化的企业中表现得更为明显。在这种背景下,企业的财务管理制度和流程需要进行相应的改革和优化,以适应快速变化的市场环境。

(二)高分散与低效率的挑战

企业财务数字化转型面临的重大挑战之一是财务管理的分散性和运营效率的局限性,这些挑战直接影响企业的整体财务健康和长期竞争力。

在许多企业中,特别是传统的企业,财务管理往往被视为与核心业务相分离的后勤支持工作。在这样的企业文化和管理思维中,财务部门的主要职责仅限于处理与税务机关和银行的日常事务以及进行基本的账务处理。这种观念导致财务部门长期被忽视,难以发挥其在企业战略中的潜在作用。财务部门的边缘化不仅限制了其在企业决策中的影响力,也影响了企业对财务数据的有效利用和整体的财务健康。然而,分散的财务管理模式进一步加剧了这些问题。在这种模式中,财务工作往往被划分为独立的模块,每个模块只关注特定的财务任务,如会计核算、财务报告或预算管理。这种分散化导致财务部门在运营上存在依赖性和附属性,财务人员通常只专注于自己的工作范围,而忽视了财务数据对企业战略和运营的整体影响。结果,财务决策的效率大大降低,企业的整体财务管理能力受限。

在数字化转型的背景下,这种分散的财务管理模式可能产生消极影响。在数字化转型过程中,企业需要整合来自不同部门和系统的数据,建立统一的信息平台,以提高决策的效率和精准度。然而,分散的财务管理模式往往难以支持这种跨部门的数据整合和分析,从而阻碍了企业数字化转型的进程。分散的财务管理模式还影响企业对产业链上下游资源的有效整合。在当今的市场环境下,企业需要灵活地调整其供应链和销售策略,以应对快速变化的市场需求。然而,若财务管理部门无法提供及时准确的财务数据和分析,企业将难以做出快速反应,从而错失市场机会。

(三)低信息化与缺乏生态的挑战

企业在进行财务数字化转型的过程中面临的一个主要挑战是财务信息化程度不高,以及缺乏一个成熟的财务生态系统。这些挑战直接影响了企业财务管理的效率和有效性,成为企业数字化转型的障碍。

尽管理论上财务信息化能够提高信息应用效率并降低运营成本,但是实际情况中许多企业的财务信息化程度仍然较低。财务人员普遍缺乏必要的数字素养,难以适应数字化财务的要求。在这些企业中,财务工作依然沿用传统的手工账目方式,无法充分利用数字技术来优化财务管理。这不仅限制了财务部门的工作效率,也影响了财务数据的准确性和时效性。另外,部分企业的财务部门需要兼顾行政和法务等其他职能,导致财务工作的重心分散。财务部门往往难以保证工作的质量和时效性。在处理财务核算、税务检查等关键任务时,财务人员可能无法提供高质量的服务,甚至出现应付了事的情况。这种职能分工的模糊不仅影响了财务工作的专业性,也增加了企业在财务管理方面的风险。财务部门和人员的职能分工不清晰还导致了财务人员专业素养的不足。在数字化时代财务工作不仅是账目处理,更涉及数据分析、风险管理和战略决策等领域。然而,在缺乏清晰职能定位的财务部门中,财务人员往往难以发展这些高级技能,从而无法有效支持企业的战略布局。

缺乏成熟的财务生态系统也是企业在财务数字化转型过程中面临的挑战之一。一个成熟的财务生态系统应包括专业的财务团队、高效的工作流程、先进的财务系统和工具,以及与业务部门的紧密协作。然而,在许多企业中这样的生态尚未形成。财务团队的专业水平不足,工作流程和系统过时,与业务部门的沟通和协作不畅,这些问题共同限制了财务管理的有效性。

四、财务数字化转型的方向与维度

（一）财务数字化转型的方向

企业财务数字化转型可以借鉴马斯洛需求层次理论的框架，将财务需求划分为几个不同的层级，包括合规性、安全性、高效性和智能化等需求层面。基于这样的层级划分，企业的财务数字化转型应当聚焦于以下六个关键方面进行。

1.共享核算

共享核算作为财务数字化转型的一个大方向，其目的是使企业财务管理向更加集中、高效和透明的模式转变。这种模式主要由采购付款、费用报销和销售收款等核心财务流程组成，它通过在共享中心集中处理各类财务事务，实现了业务流程的优化和自动化。

在共享核算模式下，共享中心扮演着财务数据处理工厂的角色。它不仅是财务数据集散的枢纽，而且是提高财务运作效率的关键。通过集中核算，企业可以实现对财务数据的统一管理和处理，这有助于提高数据处理的速度和准确性，同时降低运营成本。这种模式下的财务管理更加注重财务流程的标准化和自动化。通过标准化的流程和统一的数据处理平台，企业能够实现对财务流程的自动化管理。例如，自动化的发票处理、电子报销系统和智能合同管理等，这些工具和系统不仅可以大幅提高财务工作的效率，减少人工错误，并提供及时准确的财务报告。共享核算还强调了跨部门的协作和数据共享。在共享核算的模式下财务数据不仅服务于财务部门，还能为其他部门提供决策支持。比如通过共享中心的数据，市场部门可以更好地分析销售趋势，而采购部门可以优化供应链管理。这种跨部门的数据共享和协作，有助于提升整个企业的运营效率和市场反应速度。共享核算模式下的财务报告和分析更加注重时效性和预测性。借助现代财务软件和分析工具，企业可以实时监控财务状况，快速响应市场变化。同时，通过数据分析和机器学习技术，企业可以预测未来的财务趋势，从而更加主动地规划和调整战略。

在共享核算的实践中，企业还能实现对财务风险的更好管理。集中的数据处理和统一的风险管理框架使得企业能够及时发现和应对财务风险。例如，通过对大量交易数据的分析，企业可以及时识别欺诈行为或异常交易，从而保护企业免受财务损失。

2.资金线上处理

资金线上处理是通过数字化手段实现资金流的实时在线管理，目的在于提高企业资金运作的安全性、便捷性和效率。资金管理不仅是简单的资金流转，而且是企业风险预警、资金分析和战略决策的关键环节。

在资金线上处理的模式中，共享中心在完成财务记账工作之后，立即将付款信息和相关数据发送至资金系统进行线上实时处理。这种无缝的数据流转和实时处理极大地提高了资金运作的效率，确保了资金流转的及时性和准确性。这对于企业来说，意味着能够更快地响应市场变化和业务需求，同时减少了因手工操作或延迟处理带来的财务风险。资金线上处理的实践中，数字化工具的应用对于提升资金管理的透明度和可控性至关重要。通过实时监控系统和自动化工具，企业可以随时了解资金的流动情况，及时发现并处理潜在的问题。例如，企业可以利用高级分析工具对历史资金流动数据进行分析，识别出资金流的趋势和异常模式，从而为企业的资金策略提供数据支持。另外，资金线上处理模式为企业提供了更加灵活的资金调配能力，企业可以根据实时数据和市场情况迅速调整资金配置，优化资金利用效率。这种灵活性在高度竞争和快速变化的市场环境中尤为重要，它使企业能够更好地把握市场机遇，提高资金的使用效率和投资回报率。

资金线上处理也增强了企业对资金风险的管理能力。通过集成的风险管理系统和自动化预警机制，企业可以及时识别和应对各种财务风险，如流动性风险、信用风险和市场风险。这种主动的风险管理不仅保护企业免受潜在的资金损失，也为企业的长期稳健发展提供了保障。

3.财报核算自动化

财报核算自动化是财务报告过程从人工密集型操作向技术驱动型操作转变的重大进步，这种转变不仅可以提升财报编制的速度和效率，还能提高报告的准确性和可靠性，对企业的整体财务管理和决策过程产生深远影响。

在传统的财务报告流程中，财报编制往往是一个耗时且容易出错的环节，需要财务人员投入大量的时间和精力来收集数据、编制报表和进行核对。然而，在数字化转型后，企业借助高级的技术工具，如月结驾驶舱、SAP财务报表机器人等自动化工具，能够极大提高财报编制的效率。自动化工具可以帮助企业实现数据的实时收集和处理。通过集成企业内部各种数据源，这些工具能够自动获取所需的财务数据，如销售数据、成本数据和现金流数据，实时更新财务报告。这种实时数据处理不仅减少了人工收集数据的时间，也提高了数据的准确性和时效性。自动化工具还可以帮助企业提高财报编制的效率。通过预设的算法和模板，这些工具能够快速生成财务报表，如利润表、资产负债表和现金流量表。这种快速的报表生成能力使企业能够及时了解自身的财务状况，快速响应市场变化。除了提高效率和速度，财报核算自动化还有助于提高报告的质量。自动化工具可以减少人工编制过程中的错误，如计算错误和录入错误，从而提高报告的准确性。此外，这些工具还可以提供更加深入和复杂的财务分析，如趋势分析、比率分析和预测模型，为企业的战略决策提供更加丰富的信息。

财报核算自动化还支持了更加灵活和个性化的报告制作。企业可以根据自身需求定制报表格式和内容，强化对特定业务领域的关注。例如，企业可以根据不同业务部门的需求，生成不同的财务报告，从而提供更加精准的管理和决策支持。

4.融合业务与财务

融合业务与财务是指业务活动与财务管理之间紧密协作与整合。这种融合不仅改变了财务部门的传统角色，也为整个企业带来了更高效的运营模式和更准确的决策支持，业务与财务的界限越来越模糊。业务活动直接影响财务数据的生成和处理,而财务信息反过来又为业务决策提供依据。因此,融合业务与财务的核心是通过技术实现两者的无缝对接,以提高整个组织的运营效率和决策质量。融合业务与财务体现在业务数据的实时自动化核算上。通过集成的企业资源规划(ERP)系统和其他业务管理软件,企业能够实现业务数据与财务数据的即时同步。这意味着业务发生的同时,相关的财务信息如销售收入、成本支出等,可以自动录入财务系统,实现实时更新。这种实时核算大大提高了财务数据的时效性和准确性,为企业提供了即时的财务视角。融合业务与财务也使财务人员能够从烦琐的基础核算工作中解放出来,转向更为高层次的分析和决策支持。财务人员可以利用自动化工具快速获取和处理财务数据,然后专注于数据分析、财务规划和预测。这不仅提高了财务部门的工作效率,也增强了其在战略规划和业务支持中的作用。融合业务与财务还强化了财务透明度和可视化。企业管理层和决策者可以通过集成的仪表板和报告系统,实时查看财务和业务的关键指标。这种透明度和可视化不仅使决策更为数据驱动,也增强了企业对市场变化和内部操作的敏感度。

在融合业务与财务的模式下,财务部门不再是单纯地扮演记账和报告角色,而是成为企业战略和运营的重要合作伙伴。通过与业务部门的紧密合作,财务部门可以更好地理解业务需求和挑战,为企业提供更为精准和有价值的财务建议。

5.智慧财务管理平台

智慧财务管理涵盖了智慧分析、智慧资金、智慧核算、智慧税务、智慧监控以及重点项目管理等多个关键方面,通过大规模的数据收集、建模和智能分析,为企业管理者提供了基于数据的决策支持。

智慧财务管理平台的核心在于其高度的数据整合能力和先进的分析工具。这些平台可以从各种内部和外部源收集数据,包括销售数据、成本数据、市场趋势、客户行为等。然后,利用强大的数据处理和分析能力,将这些数据转化为有用的业务洞察,为企业决策提供可靠的数据支持。智慧分析模块能够通过机器学习和人工智能技术,分析大量的数据,进而识别出潜在的趋势和模式。这种深度学习能力使企业能够从过去的数据分析中预测未来的市场走向，从而制订更加精准的发展战略计划。智慧资金模块则关注于资金流的管理和优化。通过实时监控企业的资金流动情况，企业可以及时调整资金配置，优化资金使用效率。此外，智慧资金还能帮助企业更好地管理财务风险，如汇率风险、利率风险等。智慧核算模块通过自动化和智能化的核算过程，不仅提高了核算的效率，而且增加了核算的准确性。这有助于企业更快地完成财务报告，同时保证报告的质量和可靠性。智慧税务模块则利用先进的数据分析工具来优化税务策略。它可以帮助企业有效管理税务风险，合理规划税务策略，确保企业在遵守税法的同时最大化其财务效益。智慧监控模块则重点关注企业财务的合规性和内部控制。通过实时监控企业的财务活动，这一模块能够及时发现异常情况，提前预防财务欺诈和错误行为。

重点项目管理模块则聚焦于企业的关键项目和投资。它通过详细的数据分析和预测，帮助企业评估项目的潜在价值和风险，确保资源被有效地分配到最具价值的项目上。

6.风险管控平台

在企业财务数字化转型的过程中，风险集中管控涉及对企业的财务风险进行全面的监控、分析和管理。财务风险管控平台的引入，使企业能够对各类风险进行有效的可视化、自动预警和跟踪反馈，从而实现对成本、税务、资金、营销和商务等关键环节中风险的全盘掌控。风险集中管控的实现依赖于高度发达的财务信息系统，这些系统能够集成企业的各类财务数据，从而提供一个统一的视角来监控和分析风险。这些系统通常拥有高级的数据分析工具，可以从大量的数据中识别出潜在的风险信号，如异常的资金流动、成本波动或税务问题等。风险集中管控平台能够建立自动化的风险预警机制。通过设定特定的风险阈值和指标，这些系统可以在风险出现之初自动发出预警，从而使企业能够及时采取措施来降低或消除这些风险。例如在资金管理方面，系统可以监控现金流量和资金余额，一旦发现异常，立即向相关财务人员发出警报。风险集中管控还包括对风险的持续跟踪和反馈。一旦风险被识别，平台将持续监控相关指标的变化，并提供定期的风险报告。这些报告不仅详细阐述了风险的本质和可能的影响，还提供了解决风险的建议和策略。

风险集中管控的另一个重要作用是对成本、税务、资金、营销和商务等关键环节的全面覆盖。在成本控制方面，系统能够实时监控成本的变化，识别成本超支的风险。在税务管理方面，系统能够确保企业遵守所有相关的税务法规，降低税务合规风险。在资金管理方面，系统能够优化企业的资金配置，降低流动性风险。在营销和商务方面，系统能够分析市场趋势和客户行为，识别潜在的市场风险。

（二）财务数字化转型的维度

1.深度融合企业财务与业务

实现财务与业务的深度融合其目的在于通过技术的助力，将财务数据与业务活动紧密连接，从而为企业提供更加全面和精准的财务分析与决策支持。

在传统的企业运营模式中财务与业务往往处于相对分离的状态，财务部门主要负责财务记录和报告，而业务部门则专注于市场开拓和产品开发。这种分离导致财务数据往往滞后于业务变化，难以为企业提供即时的决策支持。通过引入先进的财务管理系统和数据分析工具，企业能够实现对业务场景的实时追踪，将业务数据与财务数据进行深度融合。这种融合使财务部门能够及时掌握业务动态，如销售情况、成本变化和市场趋势等，进而对业务进行深入的预测、分析和复盘。

财务与业务的深度融合还意味着财务分析不再仅限于传统的财务指标，而是涵盖了更广泛的业务相关数据。企业可以构建以不同场景、人员和合作方为中心的财务分析体系，这不仅有助于迅速发现历史财务数据中的错漏，还能够及时规避风险，为企业的业务发展提供有力的支撑。

2.高效整合资源

在数字化时代下，企业面临着人力、财力、物资、信息技术、管理以及可控市场等资源的综合管理和优化利用的挑战。企业在没有数字化技术支撑的情况下很难实现这些资源的高效整合，从而限制了内部效率的提升。在数字化技术的支持下，企业能够通过数字化财务管控，建立数据智能化、资源可量化的财务体系，实现企业内外部资源和数据的统一整合与共享，这样既能降低成本，又能获得丰厚的回报。

通过引入先进的信息技术系统，如企业资源计划（ERP）系统、供应链管理系统（SCM）和客户关系管理系统（CRM），企业可以对内部各类资源进行有效的监控和管理。这些系统不仅能够收集和分析大量的数据，而且能够跨部门、跨功能地整合这些数据，从而为企业提供全面的资源视图。

数字化技术还使得企业能够更好地管理和优化外部资源。通过与供应商、客户和其他合作伙伴的数据共享和协作，企业可以更有效地管理供应链，降低成本，并提高供应链的灵活性和适应性。企业还可以通过数据分析发现新的业务机会，扩大市场份额。

在实现资源的高效整合过程中，数据分析和决策支持系统发挥着至关重要的作用。这些系统不仅能够提供历史数据的分析，还能够提供预测性的洞察，帮助企业更好地规划资源配置。例如，通过对销售数据的分析，企业可以预测未来的市场需求，优化生产计划和库存管理。

3.财务流程自动化、智能化与体系化

财务流程的自动化、智能化与体系化作为企业财务数字化转型的重要维度之一，不仅涉及财务数据的实时分析和比较，还包含了对核心业务流程和核心风险的深入洞察。此过程的核心在于构建集自动化、智能化与体系化于一体的财务模型，从而实现企业财务管理的高效运作和战略决策支持。

在传统财务管理体系中，许多流程依赖手工操作和线性流程，这不仅效率低下，而且易于出错。随着数字化技术的不断发展，特别是人工智能（AI）、机器学习、大数据和云计算等技术的应用，财务流程的自动化和智能化成为可能。这些技术使企业能够对大量的财务数据进行实时分析，快速识别和响应财务和业务的关键变化，从而提高决策的准确性和时效性。

自动化在财务管理中的应用主要体现在将日常的、重复性的财务任务自

动化，如账目录入、报表生成、预算编制等。这些自动化的流程不仅减少了人为错误，还显著提高了工作效率。

智能化则进一步提升了财务流程的效果，通过使用机器学习和AI技术，企业能够对财务数据进行深入的分析，预测未来的趋势，从而为决策提供更加科学的依据。

体系化是实现财务流程自动化和智能化的基础。它要求企业建立一个综合的、整体的财务管理体系，以确保所有的财务流程和数据在整个组织中流畅且一致。体系化的财务管理不仅涉及财务部门内部的流程优化，还包括与其他业务部门的紧密协作，以及与外部供应商、客户和监管机构的有效互动。

4.打造智慧财务生态链

打造智慧财务生态链涉及内部和外部资源的统一整合，构建财务和外部合作伙伴之间的智慧财务生态价值链和供应链，以互帮互助、合作共享、互惠互利的姿态推动行业生态体系的发展。

在数字经济时代企业面临的竞争和挑战不再仅局限于传统的市场竞争，更扩展到了对整个生态系统的理解和利用。智慧财务生态链的构建，就是在这样的背景下，企业通过数字化转型，整合内外部资源，构建起一种新型协作和创新机制。这一转型的核心是通过数字化手段，将财务数据与业务数据紧密结合，实现数据的深度共享和利用。在这一过程中，企业需要打破传统的内部管理边界，建立起跨部门、跨业务的数据共享机制，确保数据的流动能够最大限度地支持企业的决策和运营。外部合作也是智慧财务生态链构建的重要一环。通过与供应商、客户、金融机构等外部合作伙伴的紧密合作，企业可以更好地掌握市场动态，及时调整自己的财务策略和业务决策。例如，通过与供应商共享库存数据，企业可以更有效地管理库存，降低库存成本；与金融机构合作，企业可以优化资金管理，提高资金使用效率。

在打造智慧财务生态链的过程中，企业需要构建起一个能够支持大数据分析、云计算、人工智能等先进技术的平台，确保数据的实时处理和分析。这样的平台不仅能够支持企业内部的数据整合和分析，也能够与外部合作伙伴的系统无缝对接，实现数据的互联互通。

第二节　财务共享中心

一、重塑财务边界

在数字化技术不断革新和发展的过程中，社会经济与企业发展的各个方面得到了显著的优化和提升。财务管理作为企业管理的核心组成部分，其处理方式和管理模式也经历了前所未有的转变。政策层面的监督管理、技术层面的实践运用，以及企业管理方面的新需求，都对传统的财务共享运营模式提出了新的挑战和期望。因此，财务共享运营和管理模式的革新成为时代的必然要求。

在传统的财务共享模式中核心职能主要集中在标准化核算上，这在一定程度上提高了财务运营的效率和准确性。然而在数字化背景下，这种模式已不足以满足企业对财务管理的全面需求。当前，财务共享中心的职能需要从单一的核算拓展到整体的财务转型以及管控赋能等多个方面。这意味着财务共享中心不仅要处理日常的财务事务，还要参与到企业战略规划、风险管理、决策支持等更广泛的领域。

随着企业业务的多元化和复杂化，财务共享的内容也需要不断丰富。这包括将最新的数字技术应用于财务管理，如利用大数据分析来优化财务决策，运用人工智能进行财务风险预测，以及通过云计算提高财务数据的可访问性和实时性。另外，财务共享的边界也需要不断外延，与其他业务领域如供应链管理、客户关系管理等更紧密地结合。

在技术层面上，企业应该不断探索和应用新兴的数字技术，如区块链、机器学习等，以提高财务管理的效率和智能化水平。通过这些技术的应用，财务共享中心可以更好地处理复杂的数据，提供更加深入和准确的财务分析，从而为企业决策提供更有力的支持。

1.重塑管财边界

管理会计指导下的财务管理不仅是财务共享自我革新的结果，也代表了传统财务共享在新时代科技背景下的一次彻底更新。财务共享的边界正在被重新定义，这种重塑是财务共享进行新陈代谢的根本动力。在过去的几年里，财务共享领域的热度不断攀升，然而许多企业在实践中发现，其财务共享中心似乎只是一个简单的集中办公点，并没有带来实质性的转变。对此，很多企业开始反思，并逐渐意识到财务共享中心的构建过程并不是一个简单的复制粘贴过程，而是需要根据企业的实际情况，考虑管理过程中的真实需求，将管理会计与企业的具体流程相结合，进行一个整体性的规划和布局。

财务共享作为企业管理会计的基础，它的功能不仅局限于连接财务共享流程、规则和主数据的管理意图，还包括提供价值数据、支持管理者在管理过程中所需的数据信息。同时作为企业基础财务核算的数据来源，它需要在保证数据价值性的基础上进行自动生成和核算账务信息。因此，管理会计思想与财务共享的融合成为了关键。企业需要根据具体情况的变化，在关键时刻为企业提供方向性的指导和建议。这种融合过程中管理会计的思想与财务共享的具体流程相结合，管理会计的能力与财务共享的系统相结合，是实现这一目标的关键。在不断的磨合中，企业需要进行及时、准确的分析和评估，以确保在商业环境的不断变化中始终保持灵活性和应变能力。这种融合对财务共享中心产生了深远的影响，不仅使财务共享中心的业务范围扩大，职能范围也得到了扩展。在管理会计思想的引导下，财务共享不再仅仅是财务数据的集中处理和存储，财务共享中心需要从传统的账务处理中解放出来，更多地参与企业的业务创新和战略规划中，为企业提供更加全面和深入的财务分析和建议。这要求财务共享中心不仅需要掌握传统的财务知识，还需要具备更加广泛的业务理解和分析能力，以及对新兴技术的敏感度和应用能力。财务共享中心可以成为推动企业整体效率提升和价值创造的重要力量，为企业在数字化时代中稳健发展提供强大的支撑。

2.重塑业财边界

传统的核算共享模式,即ERP+OA系统,虽然为财务共享中心奠定了坚实的基础,但随着时间的推移这一模式已不再能满足日益复杂的商业需求。财务共享中心在集约效应的驱动下,实现了内部资源的高效整合,但如今其面临的挑战在于寻找新的突破口和增长点。在这个转型过程中企业业务成了主要的发力点,财务共享与业务之间的协同关系被赋予了新的重要内涵,以更好地支持企业业务的发展。

近年来,财务共享中心已经逐渐转成为企业和共享中心管理者心目中的重要工具,这种转变标志着财务管理从单一核算流程的集中处理向业务流程、会计核算流程以及管理流程的深度融合的重大跃迁。在这个过程中财务共享系统不仅沉淀和积累了大量有价值的业务和财务信息,还充分利用了其连接前后端业务系统和管理系统的优势。这种深度融合为企业带来了前所未有的管理效率和决策支持能力。在集中处理财务核算工作的同时,保证业务信息系统与财务信息系统之间的连贯性成为了关键。这不仅涉及技术层面的高度集成,还包括业务流程的重新设计,确保从业务端到财务端的信息流能够高效、自动化地运行。这种高度集成的系统不仅提高了财务共享中心的处理效率,还有效减轻了企业财务运营的负担,使得整个企业在财务管理方面更加灵活和高效。总而言之,在数字化转型的浪潮中,财务共享中心的重塑不仅是技术上的革新,更是一场深刻的管理理念和业务流程的变革,标志着企业财务管理步入了一个全新的发展阶段。

3.重塑人机边界

数字化转型在重塑企业财务边界的同时,深刻改变了人机工作的界线。从最初的移动报销、审批和OCR技术的探索,到后来利用RPA(robotic process automation)替代日常简单重复的财务任务,再发展到如今的AI建模、智能报销和审单等应用,数字技术的融合与应用已经让整个财务共享系统日新月异。数字员工和智能助手逐渐成为维护企业日常运作的一部分力量,它们不仅提供了更为便捷高效的工作方式，也显著提升了企业的整体工作效率。在日常运作中，数字员工可处理大量简单、重复、标准化的基础性财务工作，从而释放人力资源从事更复杂、更具挑战性的任务。而智能助手则能够应对更为复杂的工作场景，协助处理高难度的财务任务。

在数字化转型的浪潮中企业不断实现知识赋能，这种赋能过程相较于传统方式，展现出更高的效率和直观性。数字化的广泛应用不仅帮助企业降低运营风险，还能精准识别潜在风险，并提前对其进行预警。在这一过程中关键风险因素的识别和追踪变得更为准确和及时。这种前瞻性的风险管理无疑为企业在快速变化的商业环境中保持竞争优势提供了强有力的支撑。

二、财务业务处理中心

随着财务共享服务中心的发展演变，新一代财务共享服务中心的业务范围逐渐扩大，不再仅局限于传统的自动化核算，而是发展成为一个集财务、业务处理、管理决策、经营核算报告和业财数据融合于一体的综合性机构。这种转变意味着新一代财务共享中心具备更强的服务能力和更高的价值创造能力。在处理业务时，它能够以更加高效和综合的方式处理各项业务任务。

传统财务共享服务中心的核心工作内容主要是将企业财务核算工作的部分内容进行共享。这种共享通常限于费用管理、总账、账目明细管理、资金资产管理、收账以及发票管理等领域，因为这些业务通常具有重复性、标准化和流程化的特点。然而，对于那些难以标准化和流程化的高层次业务，传统财务共享中心则显示出了局限性，无法提供有效的支持。因此，在传统模式下财务共享通常仅停留在基础业务的标准化处理层面，难以在企业业务参与度上实现突破。

新一代财务共享服务中心通过整合新一代信息技术和管理会计思想，实现了对传统财务共享的重大突破，满足了企业更高层次的管控和协同业务需求。它能够支持企业及集团内的各个机构和部门进行更为复杂、更为深入的财务管理和业务运作。新一代财务共享服务中心的出现极大地扩展了财务管理的业务范围，将原本未涉及的业务包含在内，从而赋予整个财务中心更复杂、更有价值的业务处理能力，使共享服务中心从最初的标准化财务业务处理中心转变为综合性的全面财务业务处理中心。

展望未来，财务共享服务中心将基于产业与财务一体化思想，依靠技术中台的支撑和新兴技术的深入融合，实现传统意义上的财务共享服务中心标准化、流程化业务的全自动化处理。传统的财务共享中心将被会计无人工厂完全代替，新一代财务共享中心的业务将得到大幅扩展。依靠会计无人工厂提供的数据，新一代财务共享中心能够更加有效地进行业务处理和运转，确保其职能的稳定发展，并为企业创造更多价值。

三、控制策略管理中心

随着管理会计思想的深度融入，财务共享中心能有效地将内部管控制度和要求嵌入财务共享流程，确保流程中关键节点的顺畅运作和高效管控。这一能力的提升得益于系统自身的强大数据处理能力和数据建模功能，它们是企业管控策略的重要依托，能够协助企业在财务共享系统中进行复杂多样的业务数据分析，从而使企业能够对整体业务有更深入的了解和控制，并能实时监控管理业务，具体分析风险和问题。在这个过程中高质量的数据反哺企业管理，发挥着不可替代的作用。在传统的财务管控方式下，管理控制点繁多，各个财务流程中需要分别设置，专业审核的业务事项需要在不同职能部门或岗位间流转。要想实现这些管控职能的落实，需要将集团财务、业务财务、共享财务紧密结合。

在决策智能化和自动化技术的支持下，财务共享系统已具备根据特定规则进行自主分析和审核的能力。这些规则是根据审核标准和决策要素提炼而来的，它们是控制策略管理中心进行有效管理的基础。该中心通常通过具体事务中的财务风险管控思想和能力体现其管理效果，这包括在业务管控规则提炼的同时发挥财务风险管控职能。规则管控是新一代财务共享中心的重要功能，它将所有管控策略和规则进行统一的维护和管理，类似于系统的大脑。在运营过程中，规则管控能够借助数字技术辅助财务人员随时协调和监管，提高整个系统动作的效率和效果。

财务共享中心的数字化转型不仅局限于技术层面的升级，更是一种管理思想和方法论的革新。通过集成先进的数据分析和处理技术，构建了更高效、更智能的财务管理方式。这种方式不仅提高了财务管理的效率，还大大提高了企业对风险的响应能力和风险管理水平。同时，财务共享中心的数字化转型也意味着对人力资源的重新配置和优化，使财务人员能够从烦琐的日常事务中解放出来，更多地参与到战略层面的决策和管理中。这不仅提升了财务人员的工作价值和满足感，也为企业的持续发展和竞争力提升提供了重要支持。

四、经营核算报告中心

经营核算报告中心在提高管理效率、增强数据处理能力、提升管理会计报告质量等方面发挥着至关重要的作用。传统的管理会计报告生成路径存在明显的局限性：数据需从企业会计核算系统提取，经管理会计系统处理、分析后生成报告。此过程依赖于财务会计核算结果，缺乏主动性和灵活性。进一步地，由于财务数据本身的局限性，如规则导向下的片面性、虚假性和滞后性，导致会计管理报告的生成受限，影响报告质量和价值。

财务共享系统通过建立经营核算报告中心为企业提供了一个全面、完整、实时、可靠的业务和财务数据中枢。该中心不仅作为数据的集成和处理核心，还实现了企业前台与后台、内部与外部的实时数据交互和分析。企业可以根据需求从财务共享系统中提取数据，实现多口径管理的全方位、多维度数据整合和提取。通过运用实时数据模型，企业能够输出数据生成管理明细账目，形成管理会计账簿，为管理会计报告中心提供生成报告的基础性材料。这种数据整合和提取方式不仅能更准确地满足不同用户的需求，还能形成清晰直观的个性化管理报告。同时，数据在经过核算报告中心的多重检验和核算后，能够在面对经营数据时快速进行反馈和监管，辅助业务人员和管理人员在工作和运营中做出更有效的决策。

五、业务融合数据中心

相较于传统财务共享中心，现代财务共享中心的职能范围已经扩展，它们不仅要收集和积累财务数据，还需要整合大量的业务数据。这些数据的积累和整合为企业提供了全面的信息支持，有助于企业更有效地做出经营和管理决策。财务共享中心通过存储、集成处理、建模及分析这些数据，并将其与财务共享系统进行深度融合，形成了一个强大的业财融合数据中心。这个中心不仅集成了内部的业务和财务数据，还能够处理和加工外部的大数据，为企业提供了实时、准确的数据服务。

正确地收集和分析企业相关数据对于企业未来的发展至关重要。越来越多的企业领导开始认识构建企业级数据中心、挖掘数据价值的重要性。然而，如果企业仅为了提供数据支持而大量配置数据分析人员，可能会带来不利影响。这种做法不仅消耗大量时间、人力和物力，还可能影响数据分析的效率和质量，从而限制企业的整体发展。

财务共享中心在企业中拥有天然的数据优势。它能够从企业集团及其下属企业的各项财务和业务信息中提取高价值、高标准化的数据。这些数据包含了企业日常运营和管理的关键信息，对企业的发展具有重要意义。财务共享中心的数据服务能力构建是一个全方位、多维度的工程。这不仅需要财务共享中心建立相应的数据中心平台，落实数据标准化工作，还需要建立完善的数字治理体系和数据资产管理体系。此外，还需要培养和提升财务人员的综合能力，尤其是在财务、业务和数字技术方面的综合能力。为此，企业可能需要引进一批擅长使用专业数据挖掘工具、构建各类深度分析应用模型的数据算法工程师。

随着科技的进步，企业的会计核算工作逐渐转移到企业的业务人员和财务机器人手中，财务人员的工作内容也随之发生了变化。科技进步带来的不仅是业财融合，也是人机协同共生。如果企业能够合理利用智能机器人和财务人员各自的优势，通过双方的合作完成日益复杂的工作，将极大提升企业的运营效率。然而，如果企业不顾成本和实际情况，过度依赖机器人而忽视财务人员的作用，从长远来看，可能会对企业的发展产生不利影响。

财务共享中心的建设是一个有方法论支撑、有规律可循的系统工程。它为企业的发展提供了方向性指导，帮助企业避免走不必要的弯路。在企业整个财务数字化建设以及企业数字化转型中，财务共享中心都占据着举足轻重的地位。同时，数字技术的发展使企业逐步进入在线化、数字化、智能化的发展阶段。数字技术在整个数字化、智能化进程中扮演着至关重要的角色。数字技术的应用不仅能够提高企业的运营效率、降低成本，还对企业商业模式的变革起到了关键作用。在企业数字化转型的过程中，财务转型离不开财务共享中心所积累的价值型数据和智能技术的支持。

第三节　数字化自组织式管理

一、结构特征

在当今数字化时代，企业面临着复杂多变的市场环境，这要求它们不断增强自我调节、适应及修复能力，而实现这些能力的构建，需要企业在结构和创新方面做出根本性的变革。在此背景下，自组织化管理作为一种新型管理模式，日益受到企业管理者的重视。尽管自组织管理尚未形成完整的理论体系，但已在多家企业的实践中得到应用，如海尔的员工创客、百度的小团队制、华为的三人战斗小组等，这些实例均为自组织管理提供了有益的探索。

自组织式管理理论的实践规律表明，通过对非线性变量规律的感知和创造突破点，企业可以在复杂多变的市场环境中明确其发展方向，创造有序的新结构，实现创新突破。普利戈金在研究耗散结构理论后提出了自组织的概念。耗散结构理论认为，所有的生命体和组织体都是开放的系统，处于不平衡状态，并不断与外界进行能量交换。在这个过程中，一些非线性变量可能会发生突变，待能量积累到一定程度后，可能引发质变，使组织从无序转向有序，从而形成一个稳定的有序结构。

自组织是指在内部、不确定性、非线性变量的影响下，组织通过与外界的能量交换不断对自身结构进行调整，从无序走向有序的过程。协同管理理论深入研究了自组织的相关理念，认为自组织有序化的过程不仅受某一变量的影响，更受组织内各成员、各要素非线性交互关系的影响。组织内的各成员和各要素在交互过程中能找到一种协同价值，一旦发生协同，组织便能迅速实现有序化。

因此，无论是耗散结构理论还是系统结构理论，都深入研究了组织有序化的方法，并对组织内部的秩序、结构、规则进行了重构，从而显著提升了组织的内在活力、效率和协同价值，使组织能够更有效地应对外界环境的变化。

当前，企业组织正处于一个以创新和颠覆为特征的混沌时代，这个时代充满了不确定性。为了适应外部环境的变化，企业必须提升自身的调节、适应和修复能力，即所谓的"迭代"。通过迭代，组织从无序变得有序，在这一过程中不断被颠覆、重构、修复、完善，从而构建一个新秩序。

企业组织的这一转变，既是对外界环境变化的应对策略，也是应对知识型员工管理需求的有效方法。为了激发员工的价值创造活力、自主经营能力和组织活力，企业必须转变传统的垂直控制型管理模式，采用更开放和权威性较低的领导方式，这一切都需要组织进行结构性的创新。

二、自组织管理的含义与特点

自组织管理的三个核心点为共创、共享、共治。

共创，即共同创新，强调组织内部成员间的合作与创意交流，激励每位成员积极参与到组织的创新过程中，共同解决问题，开发新产品或服务，从而推动组织的整体创新能力。共享则涉及知识、资源和信息在组织内部的无障碍流动，确保所有成员都能访问到必要的信息，从而提高决策的效率和质量。共治指的是组织内部的民主管理和决策过程，鼓励所有成员参与重要的决策制定中，增强组织的透明度和成员的归属感。

在自组织管理体系中，这三个要素相辅相成，共同促进组织的可持续发展。通过共创，组织能够不断适应市场变化，保持竞争力；通过共享，组织能够优化资源配置，提高运营效率；通过共治，组织能够提升员工满意度，增强内部凝聚力。这种管理模式尤其适合那些追求快速创新和灵活应对市场变化的企业，能够帮助企业有效应对当下多变的市场环境和复杂的业务挑战。

自组织化管理作为一种新型管理模式，对于企业而言，尤其是在数字化时代背景下，意味着必须具备愿景和目标的共享。自组织的实践表明，它不是长远的规划，而是一种指向性的方向和状态。换言之，自组织的战略目标并不明确，它关注的是发展方向，并在此方向的引导下进入战略状态。

自组织控制手段的特点在于其分布式和多中心性，企业在构建自组织后，实现了去权威化、去中心化。在这样的环境下，几乎每个人都有可能成为组织的中心，即CEO。然而，去中心化并不意味着完全没有中心，而是对原有的中央集权中心进行变革，发展出多个控制中心。

在自组织结构下，企业权威是自下而上的，它源于流程和专家。自组织管理模式下的组织权威可以分为行政命令权威、流程权威和专家权威三种类型。这种权威体系的构建，意味着企业过去自上而下的行政命令权威已不复存在，转而构建了一个多元化的权威体系。

自组织的角色分工不明显，许多角色都是自动生成的，员工需要扮演多种角色，承担多项任务，因此必须具备多重技能。这种多变性要求员工具有组织协调能力以及操作技能，以适应不同情况下的多种角色。

自组织还拥有一个高度信任的授权体系，在这种体系下每位员工都能获得高度授权，从而对自己负责的事项全权负责，自主追求协同，自动创造价值。

自组织的结构呈现为一种网状结构，而不是传统的矩阵式或直线式结构，在这个结构中任何一个变量都可能引发颠覆式创新。腾讯公司的微信就是这样一个引爆点，它引发了一种全新的商业模式。

自组织还追求共享利益，认为利益分享是一种最佳的自组织管控方式，而信任与授权是最主要的压力来源，自组织也能实现自我变革与学习，这是其不变的主题。

传统企业在开展自组织变革时，必须明白自组织不等同于无组织。自组织有其自发形成的秩序，它会经历从无序到有序的过程，最终提升组织效率，激发员工活力，产生协同价值。自组织的终极目标和最终追求并没有改变，变化的只是组织的内部形态、运行机制和控制方式。

为了有效地实现自组织化管理，传统企业应该重视以下两点：首先明确自组织是一种有秩序的组织形态，其秩序是自发形成的，目的是提升组织效率和激发员工活力，实现协同价值的产生。其次自组织管理不等同于放弃控制，而是采取更加灵活和具有适应性的控制方式，以适应快速变化的环境和管理知识型员工的需求。通过这种管理方式的应用，组织能够更有效地应对外界环境的变化，实现企业稳定和可持续的发展。

三、自组织管理结构设计原则

自组织架构的设计在应对复杂多变的市场环境时显得尤为关键，它要求组织及时采取有效的变革措施。这种变革不仅体现在日常运行中，还体现在需要通过组织设计原则来实现。自组织架构设计遵循以下几个核心原则。

（一）目标任务导向原则

自组织团队虽然具有永久性，但大多数是临时性质，随着目标任务的变化而变化。自组织团队的创建和解散具有很大的灵活性，这意味着它们能够迅速响应外部环境的变化,并及时调整以完成任务。

(二)以核心能力为中心的原则

现代经营理论强调在核心能力基础上确立竞争优势,组织设计应遵循这一原则。组织结构应帮助组织更好地获取核心能力,让这些能力在竞争中得到有效发挥。

(三)知识价值最大化原则

在知识成为组织运作关键资源的背景下,组织设计必须充分考虑知识价值的实现,尽最大可能发挥知识的潜能。自组织团队应在遵循此原则的基础上开展组织设计。

(四)可塑性原则

传统组织结构过于稳定,缺乏可塑性。面对不断变化的外部环境,组织必须对战略进行实时调整。麻省理工学院斯隆商学院的杰伊·加尔布雷思提出了设计灵活应变的组织的观点,强调组织结构应能够随企业发展战略的变化进行灵活调整。

(五)自主管理原则

团队成员的计划、决策、协调都应自主进行。自主管理比民主管理的层次更高,它倡导成员共享领导权,不仅可以激发员工的工作热情和积极性,还可以提升组织的灵活性。

尽管自组织团队倡导自主管理,但这并不意味着组织成员可以任意行事。自组织团队的成员同样要接受共同发展目标与愿景的指导,这是真正实现自主管理的前提。只有这样,团队才能有效地实现企业发展目标,而不是变成一盘散沙。

自组织架构的设计必须遵循以上原则,以确保在复杂多变的市场环境中保持竞争力和适应力。这些原则对于传统企业在自组织变革中的实践具有重要指导意义,有助于企业更好地发挥自组织管理的作用,实现自主管理,激发组织活力,并产生协同价值。

第四节 数字化管理新模式与新机制

目标管理法（management by objectives, MBO）和目标与关键结果法（objectives and key results, OKR）作为两种极具影响力的管理方法,在商业界已有广泛的应用和讨论。这两种方法在推动企业目标的达成和团队效能的提升方面各有其独特优势和适用场景。

MBO的概念由彼得·德鲁克在20世纪50年代提出。MBO强调目标的设定和实现,其核心是通过明确的目标设定、持续的跟踪和定期的评估,来提高组织和个人的绩效。在MBO体系中,目标的设定通常是自上而下的过程,管理层设定目标后下达给员工,员工则根据这些目标执行具体工作。MBO的应用帮助企业明确工作重点,确保员工的工作目标与组织的整体目标一致。例如,IBM作为一家历史悠久的科技企业,通过MBO方法来管理团队,有效地实现了公司的长远战略和日常运营目标。

相比之下,OKR是一种更为灵活和透明的目标设定和跟踪方法,最早由英特尔创始人安迪·格鲁夫提出,近年来在硅谷得到了广泛应用。OKR注重目标的设定和关键结果的追踪,其特点是鼓励设定雄心勃勃的目标,并通过一系列量化的关键结果来衡量进展。与MBO相比,OKR更强调目标的透明性和团队的参与度,目标设定过程往往是自下而上和自上而下相结合的,这样不仅能够确保团队成员对目标产生更深的认知,也能够激发员工的积极性和创造性。例如,谷歌和Facebook等创新型企业通过OKR体系推动创新和提升效率,使得公司能够快速适应市场变化,并在激烈的竞争中保持领先地位。

一、MBO管理法

目标管理法（MBO）是一种广泛应用于组织管理的模式，其核心在于设定清晰的目标和基于这些目标的绩效评估。MBO的实施过程中，企业会遇到一系列挑战和问题，这些问题不仅关乎管理实践的有效性，还影响着组织的整体绩效和员工的工作满意度。

MBO模式在许多企业的实践中表现出了其独特的特点和面临的挑战。MBO强调上下级之间的目标一致性，通过设定明确的目标以及衡量这些目标的关键结果，来推动组织向预定方向发展。然而，这一过程中往往存在目标沟通不足的问题，尤其在创新型企业中，目标的设定和实现需要跨部门协作和资源投入，而传统的MBO模式可能无法有效应对这些挑战。

由于MBO强调结果导向，实践中常出现最终结果与预期目标相去甚远的情况。这往往源于上下级之间缺乏及时的沟通和反馈，从而导致问题的滞后发现和处理。此外，MBO体系下的"乡愿心理"也是一个普遍问题，即主管为避免影响下属利益而放宽考核标准，这种做法虽然在短期内可能维护了团队和谐，但从长期来看会损害目标管理的严肃性和效果。

MBO体系下常见的"各人自扫门前雪"现象，即员工只关注与自己KPI相关的任务，忽视了团队合作和组织整体利益。这种现象导致了团队合作精神的缺失，甚至可能导致团队成员间的矛盾和冲突出现。

MBO模式下还可能出现个人KPI满分而公司或团队整体表现不佳的情况。这反映出个人目标与组织目标之间的不一致性，表明需要在目标设定和评估过程中更加注重整体视角和团队协作。

二、OKR管理法

OKR（objectives and key results）方法作为一种高效的组织管理工具，其实际操作可以分为三个关键阶段：制定目标、贯彻执行以及相互支持。每个阶段都有其独特的操作原则和实践要求，这些原则和要求共同构成了OKR成功实施的核心。

1.制定目标

在OKR框架下，目标的设定是一个集体的、协作性的过程。它不仅是上级对下级的单向指派，更需要团队成员共同参与讨论和决策。这些目标应当具有挑战性，以激发团队的积极性和创造力，同时需具备可衡量性，以便于在后期对成果进行评估。更重要的是，这些目标需要与组织的总体战略目标紧密相连，确保每一级别的OKR都能支持和推进上一层级的战略目标。这种层级性保证了从组织最高层到基层员工的目标一致性和连贯性。

2.贯彻执行

在OKR体系中，执行阶段强调目标的持续跟进和实时调整。与MBO或KPI系统不同，OKR更加强调目标实施过程中的动态管理。团队需要定期回顾目标进展，及时调整策略和行动计划，确保它们始终聚焦于最重要的任务和结果。这种持续的关注和调整有助于团队及时应对环境变化，保持目标实现的灵活性和适应性。

3.相互支持

OKR方法强调团队成员之间的相互支持和协作。在OKR体系中，沟通不仅是信息交流的工具，更是团队协作和共同进步的重要手段。通过频繁的交流，团队成员可以共享信息、协调资源、相互学习，并在必要时提供支持。这种互助协作精神有助于打造一种积极向上、团结协作的团队文化，从而提高整个组织的执行力和创新能力。

OKR方法自英特尔创立后，就被众多高速增长的创新企业采用，并成为它们实现目标的重要工具。与MBO相比，OKR在管理方式、适用环境和目标设定等方面表现出显著差异。

（1）OKR与MBO适用的企业类型有所不同。MBO更适合于运营稳定、业务成熟的企业，它强调通过设定具体的目标，让员工自主完成，从而实现企业的整体目标。这一模式在变化不大的传统行业中效果显著。然而，在快速变化和创新驱动的行业中，MBO可能无法有效应对环境变化和市场挑战。与之相对，OKR更适用于需要快速响应市场变化、高速成长的企业。OKR强调目标与结果的不断盘点和修正，与动态环境相匹配，有助于企业灵活调整战略，迅速应对市场挑战。

（2）两种模式在团队协作和绩效管理方面的侧重点不同。MBO侧重于个人绩效管理，每个员工都有自己的目标和评估标准，然而这可能导致对团队协作和整体目标的忽视。相反，OKR更强调团队协作和整体目标的实现。它鼓励团队成员共同面对挑战，协助彼此调整步伐，实现共同的目标。

（3）MBO和OKR在目标设定上有显著区别。MBO的目标通常是具体、可量化的指标，如销售额、完成率等。而OKR中的目标则是更抽象、概念性的指标，旨在激发团队的潜力和创造力。每个目标下的关键结果则是对目标的具体化，从多个维度描述和衡量目标的实现程度。

第五节　典型案例分析

案例：海尔人力资源管理转型分析

自1984年起步，海尔集团在全球家电领域中逐步成为领先品牌，其发展历程见证了一系列深刻且连续的战略演变。海尔不单单在过去的三十余年中历经诸如名牌战略、多元化战略、国际化战略、全球化品牌战略和网络化战略等关键发展阶段，而且自2013年海尔开始积极构建以"互联互通新生态，共创共赢新平台"为核心的商业模式，标志着其商业模式从传统企业模式向平台型组织的显著转型。

在海尔的转型之路上用户需求始终被放在首位，随着对市场变化的不断创新，海尔特别创建了以灵活性和创新性为显著特点的平台型小微创业团队，旨在生态系统中实现多方共赢。这种模式鼓励员工以创业者和合伙人的身份，自主组成高效团队，实现自我驱动与管理，以此提升决策速度和运作效率。

海尔的组织结构改革同样引人注目，它实现了从传统的层级制向更为开放、网络化的平台型组织的转变。这种改变不仅是内部结构的重塑，更是跨越企业界限，整合全球资源，构建一个开放合作的商业生态系统的战略布局。

（一）人力资源管理模式创新

海尔集团在其网络化战略阶段对人力资源管理进行了一系列创新性改革，这些改革以五大核心平台为基础，目的在于全面转型组织结构和人力资源的价值创造及角色定位。

首先是共享平台、人才吸引平台、创客孵化平台、业务支持平台和资源创新平台这五大人力资源管理平台的设立。这些平台协同工作，为从初创到成熟阶段小微团队提供全方位支持，从而在海尔内部使人力资源管理成为推动创新和发展的核心力量。

关于组织结构的创新，海尔打破了传统的职位科层制度，转而建立了基于"小微"团队的组织生态圈。这些自发组成的团队拥有独立经营权，员工与组织的关系转变为共创共治的合伙人关系。

在人才管理方面，海尔创立了自组织、动态化的人才体系。通过开放的人才吸引平台，海尔能够根据市场需求和企业战略动态配置人才。员工还可以通过竞单上岗方式，自主申报并竞争项目，实现外部资源与内部员工的有效整合。

在薪酬制度层面，海尔构建了以用户为导向的创新绩效和薪酬激励机制，薪酬制度从传统的按职位付薪制度转变为与市场价值相关的对薪酬分享激励制度。同时，绩效考核采用基于用户满意度的二维点阵模式，更加重视客户反馈和市场表现。

（二）自组织转型过程

在2012年至2015年，海尔集团的人力资源管理模式经历了一场深刻的转型，由传统商业模式演变为更为先进的数字化人单合一模式。这一变革与海尔的网络化组织结构紧密相连，其核心特点为自我驱动和全员共治，其过程体现出去中心化、自主推动、集体参与和逐步实施的明显特征。

在转型的初期，海尔集团的第一步是打破传统的权威体系，转向自下而上的决策机制。从2012年开始，海尔的人力资源部门废除了传统的职务称谓，以消除层级权力运作模式的影响，此举标志着海尔的人力资源管理模式变革转向通过团队合作提供综合的人力资源服务和解决方案的新阶段。

海尔的人力资源变革也让"人力资源接口人"这一角色进入了公众的视野。这些接口人负责与小微团队的直接对接，为他们提供必要的支持服务。他们的工作方式灵活，根据小微团队的发展动态进行自主工作，探索适合小微团队的人才制度。在这一过程中，所有人力资源制度和策略都以创造价值为核心，通过小微团队的创新实践来积累经验，逐步深化并进行动态调整。

海尔的这种人力资源管理转型体现了自组织、自下而上的特征，这一转型并非一次性完成，而是一个持续的过程，需要不断地根据小微团队的实际需求和市场环境变化进行调整和优化。在实践中，海尔逐渐建立起一套有效的机制，以支持和促进小微团队的成长和发展。

在具体实施过程中，海尔的五大人力资源管理平台不仅提供了小微团队所需的资源和支持，还促进了跨部门和跨团队的协作和交流。共享平台提供了基础设施和服务，而人才吸引平台则负责吸引和保留人才，创客孵化平台专注于培养创新能力，业务支持平台提供日常运营支持，资源创新平台则致力于发展新的人力资源管理方法和工具。

海尔的人力资源管理转型是对企业传统管理模式的一次深刻反思和革新。通过这一变革，海尔不仅提高了组织效率，还提升了员工的主动性和创新能力。另外，这一转型不仅为海尔带来了新的发展机遇，也为其他企业提供了宝贵的参考和启示。

1."人人都是CEO"

"人人都是CEO"是海尔在数字化转型过程中所提出的一个颠覆性理

念,这一理念的核心在于激发每位员工的自主创新和自我驱动能力,它的推行标志着对员工潜能激发和能力开发的重大转变。基于这一理念,海尔在同年下半年进一步推出了"小微"项目团队的概念,彻底改变了其组织结构和运作方式。

"小微"团队的成立源于海尔内部的一种创新动力。这些团队专为满足特定客户群体的需求而设立,致力于提供创新、个性化、多样化的产品和服务。每个小微团队与海尔平台签订合作协议,依靠平台提供的资源和服务进行项目孵化和发展。

这些团队通过深入了解和交流用户需求,专注于解决特定用户群体的独特需求和痛点。这种深度客户互动不仅帮助小微团队准确把握市场动态和用户诉求,还激发了团队成员的创新思维,促进了新产品的孵化和发展。例如,免清洗洗衣机和长颈鹿冰箱等小微项目,正是在与用户的深度互动中发现了市场空缺和用户需求,从而开发出符合市场需求的创新产品。这些产品一经推出,便迅速在市场上畅销,体现了海尔对市场趋势的敏锐洞察和快速响应能力。

一些小微团队甚至发展到足以成立独立公司的程度,比如雷神笔记本电脑最初作为一个小微团队的项目启动,最终发展成为一家独立运营的成功企业。这不仅体现了小微团队的创新和自主能力,也展示了海尔在培育和支持内部创业精神方面取得的成就。

2.以需求带动管理策略的改革

在2014年的小微生态圈发展过程中,海尔在这一时期实施了一系列创新的人力资源管理策略,其中包括用户付薪制、对赌薪酬制,以及无边界团队和官兵互选机制等新型管理措施。这些改革不仅是对小微团队孵化实践持续探索和总结的结果,也体现了海尔对小微团队创新需求的适应性改革。

海尔在这一阶段的策略可以概括为两个主要方面。首先,海尔专注于挑选并深入分析成功的典型案例,或者称为"做透样板",通过对这些成功案例的分析,海尔厘清了各角色之间的关系和协作机制,将最佳实践形式化、程序化,并通过信息系统加以固化。其次,基于这些案例,海尔总结出小微团队成功的管理经验,形成了一套具有指导意义的实践模式。

以"智胜小微"为例,海尔在人力资源管理方面进行了创新性的探索。在初期,海尔为智胜小微制定了独立的核算机制,并建立了基于绩效的薪酬体系。随着小微团队的快速成长,海尔推出了横向的内部市场交易机制,确保了与智胜小微相关的研发、生产、市场和职能支持等各环节的有效协作。同时,为了适应小微团队对产品不断迭代的需求,海尔开始探索建立开放式无边界团队,并将外部资源接入其中。这一过程逐步形成了HR资源创新平台,为小微团队提供了个性化的创业支持和服务。

3.累计量变,完成管理模式的质变

海尔集团在人力资源管理方面的一系列实践和探索,最终促成了平台模式的完善与成熟。仍旧以智胜小微团队为例,海尔集团不仅清晰地界定了小微团队的运作方式和价值创造过程,还构建了一套有效的员工价值创造支持机制。海尔将这些成功的经验和方法转化为标准化的操作模板并广泛推广到其他小微团队,为了优化管理效果,海尔特别制定了无边界团队的建立方案、绩效考核指标、团队成员优化配置方法等管理制度,并在实际运作中不断地进行调整和优化。

通过团队间的互动学习,局部的变革逐渐积累并推动了人力资源管理职能结构和战略的整体转型,海尔通过定期的经验分享会议和内部交流平台,如《海尔人》杂志,不仅分享了成功的案例,还将这些案例作为标杆供其他团队学习。这种团队间的大规模学习和信息共享,使得小微团队的运行模式日益成熟和高效。

随着这些实践的持续进行,海尔逐步形成了一套具有独特特色的人力资源管理体系,这其中包括二维点阵工具和对赌薪酬制度等创新元素。到了2015年,海尔人力资源管理的五大平台模式已基本成型,形成了被广泛认可的SHARP人力资源管理模型。这些平台通过协同合作,共同支撑着前台的小微团队,有效地解决了传统职能部门响应缓慢的问题,显著提升了人力资源管理的效能。同时，这种模式强力支持了海尔的开放创新战略，为公司的快速发展和市场竞争力提供了坚实的人力资源支持。

4.紧跟需求，持续更新迭代

海尔的人力资源管理（HRM）策略和方法在自组织平台下的不断演化，从三支柱模型向五大平台SHARP模型的转型过程中展现了其在管理策略上的灵活性和适应性。这种转型不仅与企业自组织式运行的内在需求高度契合，而且体现了去中心化、自适应、自协调的特点。

海尔特别重视对小微团队的细致观察和分析，以此为基础制定和调整管理措施及支持策略。针对不同小微团队的特性和需求，海尔的人力资源接口人密切关注并采取定制化的管理方法。这包括为各团队设计特定的对赌薪酬方案、制订与团队成员能力水平相匹配的培训计划，以及根据成员的不同文化背景采用差异化的沟通和激励手段。

这些创新的人力资源管理技术和方法在实践中得到不断发展和共享，推动了SHARP人力资源管理模式的持续自组织演化。这些局部、试验性的管理措施在实践中逐渐取得成功，被总结和推广，并不断进行调整和改进，这一过程最终促进了整体人力资源管理角色和模式的成功转型。

海尔变革的动力源于企业内部基层的需求和外部用户的个性化需求，基层小微团队通过与用户的频繁互动，不仅精确把握了用户需求，还激发了自我创新和自主创业的动力。为了满足这些需求，人力资源管理制度、策略和方法进行了相应的改进，以支持小微团队的持续成长和发展。

通过转型，海尔不仅提高了内部运作的效率和灵活性，还为快速响应市场变化和用户需求提供了有力保障。海尔人力资源管理的转型是其自组织转型的一部分，为整体组织变革提供了强大的支撑，展现了企业管理策略和方法的持续更新和迭代。

第六章 企业数字化转型的品牌重构

第一节 数字化品牌新方向

一、数字化品牌推广新思维

中国的数字经济发展迅猛不仅重塑了传统的社会生产生活方式,更成为国民经济的重要组成部分和发展新动力。数字经济通过利用数字技术与传统应用和服务的连接融合,推动了后者的变革、转型和升级,从而实现了新兴技术与传统企业的对接、匹配、互补和融合,有效提高了企业的整体效能。这一变化不仅对国民经济的发展和传统产业模式带来巨大冲击,也对人们的日常生活方式产生了深远影响,同时为企业品牌传播推广提供了新的思路和更广阔的想象空间。

在数字化时代,品牌推广成为企业获得消费者认同的重中之重。它涉及一系列营销推广活动和过程,旨在塑造和维护良好的企业或品牌形象,提高品牌影响力,并提升产品销量。品牌推广是品牌建设的重要环节,如果没有品牌推广的有力支撑,即使企业的产品或品牌创意再好,也无法吸引众多消费者的注意,自然也就无法创建具有高知名度和美誉度的强势品牌。传统的品牌推广主要依靠电视、报纸、杂志、户外广告等媒介载体进行广告推送、讲述品牌故事以及开展品牌公关活动。然而,多元化的数字化媒体为品牌推广提供了更丰富的形式和内容。依托互联网的发展,微博、微信、搜索引擎、微电影、电子杂志等成为品牌推广的新途径,信息载体和传播渠道也从传统媒介扩展至网络、智能手机、移动媒介(如车载移动多媒体)等多种渠道。

在内容方面，数字化时代的品牌推广内容不再局限于单一的文字、图片或视频，而是融合了文字、图片、音频、视频等多种内容形式，甚至将多种内容产品整合起来共同完成一次品牌推广活动，以获取协同传播效益。这种全面融合的传播方式不仅增强了品牌信息的传递效率，也提升了用户的互动体验，使品牌信息更加生动、有趣和有吸引力。数字化技术对传统品牌推广的冲击是根本性的，它要求企业营销管理人员改变以往的品牌推广思维、模式和方法，以适应数字化时代的新需求。这包括利用数据分析来更好地了解目标消费者、使用社交媒体进行互动营销、开发移动应用程序来增强用户体验、利用增强现实和虚拟现实技术来创造独特的品牌体验等。

品牌推广所衍生出的新思维如图6-1所示。

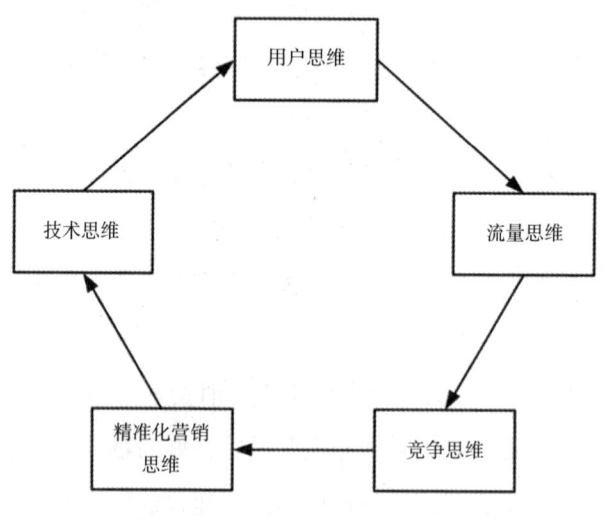

图6-1 数字化品牌推广新思维

（一）用户思维

信息的高度透明性和快速传播特性根本性地改变了市场结构，特别是在品牌推广方面的影响尤为明显。过去由于信息的不透明和不对称，市场往往由厂商主导。然而随着互联网和数字化媒体的兴起，用户获取信息的渠道和速度明显增加，从而使用户逐渐成为市场的主导者。这一转变意味着企业在进行品牌推广时必须树立用户思维，将用户的需求和偏好置于核心位置。

在这个背景下，企业在进行品牌塑造和推广时应充分考虑两个关键问题：一是品牌的目标用户是谁，二是这些用户的消费理念、行为习惯和需求痛点是什么。对于第一个问题，企业需要通过市场调研、数据分析等方式精确识别和了解其目标受众。这涉及用户的年龄、性别、地理位置、收入水平、教育背景、兴趣爱好等多个维度。通过深入分析了解目标用户群体的特征，企业可以更精准地定位其品牌推广的方向和内容。对于第二个问题，企业需深入探究目标用户的消费理念、行为习惯和需求痛点。这要求企业不仅要了解用户的表面需求，更要挖掘其深层次的需求和动机。例如，对于年轻消费者而言，他们可能更加注重产品的个性化和创新性；对于高收入群体而言，他们则可能更关注品牌的品质和价值。通过对用户消费理念的深入理解，企业可以设计出更符合用户期待的品牌形象和推广策略。同样，了解用户的行为习惯可以帮助企业选择更有效的推广渠道和方法，而对需求痛点的深入洞察则能够帮助企业在推广中更准确地触及用户的内心，从而产生共鸣。

（二）流量思维

现如今，流量成为品牌推广的重要资源，品牌推广内容的成功与否在很大程度上取决于是否能够有效地传递到目标群体。因此，企业营销管理人员必须具备流量思维，这意味着他们需要深入了解目标用户的注意力主要集中在哪些平台和渠道。这些平台可能包括社交媒体（如微博、微信、QQ空间）、短视频平台（如抖音）、企业官网、新闻资讯平台等。流量思维的核心在于明确目标受众获取信息的主要渠道，以及哪些平台渠道对于品牌推广来说最为有效。

如果一个品牌的目标用户群体主要是白领，那么在品牌推广时应更多地利用微信公众号、微博平台等渠道进行传播。这是因为白领群体通常使用这些平台来获取信息和娱乐。而对于以高校学生为目标用户的品牌来说，可能需要更多地依靠百度贴吧、社交平台等渠道进行推广。因为这些平台更符合高校学生的使用习惯，也更容易让品牌推广内容触及他们。

在进行流量思维的策略规划时，还需要考虑不同平台的特性和用户行为。社交媒体平台通常适合快速传播和互动性强的内容，而官网和新闻资讯平台则可能更适合深度、权威的内容发布。短视频平台由于其娱乐性和视觉冲击力，适合发布吸引眼球的创意广告和短视频内容。了解这些平台的特点和用户偏好，对于制定有效的品牌推广策略至关重要。

流量思维也要求企业能够灵活调整品牌推广策略。随着市场和技术的不断变化，用户的行为和偏好也在不断变化。企业需要持续关注这些变化，并根据变化调整其品牌推广策略。这不仅包括选择合适的平台和渠道，也包括内容形式、发布时间、互动方式等的优化。

（三）竞争思维

品牌竞争的白热化态势对营销管理人员提出了更高的要求，其中一个重要方面就是培养和加强竞争思维。竞争思维不仅涉及对市场环境的敏锐洞察，还包括对竞争对手动态的持续关注以及对品牌策略的不断优化和调整。在这一背景下，营销管理人员必须具备居安思危的意识，这意味着即使在品牌处于领先地位时，也要保持警惕，时刻准备应对市场的变化和潜在挑战。

营销管理人员需要敏锐地感知市场的变化。这包括对市场趋势的洞察、消费者需求的变化、技术进步的影响等。现今市场变化的速度更快，消费者的偏好和行为模式也更加多变。对于竞争品牌的动向，营销管理人员也需保持高度的关注。这包括竞争对手的市场策略、产品创新、营销活动等，通过分析这些信息，营销管理人员可以更好地制定差异化的竞争策略，避免在激烈的市场竞争中处于被动地位。

根据品牌竞争需要灵活调整和优化品牌推广策略是获得竞争优势的重要手段。在不断变化的市场环境中，昨天成功的策略可能今天就过时了。营销管理人员必须不断评估和调整品牌推广策略，确保其与市场需求和趋势保持同步。这可能涉及推广渠道的调整、广告内容的创新、营销手段的变化等方面。对消费者数据的分析和利用有助于精准定位目标群体，制定更有效的推广策略。

构建强势品牌不仅仅是通过营销推广实现的，还需要通过产品和服务的不断创新来巩固。消费者对品牌的期望不断提高，对产品品质和服务水平的要求也在不断增加。营销管理人员需与产品开发和服务团队紧密合作，以确保品牌在市场上保持持续竞争力。这不仅包括对产品的持续改进和创新，还包括对消费者服务体验的不断提升。

（四）精准化营销思维

数字化时代的特点是信息和商品极其丰富，消费者面对海量的产品选择，往往感到困惑和疲倦，人们的购物时间和场景呈现出碎片化、移动化的趋势，这使得品牌越来越难以持久吸引和保持用户的注意力。在这样的市场环境下，企业需要转变传统的营销方式，采用精准化营销思维来进行品牌推广。

精准化营销的核心在于精确地定位目标受众，并围绕这些目标群体的需求痛点、习惯、偏好等进行品牌信息、产品或服务的推广。这要求企业通过市场研究和数据分析，深入了解目标用户的特征和需求。通过用户行为数据分析，企业可以发现目标用户的购物习惯、偏好的产品类型、常用的购物平台等信息，从而更精准地进行品牌推广。

为了实现精准化营销，企业需要运用各种数据分析工具和技术，比如大数据分析、人工智能算法、用户画像等。这些工具和技术可以帮助企业从大量数据中提取有价值的信息，更准确地预测用户的行为和需求。此外，企业还需要利用多渠道营销策略，根据目标用户的媒体消费习惯，在不同的数字平台上进行品牌推广。例如，对于年轻用户群体，可能需要更多地利用社交媒体和短视频平台进行推广；对于中老年用户群体，则可能需要通过传统媒体和线下活动来接触他们。

在精准化营销中，极致的产品和服务是吸引和保持用户注意力的关键。企业需要不断优化产品和服务，确保它们能够满足目标用户的具体需求。通过提供高质量、个性化的产品和服务，企业可以塑造良好的品牌形象，从而长久地吸引用户。同时，良好的用户体验是精准化营销的重要组成部分。企业需要在整个购物过程中提供优质的服务，包括便捷的购物流程、高效的客户服务、个性化的产品推荐等，以增强用户对品牌的好感和忠诚度。

（五）技术思维

创新技术和数据平台的运用不仅使企业能够显著提升品牌推广的精准性，并且赋予品牌推广活动可视化、数据化的特点。这些技术变革为营销管理人员在设计和制定品牌推广方案时提供了有效的依据。随着新媒体逐渐成为企业进行品牌推广的主要平台渠道，传统媒体广告逐渐遇冷，企业营销人员开始倾向于选择门槛较低、成本更低、覆盖范围更广的新媒体广告。

互联网平台、电视、移动终端推广平台已经成为企业营销人员进行品牌推广的主要选择。大数据技术的应用不仅使品牌推广活动的数据化、可视化成为可能，还可以帮助营销人员及时准确地把握市场需求和发展变化状况。这种数据驱动的方法不仅提高了品牌推广的效率，也增强了推广活动的针对性和有效性。例如，通过分析消费者行为数据，企业可以更准确地定位目标市场，设计更符合消费者偏好和需求的推广内容。

在日益激烈的市场竞争和海量的品牌推广信息中，营销人员面临着更高的设计、创意和制作要求。如何在众多品牌推广信息中脱颖而出，成为企业营销人员面临的一个重要挑战。这要求营销人员不仅要掌握技术和数据分析的技能，还要具备创新思维和创意设计能力。品牌推广方案需要创新和有吸引力的特色内容，这些内容不仅要使目标受众产生共鸣，还要能够在众多竞争品牌推广信息中突出显示，占据消费者心智。

数字化时代下的品牌推广不仅是吸引眼球的内容制作，更是一种全方位的品牌体验构建。这要求企业在品牌推广的每个环节中都体现出创新和差异化的特点，从产品设计、服务体验到广告宣传，每一环节都需要紧密结合企业的品牌理念和市场定位。这样的全方位品牌推广策略更有可能吸引并留住消费者，从而建立长期的品牌忠诚度。

二、消费者主导与品牌延伸

在营销领域，虽然艾尔·里斯和杰克·特劳特提出的"定位理论"受到广泛的认可，然而该理论对于品牌延伸的分析并不完全适用。事实上，许多企业通过品牌延伸取得了显著的发展成就。尽管品牌延伸战略在某些情况下未能成功，但与推出全新品牌相比品牌延伸通常具有更低的风险和难度。

定位论将品牌与产品等同视之是该理论分析品牌延伸时的一个局限性。事实上，品牌和产品之间存在着显著差异，这些差异化特征可以满足消费者的个性化需求。如果营销者能够通过感性层面提升消费者对品牌的认同度，那么便能为企业品牌的发展开辟更广阔的空间。

许多奢侈品牌成功地采用了品牌延伸策略，这些品牌的产品线通常包括多种类别，如服装、鞋履、丝巾、手袋、香水等，并在此基础上取得了卓越的业绩。这些成功的关键在于企业利用消费者对其品牌的感性认知，紧密把握消费者的情感需求，从而进行有效的品牌延伸。这一实践证明，企业可以通过关注消费者的感性层面，不断拓展品牌相关的产品范围，从而实现品牌的多元化发展。

在探讨品牌延伸的当下，重点不仅在于是否应当进行品牌延伸，而是要深入理解互联网时代品牌延伸的新特征和新技术。企业经营者需要正确把握新时代的品牌边界，并且充分利用技术来推动品牌的发展。回顾定位理论的提出背景，它诞生于20世纪70年代，当时的主流推广媒介是电视和平面媒体。在那个时代，通过媒体发布信息需要投入大量资金，且受限于播出时间和篇幅，能够全面深入获取信息内容的消费者相对较少。但是许多当时形成的营销技巧和策略，至今仍在使用。

媒体不仅对企业的信息传播产生影响，也在品牌塑造与发展中扮演着重要角色。艾尔·里斯当时认为，公关和广告是对企业品牌发展影响最大的两个因素，这一观点与当时的媒体特征紧密相关。在那个时代，企业通过公关利用热点事件吸引人们的注意，提高品牌及产品的关注度，为拓展市场奠定基础。

传统营销模式，如定位理论和USP理论（Unique Selling Proposition，创意理论），都强调快速提升品牌的辨识度，抢占消费者心智或展示产品的独特优势。与争做行业最优相比，定位理论更强调企业应争取成为第一，以时间优势占据市场。在传统媒体时代由于消费者的信息获取渠道有限，率先进入他们视野的品牌更易获得青睐。互联网时代的信息传播方式与传统媒体时代截然不同。网络平台使消费者能够查询更多关于品牌和产品的信息，并在做出消费决策时参考这些信息。在传统媒体时代消费者获取品牌信息的渠道较为有限，所以他们通常会根据外在形象对产品进行整体评估；而移动通信技术的发展则使消费者可以根据产品的细节进行综合评估。

对现代企业而言，重要的是理解并适应互联网时代信息传播的新特点，采用创新的方法和技术进行品牌推广。这不仅包括利用网络平台进行更广泛的信息传播，也包括利用移动通信技术为消费者提供更丰富的品牌体验和产品信息，以满足他们更细致、更个性化的需求。现代消费者越来越倾向于通过详细的描述来评估产品。在传统媒体时代企业主要通过电视广告或海报来宣传产品，但在互联网时代，企业需要在网络平台上提供产品及品牌的细致信息，并通过文字、图片等多种形式展现这些信息。电商平台淘宝鼓励商家重视产品详情页的设计，以向消费者提供全面的产品信息，采用与过去不同的营销方式来吸引对产品感兴趣或有需求的消费者，促使他们全面深入地了解产品，并最终成为忠实用户。

在互联网时代，相比于传统媒体时代新领域品牌或产品给消费者留下深刻印象的情形，产品的出色表现更易使企业在同行业竞争中占据优势地位。消费者在对某产品产生需求后，通常会对比不同商家、不同品牌的同类产品，而后选择性价比最高的产品。因此，互联网普遍应用的当下，企业为迎合消费者需求，会推出性价比高的产品或服务，打造热门单品。但这种模式通常需要企业投入大量成本。

为了适应这种市场环境，许多品牌选择进行品类拓展。在新时代背景下，企业不能仅局限于某个细分市场，而应根据自身发展需求适当进行品类拓展。这种运营模式更符合当前消费者的购物习惯，可以帮助企业更好地适应市场变化，拓宽产品线和市场覆盖范围，同时增加了消费者选择的多样性。通过品类拓展，企业不仅能够满足消费者的现有需求，还能够预见并适应未来市场的趋势和变化，从而保持竞争优势。

三、互动传播与公关推广

在传统媒体主导的时代，消费者仅作为被动的信息接收者，从电视、报纸、杂志和户外广告等媒介中接收信息，但无法参与到信息的传播和推广过程中，也无法与企业进行有效的沟通和互动。这种单向的传播方式往往使品牌推广难以获得预期的效果。然而，随着微信、微博、SNS社区等新媒体平台的快速发展和普及，消费者的角色发生了根本性的变化，他们不再仅仅是被动的信息接收者，而是成为品牌内容的创造者和传播者。这种转变赋予了品牌推广明显的互动性特征。对品牌经营者来说及时回复消费者留言、解答疑虑、倾听心声，比单向的信息推送更容易获得消费者的认同和共鸣。这种持续而深入的互动沟通不仅增加了消费者与品牌经营者的互动交流，也有助于建立更牢固的情感连接和信任关系。品牌经营者可以通过这种方式更好地了解消费者的需求和期望，同时消费者也能更深入地理解品牌价值和理念。这种双向互动的沟通模式为品牌塑造提供了全新的路径，使品牌与消费者之间的关系更加紧密和个性化。

互动营销在这一时代背景下显得尤为重要，它通过吸引消费者的注意力和有效参与，利用企业与消费者、消费者与消费者之间的互动讨论，达到更广泛的品牌信息传播。在互动营销中，品牌信息的传播可能包含正面或负面的内容。因此，营销人员需要审慎地管理这些信息，以防止其对品牌形象产生不利影响。KOL（意见领袖）的作用不容忽视，他们对普通消费者的影响力极大。

营销人员应关注并维护与这些领域的KOL的关系,并通过他们来传播正面的品牌形象,从而获得口碑效益。

数字化时代要求企业不仅要在传统媒体上进行公关推广,还要在互联网平台上建立有效的公关体系。这包括利用社交媒体、博客、论坛等网络平台来进行品牌推广,以及通过这些平台监控和管理公众舆论。数字化时代的公关活动更加注重双向互动和参与,通过网络平台的广泛覆盖和高效互动,企业可以更有效地树立和维护良好的企业或品牌形象。以下是公关推广的具体创新方式。

(一)整合资源多渠道公关推广

由于互联网的发展,品牌推广已不再局限于传统的单一媒体渠道,而是拥有了更丰富多元的选择。营销人员现在面临的关键任务是准确识别品牌目标消费者在互联网上的活动轨迹,了解他们的媒体接触点,然后通过整合各种互联网资源,采用多媒体、多渠道、多样化的方式进行品牌推广,以实现最佳的公关推广效果。

整合互联网资源意味着营销人员需要将社交媒体、视频平台、博客、论坛、新闻网站以及其他相关的在线平台纳入品牌推广的考量范围。社交媒体平台,如微博、微信和Facebook,可以用于传播品牌故事、分享用户体验和直接与消费者互动;视频平台,如YouTube和Bilibili,适合发布品牌视频广告和教程;而专业论坛和博客则是分享深度内容和建立品牌专业形象的理想场所。

多渠道公关推广还意味着在不同的平台上采取不同的营销策略和内容。年轻用户可能更频繁地使用社交媒体和视频平台,而成熟的专业人士可能更多地依赖行业博客和新闻网站来获取信息。所以,根据目标群体的偏好和习惯,在不同平台上定制推广内容是至关重要的。这不仅包括内容的类型和形式,也包括推广信息的时机和频率。

在进行多渠道公关推广时,保持信息和品牌形象的一致性也同样重要。尽管品牌在不同平台上的表现形式可能不同,但其核心信息、品牌价值和风格应保持一致，以便消费者在不同渠道接触同一个品牌时能够感受连贯性和一致性。这有助于加强品牌识别度，构建和维护强大的品牌形象。

（二）建立企业高效的互动平台

企业在进行公关推广的同时，需要应对消费者对即时交流和反馈的需求，所以创新并构建一个便捷高效的互动交流平台变得尤为重要。这样的平台不仅可以帮助企业更好地达到公关推广目的，而且可以有效地解答消费者疑虑，及时处理反馈和投诉，从而避免品牌负面信息的扩散，预防可能出现的公关危机。

建立一个便捷、高效的互动平台意味着企业需要利用数字化技术，如社交媒体、即时通讯、在线客服系统、AI聊天机器人等，来促进自身与消费者的沟通。这些工具不仅能够提供实时的沟通渠道，还能通过数据分析帮助企业更好地分析和理解消费者的需求和行为模式。社交媒体平台可以用于发布最新信息、回应用户评论，而在线客服系统则可以解决消费者的查询和问题。

高效的互动平台可以帮助企业及时响应消费者的反馈和投诉，因为消费者的反馈往往是公开的，而且传播速度快，所以企业通过建立有效的响应机制，不仅可以及时解决问题，避免负面信息扩散，还可以展示企业的责任感和顾客至上的态度，从而提升品牌形象和消费者信任。

便捷、高效的互动平台还可以作为企业收集市场信息和消费者意见的渠道。通过与消费者的交流，企业可以获得第一手的市场反馈信息，从而快速调整市场策略，改进产品和服务。消费者在社交媒体上对某个产品的负面评价，可以成为企业改进产品设计和功能的宝贵意见。

（三）创新公共关系活动

面对同质化竞争的加剧，优秀的公关活动创意不仅能使品牌信息在众多内容中脱颖而出，吸引消费者的注意，而且能够在公众心中留下深刻的品牌印象，有效提升品牌的美誉度。互联网改变了品牌推广的许多方面，包括形式、内容、传播途径和方式方法，同时从根本上重塑了传统的品牌推广思维。营销管理人员在进行品牌推广时，需要从消费者的角度出发，深入理解并充分利用互联网的特点和传播模式。这意味着品牌推广方案需要更加精准和高效，以适应快速变化的互联网环境和消费者行为。

为了实现这一目标，创新公关活动的创意不应仅限于吸引眼球，还应深入到提升品牌价值和消费者体验的层面。例如，品牌可以通过举办线上互动活动、社交媒体挑战赛或在线研讨会等，来吸引消费者的参与和分享。这种类型的活动不仅能够提高品牌曝光度，还能增强消费者对品牌的参与感和归属感。创新的公关活动应该紧密结合品牌的核心价值和理念。活动的内容和形式应该体现品牌的特色和定位，同时能引起消费者的共鸣。例如，一个注重可持续发展的品牌可以通过环保主题的公关活动来传达其品牌理念，同时吸引关注环保的消费者群体。故事讲述和情感连接是创造出色公关活动的重要组成部分。通过讲述引人入胜的故事，品牌可以更好地与消费者建立情感联系，使品牌信息更具吸引力和影响力。同时，利用数据和技术来分析和理解消费者的反馈和行为模式，可以帮助企业更好地优化未来的公关活动，确保公关策略的有效性和针对性。

第二节　服务升级与品牌建设

一、体验营销概述

在当前市场环境下，以消费者体验为中心的营销策略成为企业竞争的新起点。这种策略不仅关注产品本身的物质属性，更重视消费者在购买和使用产品过程中的整体体验。体验营销模式着眼于创造和提供全面的消费体验，包括感官体验、情感体验、思维体验和行动体验。它通过巧妙地结合产品特点、环境布局和服务内容，使消费者在互动和体验过程中建立对品牌的深厚情感和信任。

企业不再单一地依赖产品功能或价格竞争，而是致力于通过提供独特的消费体验来满足顾客的深层次需求。这种营销策略尤其适用于今天的消费环境，因为当代消费者不仅追求物质上的满足，更追求情感上的共鸣和个性化的体验。这一转变尤其在年轻消费者群体中表现得尤为明显，因为他们更加注重产品或服务背后的故事、品牌文化和社交价值。

体验营销的成功关键在于真正地了解和关注消费者的需求和偏好，创造能够触动消费者情感的场景和故事，并通过各种互动方式提升消费者的参与感。例如，一些品牌通过设置体验店或举办互动活动来增强顾客的品牌体验，如试穿、试驾、品酒会等。这些活动不仅能让消费者实际体验产品，还能够增强消费者对品牌的情感联系，从而在消费者心中形成独特的品牌形象。

体验营销也面临着自身的挑战和风险。首先，营销活动必须真实地反映品牌的核心价值，不能仅仅是一种表面的营销手段。其次，体验营销需要企业在创意、内容和执行上不断创新，以适应消费者不断变化的需求和预期。最后，企业必须密切关注市场动态和消费者反馈，及时调整和优化营销策略。

二、体验营销的特征

（一）个性化

体验营销的个性化指企业不再将消费者视为单一的、有统一需求的群体，而是认识到每个消费者都有其独特的需求和偏好。这种个性化的营销源于对消费者多样化需求的深入理解和尊重，以及对每个消费者独特体验的高度重视。个性化体验营销的核心在于能够为消费者提供量身定制的产品或服务。企业通过收集和分析大数据，了解消费者的购买历史、行为习惯、喜好偏向等信息，以此设计和提供更加个性化的购物体验。例如，电子商务平台利用用户行为数据，为每位用户推荐他们可能感兴趣的商品，从而提高购买转化率；时尚品牌通过用户的购买历史和风格偏好，提供定制化的搭配建议，从而提升客户满意度和品牌忠诚度。

个性化体验还体现在为消费者提供定制化服务上。一些高端品牌通过提供定制化服务来吸引顾客，如定制化的服装、鞋类、家具等，允许消费者参与产品的设计和制造过程中，这不仅使产品更符合消费者个人需求，还大大增强了消费者的参与感和品牌忠诚度。个性化体验营销还可以通过个性化的沟通和互动来实现。例如，品牌可以通过社交媒体与消费者进行一对一的互动，倾听他们的意见和建议，快速响应他们的需求和问题，这样的个性化互动能够建立更为牢固的客户关系。

（二）情感化

体验营销中的情感化特征强调通过情感连接与消费者建立深度的关系，从而激发他们的购买行为和品牌忠诚度。情感化体验营销不仅关注消费者的物质需求，更注重消费者的情感诉求和心理体验，以此来增强消费者对品牌的情感认同和长期依赖。在实施情感化体验营销时，企业应深入挖掘和理解消费者的情感需求。这种需求通常包括对品牌的感性认同、对产品使用过程中的情感体验，以及对品牌传递的价值观和生活方式的认同。例如，一家咖啡店不仅提供高品质的咖啡，而且营造一种温馨、舒适的环境，让顾客在享受咖啡的同时，享受放松和宁静的时光。

情感化体验营销还体现在品牌故事和品牌文化的塑造上。通过讲述品牌的历史、创始人的故事、品牌背后的理念等，企业能够构建一个情感丰富、引人入胜的品牌形象，使消费者感到与品牌有更深层次的联系。例如，一些奢侈品牌不仅是销售产品，更是销售一种生活态度和品位，这种情感化营销策略能够深深吸引消费者，让他们成为品牌的忠实拥趸。

企业还可以通过各种营销活动和客户服务来强化消费者的情感化体验。举例来说，品牌可以通过社交媒体与消费者进行互动，消费者分享使用体验，或者在节假日为忠实顾客提供特别的关怀和优惠，从而加强与消费者的情感联系。

（三）连续性

体验营销中的连续性特征指的是营销活动所提供的体验不是短暂的或一次性的，而是具有持续性和延续性，能够在消费者心中留下深刻的印象，并影响其长期的消费行为。这种特征使体验营销能够在消费者心中建立持久的品牌形象和忠诚度。连续性体验营销的关键在于创造出的体验感不仅局限于单次交易或互动，而是要能够在消费者的心理和情感上形成长期的影响。这种影响可能来自产品本身的优越性能，也可能来自服务过程中的亲切感和舒适度，还可能来自品牌故事和品牌文化的共鸣。

例如，一家餐厅不仅提供美味的食物，还通过独特的餐厅装饰、优雅的服务、舒适的环境氛围等为顾客提供了一种超越味觉享受的全方位体验。当消费者离开餐厅时，这种体验不会随之结束，反而会在他们的记忆中留下美好的痕迹，使得他们愿意再次回到这家餐厅，甚至向朋友推荐。

为了实现这种连续性体验，企业需要将连续性体验营销融入产品设计、服务流程、品牌传播等各个环节中。企业应该关注消费者的全程体验，从消费者进入购买环境的那一刻起，到购买结束甚至是售后服务过程中，每一环节都要精心设计，确保消费者的体验是连贯的、一致的。企业可以通过建立客户关系管理系统，收集和分析消费者的反馈信息，根据消费者的反馈不断优化产品和服务。企业还可以通过社交媒体、电子邮件等方式与消费者保持联系，提供定期的产品更新信息、促销活动、互动内容等，以维持消费者对品牌的持续兴趣和忠诚度。

（四）互动性

体验营销的互动性特征不仅是其核心元素之一，也是实现深度市场渗透和消费者忠诚度提升的关键。互动性强调企业与消费者之间的交流与参与，创造一个双向沟通的平台，让消费者成为体验的参与者、创造者，而不仅仅是被动的接受者。互动性体验营销强调的是一种"共创"体验的理念，即企业与消费者共同参与产品或服务的体验创造过程中。这种参与不仅限于实际的产品使用体验，还包括在购买决策、产品设计、服务改进等多个环节中与消费者的互动，消费者的反馈和建议能够直接影响企业的产品开发和服务改进，从而更好地满足消费者的需求。

例如，一些品牌会通过社交媒体、在线论坛等渠道邀请消费者参与到新产品的设计和测试过程中，并收集他们的意见和建议。这种直接的用户参与不仅能提升产品质量，还能增强消费者的品牌忠诚度，因为他们感到自己的意见和建议被听取，并且对产品有了一定程度的"所有感"。企业可以通过举办线上线下的体验活动、设置互动展示区、利用增强现实技术等方式增强与消费者的互动。这些活动不仅能够提供更深层次的体验，还能加强消费者对品牌的记忆和情感联系。例如，一些零售品牌通过设置体验式展示区，让消费者亲自试用产品，同时提供定制化服务，让消费者在购买过程中有更多的参与感和定制化体验。

体验营销的互动性还体现在企业对消费者反馈的快速响应上。消费者的反馈和体验分享在社交媒体等平台上能迅速传播，企业需要及时监测和响应这些反馈，利用这些信息优化产品和服务，从而提高消费者满意度。

（五）主观性

体验营销的主观性特征是其区别于传统营销模式的一个显著特点。在体验营销中，每个消费者的体验都是独特的，受其个人背景、情感状态、期望值等多种因素的影响。因此，企业在进行体验营销时，不仅要关注产品或服务的客观质量，更要注重满足消费者个性化和主观性的需求。由于体验的主观性，同一营销活动可能对不同的消费者产生不同的影响。有些消费者可能对某一体验活动感到非常满意，而其他消费者可能就不那么感兴趣。因此，企业在设计体验营销活动时，需要充分考虑目标消费者的特征，包括他们的兴趣、偏好、价值观念等，以确保尽可能多的消费者能从中获得满意的体验。

例如，一些高端品牌通过提供定制化服务或私人购物助理来满足消费者的独特需求，在这个过程中品牌不仅展示了其对产品的关注，也表明了其对消费者个性化需求的重视。这样的体验能够增强消费者对品牌的情感联系，从而提升其品牌忠诚度。

数字技术的发展也为体验营销提供了更多可能性。通过对数据分析和人工智能技术的利用，企业可以更准确地理解和预测消费者的行为和偏好，从而提供更加个性化和精准的体验。例如，一些电商平台通过分析用户的购物历史和浏览行为，为其推荐个性化的商品，这种体验不仅让消费者感到品牌更懂他们，也增强了品牌吸引力。

体验营销的主观性不仅强调消费者个体的独特体验，也强调消费者参与的重要性。企业需要设计互动性强、具有吸引力的营销活动，让消费者能够在其中找到自己的位置，感受到独特的个人体验。只有当消费者感到自己的需求被满足和重视时，才能形成对品牌的深厚感情和长久的忠诚。

三、体验营销的应用场景

体验营销模式的核心是创造与消费者的深层次、多维度互动，为他们提供独特的、富有情感色彩的消费体验。在市场竞争日益激烈和消费者需求日益多样化的当下，仅依靠传统的产品推广和价格竞争已难以满足市场的需求。因此，体验营销成为企业突破同质化困境、提升品牌价值和用户忠诚度的有效途径。

体验营销的应用场景十分广泛，它不限于特定的领域或行业，而是适用于各种消费场合。例如，在零售行业，体验营销可以通过创造独特的购物环境、互动式的产品展示、个性化的顾客服务等方式，提供给消费者不仅是购买商品的机会，而是一种享受和参与的体验。在餐饮业，体验营销则可能体现为创新的就餐环境设计、互动式的菜品制作过程、个性化的菜单推荐等。

体验营销的成功关键在于它能够触及消费者的心灵，引发情感共鸣。这意味着企业在实施体验营销时，需要深入了解目标消费者的偏好、价值观和生活方式，设计符合其期望和需求的体验活动。这不仅要求企业具备对市场的敏锐洞察力，还需要具备创新和定制化的能力。

体验营销并不仅限于线下环境，线上平台同样提供了丰富的体验营销机会。例如，通过虚拟现实技术、增强现实应用、互动社交媒体活动等，企业可以构建一个沉浸式的数字体验环境，为消费者提供与众不同的品牌体验。

（一）百货

在当前的零售市场环境中，百货业作为一个成熟而传统的行业，面临着巨大的转型挑战。尽管许多商家仍然依赖传统的降价促销策略，但这种方法在激烈的市场竞争中已显示出其局限性。为了更好地适应市场变化和消费者需求，百货业需要转向更加体验化的营销模式。

体验营销在百货业的应用可以从以下方面入手。首先，商家需要创造独特且有吸引力的购物环境。这不仅意味着提供舒适和美观的物理空间，也包括通过艺术展览、互动装置、文化活动等增加商场的文化内涵和娱乐价值。例如，一些高端百货商场通过引入艺术画廊、举办时尚秀、设置互动体验区等方式，吸引了大量追求生活品质的顾客。其次，百货商家可以通过提供个性化服务来增强消费者体验。例如，提供个性化购物顾问服务，帮助顾客挑选最适合其风格和需求的产品。最后，商家还可以利用数字技术，如增强现实试衣镜、智能购物助手等，为消费者提供更加便捷和创新的购物体验。

百货商家可以通过组织各种主题活动和促销活动来提升消费者的参与度。这些活动不仅限于销售促进，更应该围绕消费者的兴趣和生活方式，如健康生活、时尚潮流、家庭娱乐等，从而与消费者建立更深层次的情感联系。百货商家应当积极拥抱数字化转型，利用线上平台与消费者进行更有效的互动。通过社交媒体、移动应用等渠道，商家可以及时传递品牌信息，收集顾客反馈，甚至可以通过线上平台延伸服务，如线上预订、线下体验等。

（二）超市

超市业作为零售行业的重要组成部分，在当前激烈的市场竞争中面临着巨大的挑战。虽然多数超市仍依赖于传统的价格战策略，但在消费者需求日益多元化和个性化的大背景下，仅仅依靠价格优势已难以保持竞争力。所以，超市业需要转型，通过体验营销来满足现代消费者的更高层次需求。

1.超市需要重塑购物环境和氛围，打造更具体验性的购物空间

这可以包括改善店内布局，提供更为舒适便利的购物环境，以及引入更加多样化的商品。例如，一些超市通过设置特色专区（如有机食品区、国际美食区等）来满足消费者对品质和多样性的需求，同时创造了更加丰富的购物体验。超市可以通过提供个性化服务来增强顾客体验。例如，通过数据分析和顾客反馈，为顾客提供定制化的购物建议和专属优惠，或者在特定时间段提供导购服务，帮助顾客更有效地完成购物。另外，超市可以通过举办各种体验活动来增加与消费者的互动。比如可以定期举办美食烹饪展示、健康营养讲座、儿童互动游戏等活动，不仅丰富了顾客的购物体验，也增强了超市的社区归属感。

2.超市也可以通过利用数字化手段加强与顾客的互动

例如，通过建立移动应用程序，为顾客提供在线预订、自助结账等便捷服务，同时通过应用程序收集顾客反馈，不断优化服务和产品。超市还可以通过建立品牌社区，加强与顾客的情感联系。例如，创建超市品牌的线上社交平台，发布健康生活、节能环保等主题内容，与消费者进行深入交流，以提升品牌形象和顾客忠诚度。

（三）品牌专卖店

专卖店或品牌店作为零售业的一部分，通常以销售特定品牌或产品类型为主，其在体验营销领域具有独特的优势。这些店铺不仅销售产品，更提供一种品牌文化和购物体验。然而，虽然许多品牌店在商品和服务质量上达到了高标准，但在营造全方位的购物体验方面仍有提升空间。

品牌店的体验营销应该以提升顾客的整体体验为核心，这包括从店铺设计、产品陈列到服务流程的每一个细节。例如，店内的设计应当反映品牌的核心价值观和文化，创造一种与众不同的购物氛围。同时，产品的展示方式也应该具有吸引力，便于顾客理解和体验产品。音乐、照明和整体环境的设计也是提升顾客体验的关键元素。这些元素应该和品牌的定位及目标顾客群体的偏好相匹配，创造出一个既舒适又具有品牌特色的购物环境。例如，一家高端时尚品牌店可能会选择柔和的灯光照明和优雅的背景音乐，而一家年轻时尚的品牌店则可能选择更具活力的环境设计。服务人员的专业技能和个人综合素养也是体验营销的重要组成部分。员工不仅要具备良好的产品知识和优秀的服务技巧，还需要了解品牌文化，以确保能够向顾客有效地传达品牌理念。此外，员工应该具备良好的沟通能力和情感智慧，能够与顾客建立良好的情感联系，提供个性化的服务。

为了进一步提升顾客体验，品牌店还可以通过举办各种活动和体验，如新品发布会、VIP客户活动或互动体验区，使顾客感受到品牌的独特魅力，从而加深对品牌的认识和忠诚度。

（四）购物中心

购物中心作为现代零售业态的重要形式，在提供多样化购物体验方面具有显著优势。作为集购物、餐饮、娱乐等多种功能于一体的综合商业空间，购物中心不仅能够满足消费者的物质需求，还能提供丰富的文化和休闲体验。然而，购物中心要想在激烈的市场竞争中脱颖而出，仅仅依赖硬件设施是不够的，还需要在软件层面做出创新和提升。

在环境设计方面，购物中心需要创造一个既时尚又舒适的购物环境。这包括合理的空间布局、舒适的照明、适宜的音乐以及和谐的色彩搭配等，所有这些都应该围绕着提供一种愉悦的购物体验进行。例如，购物中心可以设计独特的休息区和互动区域，提供免费Wi-Fi服务，设置亲子活动区，从而吸引不同年龄层的消费者。

购物中心应该注重文化和情感元素的融入。这可以通过举办各种主题活动、艺术展览和文化节日庆典来实现。通过这些活动，购物中心不仅能够吸引顾客，还能够增强顾客对购物中心品牌的认同感和情感连接。例如，一些购物中心在春节期间举办传统文化活动，或者在圣诞节期间布置节日主题装饰，为顾客提供特别的购物体验。购物中心还应该关注提供个性化服务。通过采用先进的数据分析技术，购物中心可以更好地了解顾客的购物偏好和消费行为习惯，从而提供更加个性化的服务。例如，购物中心可以根据顾客的消费记录向他们推荐相应的产品或营销活动，或者为VIP顾客提供专属的服务。

购物中心还需要与租户紧密合作，共同提升顾客的购物体验。这包括协助租户进行店铺设计和产品展示，以及提供营销和促销活动支持。通过这种合作，购物中心可以确保租户提供的商品和服务质量，从而提升顾客整体的购物体验。

第三节　数字化升级与口碑营销

一、精准定位消费者需求

（一）通过品牌定位提升消费者忠诚度

随着体验经济的兴起，企业在品牌建设和运营中越来越多地采用体验经济模式，这要求企业深入分析品牌与体验之间的关系，并明确品牌体验的内涵。企业采用体验经济模式需要从消费者的认知、感官、情感和行为反应等层面出发，将这种思维应用到品牌设计、包装、营销环境的打造以及与消费者的互动等环节中。

消费者在选择和使用商品的过程中的心理和行为实际上都属于品牌体验

的范畴。这些体验会对商品和品牌的选择产生重要影响。在产品经济时代，产品的质量和功能是消费者关注的重点，这属于企业的硬件范畴。进入服务经济时代，与产品相关的服务质量成为消费者关注的焦点，这属于企业的软件范畴。而在体验经济时代，消费者更加关注企业硬件与软件之间的结合情况。因此，企业想要获得消费者的认可，就需要实现硬件与软件之间的有效连接，并在长期运营中积累品牌的忠实用户。

在产品丰富、市场同质化竞争激烈的背景下，越来越多的消费者开始追求超越物质和功能性的高层次价值满足和体验，这导致单纯的产品和服务越来越难以持久吸引和留住顾客。因此，企业应将营销活动的重心从商品本身转移到品牌体验上，通过搭建舒适便捷的沟通互动场景，并利用有吸引力的概念和故事，有效激发消费者的参与和互动欲望。同时结合产品特点和消费者心理，为顾客创造强调体验的品牌形象。

突出差异化体验的品牌打造和运营可以通过感性定位来实现。这意味着企业需要利用其独特的品牌优势，让消费者感受品牌的体验价值，增进品牌与消费者之间的情感联系。为消费者带来独特的体验，给他们留下深刻印象，提高品牌认知度，这不仅能增强品牌的吸引力，也能够加深品牌在消费者心中的印象，从而在竞争激烈的市场中脱颖而出。具体的品牌定位策略可遵从以下三方面的内容。

1.用体验营销满足消费者的个性化需求

要实现这一目标，企业首先需要深入了解消费者对品牌的认知，并对其进行全面的调查和分析。从消费者的角度出发，了解他们如何感知品牌并掌握他们的具体需求和期望。通过感性定位和精细化的用户管理，企业可以更准确地理解消费者的品牌感知方式，从而有效传递品牌理念，缩短品牌与消费者之间的距离。了解消费者的个性化需求和品牌认知方式之后，企业需要根据这些信息进行专属的品牌体验打造和品牌定位。这个过程中企业需要为消费者提供情景体验，以增强消费者的黏性。情景体验可以通过实体店面、在线互动、虚拟现实等多种形式实现，关键在于创造一个能够让消费者沉浸其中的环境，让他们感受到品牌的独特魅力和价值。

同时企业应围绕消费者的需求与消费者进行沟通互动,从而提高营销效果。这种互动不仅是推广产品,更重要的是建立与消费者之间的情感联系。企业可以通过社交媒体、客户服务、活动营销等多种途径与消费者互动,倾听他们的声音,回应他们的需求,甚至让他们参与产品的创新和改进过程中。

企业还应注重品牌故事的讲述和情感价值的传达。品牌故事和情感价值是连接消费者与品牌的重要桥梁,它们可以激发消费者的共鸣,加深消费者对品牌的认知和记忆。企业可以通过讲述品牌故事来展示其历史、文化、理念和愿景,以此来吸引目标消费者群体,提升品牌的吸引力和影响力。

2.品牌定位把握企业自身优势

在发展体验式服务的过程中,企业进行品牌定位的一个关键步骤在于准确识别并发挥自身的竞争优势。这要求企业对自身的性质、发展历程、产品特色、资源利用等方面进行深入分析,以此挖掘并展示其独特的优势。通过提供与竞争对手不同的独特体验,企业可以在市场上实现差异化竞争,从而占据优势。

企业应对自身的性质和发展历程进行全面的评估,包括分析企业的核心能力、行业地位、市场经验以及品牌历史等。理解这些要素有助于企业识别其独特的优势和潜在的市场机会,这些优势可能包括技术创新、品牌传统、特殊资源或独特的企业文化。企业需要深入分析自身的产品和品牌特色,这涉及对产品设计、功能、质量和用户体验的评估,以及品牌的市场定位、品牌形象和顾客认知。通过对产品和品牌特色的深入理解,企业可以发现自己在市场上的独特地位,以及如何通过这些特色为消费者提供独特的体验。企业还需要评估自身的资源使用情况,包括人力、技术、财务和其他资源的配置与运用。合理的资源分配和高效的资源利用是企业构建竞争优势和提供独特体验的重要基础。企业应考虑如何最大化利用现有资源,或通过新的资源配置来增强其市场竞争力。

在竞争优势不足的情况下,企业应针对市场的缺口进行产品开发和运营，这需要企业对市场进行深入研究，识别消费者的未满足需求和潜在的市场机会。通过专注于这些市场缺口，企业可以开发新产品或服务来满足这些需求，从而创造新的竞争优势。

3.用代表性品项树立品牌定位

打造代表品项以树立品牌定位是企业在市场上赢得成功的经典策略。消费者往往倾向于选择那些定位清晰、易于识别的品牌。为了提高消费者的认可度，企业在品牌定位过程中应尽量减少复杂性，并通过推出代表性的产品或服务来增强消费者的品牌印象。

企业需要从消费者认知的角度出发，选择或创建能够代表其品牌核心价值和特色的产品或服务。这些代表品项不仅反映了企业的核心竞争力，还能够快速传达给消费者品牌的特色和定位。例如，可口可乐的经典弧形瓶不仅是其产品的一个特征，也成为了品牌形象的一部分。这种独特的设计不仅加深了消费者对于可口可乐品牌的记忆，也提高了品牌的辨识度。企业在推出市场的品牌后，应迅速着手打造代表性品项。这些代表性产品或服务应该具备独有的特征，如独特的设计、功能或用户体验，能够让消费者在看到这些产品或服务时立即联想到品牌。香奈儿的NO.5香水不仅以其经典的香味赢得了消费者的广泛认可，也成为香奈儿品牌的象征，巩固了其在高端香水市场的品牌地位。

在打造代表品项时，企业应考虑产品的创新性和独特性，以及如何与企业的整体品牌形象和市场定位保持一致。这包括产品的设计、包装、营销策略以及与消费者互动的方式。通过对这些细节的精心打磨，代表品项不仅能够突出品牌的个性，还能够在消费者心中留下深刻印象。

（二）定位消费群体，锁定目标市场

为了精准锁定目标消费群体，企业必须构建以准确的消费群体、清晰的消费场景和准确的获客策略为基础的营销模式。企业开展体验营销首先需要解决一系列问题，如确定目标消费群体的具体特征、获取目标消费群体的有效途径、与目标消费群体建立联系的方式、对目标消费群体产生影响的策略以及高效触及目标消费群体的方法。

根据马斯洛的需求层次理论，人们在满足基本生理需求之后，会追求更高层次的心理和情感价值，如尊重、社交互动和自我实现等。在体验营销的视角下，企业应通过深入研究和分析消费者的需求来实现精准的客户定位。这涉及对目标消费群体的生活方式、价值观念、消费习惯、兴趣爱好等方面的全面了解。企业可以利用市场调研、社交媒体分析、消费者行为数据等手段来收集相关信息，对于消费者的不同需求采取灵活多样的营销策略。例如，对于购买高档住宅的客户而言，他们对房产的追求已经远远超出了单纯的居住需求，而更多的是寻求心理和情感上的满足。这类客户将房产视作自我实现的价值载体，因此，对于高档住宅的销售策略，除了考虑价格因素，更重要的是通过环境设计、社区布局、居住人群的匹配等来构建理想的家居生活场景。这种场景的创造不仅要满足实用性，更要注重精神层面的诉求，比如通过艺术装饰、绿化景观、社区文化活动等来营造一种高品质的居住氛围，从而引起客户情感的共鸣，获得客户的认同。

同理，对于购买汽车的客户群体来说，汽车已不仅是一种代步工具，而是成为一种移动生活空间和品质生活的象征。因此，汽车的体验营销策略不应仅限于产品本身的功能介绍，而应深入为客户创造一种美好的移动生活体验。这可以通过提供高端的车内配置、个性化的服务、与汽车使用场景相关的活动等来实现。例如，汽车厂商可以举办品鉴会、驾驶体验日、旅行俱乐部等活动，使消费者在体验过程中深入感受汽车品牌的独特价值和生活方式。

进入体验经济时代，商品或服务能否为消费者创造美好体验成为其吸引和留住消费者的关键。这种体验不仅局限于产品本身，更包括购买过程、售后服务、品牌形象等多个层面。当商品或服务能够让消费者感受到价值时，消费者就会对价格的敏感度相对降低，购买意愿增强，甚至可能转变为品牌的忠实粉丝。

因此，企业在经营活动中需要重视对消费者需求、行为、特质的深入了解和研究。通过精准的客户定位，企业能够更有效地为不同消费者群体提供个性化和高质量的体验。在多样化的市场环境中，满足消费者的个性化和多元化需求成为企业获得竞争优势的关键。企业应不断创新，以客户为中心，设计和实施能够触动消费者情感、满足其精神需求的体验营销策略，从而在激烈的市场竞争中获得成功。

（三）以消费者需求为中心定位产品

体验营销作为一种以消费者为中心的营销策略，强调从消费者的需求出发，设计和开发产品。这种方法要求企业在产品的研发和设计阶段就深入考虑消费者的多层次心理需求，将情感因素融入产品设计中，确保产品特质与目标消费者的需求相契合。

在进行产品研发和设计时，企业不再仅专注于产品的质量和性能，而是要更多地关注消费者的深层次心理需求。这意味着除了产品的基本功能，还要考虑如何让产品在品位、形象、情调和文化等方面与消费者的情感需求相吻合。这种方法要求企业不仅要有技术创新，还需要有对消费者心理和文化趋势的深刻理解。通过将这些元素融入产品设计，企业可以创造出能够引起消费者共鸣的产品，从而激发他们的购买欲望，并建立对品牌的忠诚度。

一个面向年轻消费者的科技产品除了其先进的技术特性，还可以设计时尚的外观和友好的用户界面，甚至加入个性化的定制选项，以此来吸引目标群体。同样，对于高端市场的奢侈品牌而言，除了产品的外观、质量，品牌的历史、文化和独特的设计理念同样重要，这些因素共同塑造了消费者的品牌体验。产品不仅是实物，它还代表了一种生活方式、一种价值观念，甚至是消费者个性的延伸。因此，企业必须不断地创新和升级其产品线，以满足消费者不断变化的需求和期望。这包括对产品的功能、外观、用户体验进行持续的优化，以及考虑产品如何融入消费者的日常生活中。

在数字化技术日益发展和广泛应用的背景下，免费营销模式作为一种营销策略越来越受到企业的青睐。这种商业模式不仅拓展了传统营销的边界，也为企业展示自身竞争优势提供了新的机会。尽管在当前阶段，许多企业由于资源限制而难以实施免费的体验营销，但免费营销本身并非新概念，而是在多个行业中已有广泛应用的模式。

免费营销模式通常是企业在消费者最关注的服务项目上实施免费体验策略，然后从其他项目获取利润的方式。很多大型公园免费对外开放，而其中的特定游乐项目如过山车、摩天轮等则需要收费。这种模式通过吸引大量人流到公园消费，从而实现盈利。这种策略的成功在于能够吸引并留住大量消费者，首先为他们提供免费的基本服务或体验，然后通过提供增值服务实现盈利。

贪图便宜是消费者的一种普遍心理。在免费体验某项服务或产品后，消费者往往会对企业的经营产生认可，从而转变为付费用户。例如，许多食品企业推出免费试吃项目，其目的就是将试吃者转化为长期消费者。这种策略的关键在于为消费者提供真正的价值，使他们通过免费体验感受产品的优质和独特性，进而愿意为更多服务付费。

在实施免费营销策略时，企业需要灵活运用各种经营模式，并谨慎控制成本。目标是在为消费者提供价值的同时，能为企业带来盈利。这可能包括限制免费服务的范围、提供高级或增值服务、实施交叉补贴策略等。企业需要精心设计免费模式，确保其既能吸引消费者，又能在长期内实现盈利。

如果以定价来划分的话，产品通常分为两大类：低端产品和高端产品。低端产品主要依靠销量，通过低价策略吸引消费者，而高端产品则侧重于品质和品牌价值，吸引消费能力更强的消费者群体。针对这两种类型产品的经营策略，企业面临着不同的挑战和机遇。

对于低端产品，企业的主要策略是通过降低成本来压低价格，以此吸引更多消费者。然而在传统模式下，以低端产品为主的企业往往会面临产品结构单一、利润空间狭窄的问题。如果企业一味地追求低价，可能会导致利润率降低，从而陷入发展困境。因此，企业需要不断创新和改进产品，增加产品的附加值，以提高利润空间。

对于高端产品，企业则面临着消费者门槛的问题。高端产品通常以品质和品牌价值为卖点，价格较高，这可能限制了部分消费者的购买能力。为了扩大市场覆盖范围，企业需要在保持高端品质的同时，考虑推出适当价格区间的产品，以满足不同消费者的需求。

为了解决这些问题，企业可以通过调整产品结构，实施免费体验模式。腾讯公司就是通过免费的社交平台聚集了大量用户资源，并基于此推出了多种增值服务。这些服务根据用户的支付能力进行层级划分，为用户提供多元化的选择。腾讯的成功在于从用户的角度出发，考虑问题并进行产品运营，从而在竞争激烈的市场中积累了庞大的用户基础。

在产品定位过程中，企业需要根据产品的特性和市场需求制定具有针对性的策略。每种产品类型，无论是全新型产品、改良新产品还是市场上已存在的老产品，都需要不同的营销策略来确保其成功。

1.全新型产品的上市

对于刚上市的全新型产品，由于消费者对这类产品缺乏认识和体验，很可能会出现犹豫和观望的态度，企业需要开展体验营销活动来缩短用户的培育期。例如，通过免费试用、试吃或体验展示等活动，可以让目标群体亲身体验产品的特点和优势，从而消除他们的疑虑和担忧。此外，利用意见领袖或影响者的力量，让他们体验产品并在社交媒体上分享其体验感受，可以有效地增强产品的市场吸引力，加速市场接受过程。

2.具有鲜明卖点的改良新产品

对于市场上的改良新产品，它们通常是在原有产品的基础上增加了新的功能或特性。尽管这类产品已经有一定的用户基础，但为了快速提升销量和市场份额，同时为了防范竞争对手，企业同样需要通过体验营销来提升目标群体对新品的认识。例如，通过组织体验活动，让消费者了解新产品的改良特点和优势，可以帮助他们更快地接受新产品，并可能将其转化为忠实用户。

3.容易转变和培养消费习惯的老产品

对于市场上的老产品，尽管它们可能已经拥有了较高的知名度和一定的用户群体，但如果没有有效的营销策略，就难以扩大用户规模。体验营销在这里的作用体现在其能够增强用户参与感和互动性。通过创新的体验营销手段，如更新的产品展示、互动式体验活动等，企业不仅能够提升现有用户的忠诚度，还能吸引新的用户群体，从而提高产品的市场竞争力和企业的盈利能力。

二、塑造品牌口碑

（一）塑造品牌口碑引爆点

在品牌营销中，策划引爆点是指创造能够引发用户极度兴奋、广泛关注的产品特点或营销活动。引爆点的成功能够激发用户的积极传播，从而形成强大的口碑效应。

要创造一个引人关注的引爆点，企业需要基于用户需求展开设计。这涉及对用户的深入理解，包括他们的期望、喜好、获取信息的渠道和最佳时机。比如对于科技产品，创新功能或尖端技术可能是吸引用户的关键；对于时尚品牌，独特设计或潮流元素可能更能吸引目标用户群体。企业还需考虑如何通过有效的传播渠道将引爆点信息传递给用户。这可能包括社交媒体营销、影响者合作、线上线下活动等。选择正确的传播渠道是确保信息有效到达目标用户并引起他们关注的关键。创造引爆点的时机也十分关键，这需要考虑市场趋势、竞争对手的动态以及行业事件。选择恰当的时机发布，可以最大化引爆点的影响力。在创建引爆点时还应注重其与品牌整体战略和价值主张的一致性。引爆点应该强化品牌信息，加深用户对品牌的认识和好感。

企业可以从以下几个角度来策划引爆点。

1.讲好一个故事

讲故事是一种有效的营销策略，尤其在塑造品牌形象和进行口碑传播方面具有无可比拟的价值。在当前的市场环境中，人们越来越厌倦传统的硬性广告，但富有吸引力的品牌故事却更能触动人心，深深地留在消费者的记忆中。

品牌故事的力量在于它的真实性和情感联系。这些故事通常围绕着品牌的诞生、发展历程、克服困难的经历，或者产品如何影响和改变了人们的生活等主题进行讲述。一个好的品牌故事不仅讲述了产品的功能和品质，而且传达了品牌的核心价值和理念。这种情感共鸣能够建立起消费者与品牌之间的深厚联系，增强品牌的吸引力和说服力。比如苹果公司的创始故事、可口可乐的发展历程、耐克品牌的成长经历等，都是经典的品牌故事案例。这些故事不仅讲述了产品的发展历程，更是体现了创新、品质、坚持和梦想等品牌核心价值，极大地提升了品牌的吸引力和影响力。品牌故事的讲述也可以通过各种方式进行，如通过视频、博客、社交媒体、广告、公关活动等多种渠道。在故事的讲述中，企业应该注重真实性和情感的传达，让消费者感受品牌背后的人性和温度。同时，故事应该与品牌定位和目标市场紧密相联，确保其能够引起目标群体的共鸣。

企业可以利用故事营销来巩固和提升品牌形象。在激烈的市场竞争中，一个独特而有力的品牌故事可以帮助品牌脱颖而出，与消费者建立更为牢固的联系。这种联系不仅基于产品本身，更基于消费者对品牌的感情投入和忠诚度。

2.用真诚打动消费者

真诚永不过时。企业若能在服务过程中展现出对消费者的关怀、重视和尊重，将极大地激发消费者的购买和传播欲望。这种情感连接基于人们内心深处的互助原则，即当人们感受到他人的帮助和关怀时，往往会产生回报的欲望，从而建立起一种积极的互动关系。

海尔创始人张瑞敏在家电产品质量受到质疑时，通过公开砸坏质量不合格冰箱的举动，震撼了消费者，并使其建立了对海尔产品质量的信任。这一行为不仅显示了海尔对产品质量的严格把控，也传递了它对消费者利益的深切关怀，从而在消费者心中树立了海尔品牌可靠和负责任的形象。同样，海底捞在顾客想要打包西瓜时的应对举措（免费送给顾客一个完整西瓜）是另一个展现企业情感智慧的绝佳例子。这种超出常规的服务不仅满足了顾客的即时需求，更重要的是在顾客心中深深地种下了感激和忠诚的种子，这种积极的情感体验将促使他们进行口碑传播。

在服务过程中，企业应致力于创造这样的"超预期"体验。无论是在售前、售中还是售后，每一次与顾客的互动都是建立情感连接的机会。企业可以通过倾听顾客的声音、解决他们的问题、提供个性化的服务等方式来表达对顾客的关怀。例如，通过快速响应顾客投诉、提供定制化的解决方案或是在特殊节日为顾客提供特别关怀，都能有效增强顾客的情感联结。企业还可以通过各种渠道传播这些真诚的故事和行为。通过社交媒体、广告、公关活动等渠道讲述品牌的故事，传递企业的价值观和对顾客的关怀，可以增强品牌的认可度和吸引力。

3.用实惠完善品牌形象

在交易过程中，企业和消费者都追求价值最大化的目标。对消费者来说，这不仅意味着获得高质量的产品和服务，还包括整个购买过程的体验。如果企业能够在满足消费者的利益诉求上做得好，例如，帮助他们降低购物成本、提供完善的售后服务，那么赢得消费者的认可和信任就变得更加容易。

京东的成功就是一个很好的例子。在与亚马逊等国内外电商巨头的竞争中，京东通过可靠的品质保障和便捷高效的物流体验存活下来，而且在市场上获得了巨大的成功。京东的物流体验送货上门、上门维修等优质的售后服务，为消费者带来了极佳的购物体验，这在平台的发展中起到了至关重要的作用。消费者往往会被那些给予他们真正实惠的企业所吸引。这种实惠不仅体现在产品的价格上，还体现在购物过程中的方便、快捷和售后保障上。因此，企业需要不断创新和改进他们的服务，以满足消费者日益增长的需求。这包括提供高品质的产品、简化购物流程、提高物流效率和提供全面的售后支持等。

企业还需要注重建立与消费者的长期互动关系。通过了解消费者的需求和反馈，定期与他们沟通，提供个性化的服务和产品推荐，企业可以更好地满足消费者的需求，从而建立起消费者的忠诚度。

（二）口碑传播的内容设计

在进行口碑营销时，设计引人关注和促进传播的内容至关重要。为了确保营销内容具有足够的吸引力和话题性，企业需对其进行细致和全面的规划。

1.抓住营销风口，快速反应，铺排后续策略

在现代商业社会，每天都会有无数的新闻热点涌上消费者的屏幕，企业在这样的时代应当时刻保持敏感，很多时候营销风口的到来都是十分突然的，利用好自己在"聚光灯下的三分钟"，很可能要比花掉天量推广费用的效果要好得多。

鸿星尔克的捐款行为和随后的品牌营销活动是一个现代营销策略的绝佳例子，其展示了如何利用社会责任行为和新闻热点来增强品牌影响力。在面对特殊社会事件或灾难时，鸿星尔克通过大额捐款迅速涌上新闻热点，这不仅是对社会责任的积极回应，也无意中成为公司极其成功的营销案例。鸿星尔克的捐款行为迅速被媒体和公众关注，这一举措不仅体现了企业的社会责任感和对民生福祉的关心，也在不经意间提升了品牌的正面形象。这种积极的社会行为对于树立企业的良好形象至关重要，尤其是在当前消费者越来越注重企业社会责任的环境下。

随着这一事件的持续发酵，鸿星尔克利用这一热点开展了一系列的品牌营销活动。通过社交媒体、新闻发布和其他营销渠道，鸿星尔克巧妙地将自己的品牌与积极的社会影响联系起来。这种营销策略不仅加深了消费者对品牌的认识，还增强了品牌的市场吸引力和消费者的忠诚度。通过这次事件，鸿星尔克成功地与年轻、有社会责任感的消费者建立了联系。这部分消费者群体特别重视企业的社会责任和道德立场。鸿星尔克的这一行为不仅是一次慈善捐助，更是一次深入人心的品牌推广活动。

2.感同身受，以消费者的视角来敲定营销内容

消费者对那些与自身利益紧密相关的事物更为关注，这一心理特点对企业的营销策略有着重要的指导意义。当企业的营销内容能够与目标群体的切身

利益相结合时,其传播的有效性和范围都会显著增加。这种营销策略的成功关键在于深入理解消费者的需求和期望,并将这些需求与企业的产品或服务相连结。

企业在设计营销策略时,首先需要对目标消费者群体进行深入的分析,了解他们的生活方式、兴趣爱好、需求点以及购买行为。这些信息有助于企业更精确地定位其营销活动,确保营销内容与消费者的实际需求相吻合。例如,如果目标群体是年轻父母,那么涉及儿童教育、健康生活或家庭安全的营销内容可能更能引起他们的兴趣。企业在营销传播时应强调产品或服务如何满足消费者的特定需求,或如何为他们带来具体的好处。这种直接关联消费者利益的营销方法能够更有效地吸引消费者的注意力,并激发他们的购买兴趣。例如,如果一个健康食品品牌能够清晰地展示其产品如何帮助消费者保持健康,那么这种直接的利益关联将使营销内容更具吸引力。

3.保持营销内容的新鲜感

在口碑营销的领域内,创新性和新颖性是确保营销内容在短时间内实现广泛传播的关键因素。随着自媒体时代的到来,信息量的爆炸式增长导致了人们对传统广告形式的审美疲劳。因此,只有那些创新且具有新意的营销内容,才能真正吸引消费者的注意力并促进其传播。

以海尔总裁张瑞敏砸冰箱的事件为例,这一行为在当时引起了广泛的关注和讨论,给消费者留下了海尔产品质量过硬的深刻印象。这种营销行为之所以成功,不仅因为它在当时具有很强的新颖性,而且因为它触及了消费者对产品质量的深层关注。然而当其他企业试图模仿这种营销手段时,往往无法达到同样的效果。这是因为随着时间的推移,消费者对此类营销手段已经逐渐失去了兴趣,它们不再具有原有的新鲜感和吸引力。

买赠策略在零售业是一种常见的营销手段,但由于这一策略的广泛应用,其效果已经大不如前。在几个世纪前,这种策略是一种创新的营销手段,为企业创造了巨大的商业价值。随着时间的推移,即使是当时最有效的营销策略也可能因过度使用和缺乏创新而失去原有的效果。

在设计口碑营销策略时，企业需要不断地进行创新，寻找新的方法来吸引和保持消费者的注意。这可能涉及对产品的新颖演绎，或者对传统营销方式的创新性改造。一些品牌通过增强现实（AR）技术或社交媒体互动游戏来吸引年轻消费者，这些方法因其新颖性而备受青睐。企业在创新营销内容时，还应考虑到消费者的变化趋势和兴趣点。通过对市场趋势的深入洞察，企业可以发现新的营销机会，并以此来吸引消费者的关注。随着消费者对可持续性和环保的日益关注，一些企业开始采用环保主题的营销策略，以此来吸引那些对环保感兴趣的消费者。

（三）选择合适的传播渠道

要成功地建立品牌口碑，除创造引爆点外，选取适当的传播渠道同样重要。口碑营销依赖于社交圈内的传播和分享来实现信息的扩散。然而，考虑到不同用户群体的媒体使用习惯、所在的网络社区、信息传播方式等因素的多样性，选择合适的传播渠道对于实现有效的口碑传播至关重要。

1. "口耳相传"式的社区传播

在传统媒体时代，口碑传播最主要是利用人们在各种线下场景中的口耳相传方式来实现。而进化到移动互联网时代，社区式的口碑传播可以在极少的营销费用支出之下达到非常好的营销效果。

小米手机的成功是社区传播策略的一个典型例子。小米通过提供高性价比的手机和开放、可玩性高的操作系统，迅速在其社区内聚集了大量忠实用户。这些用户不仅是产品的消费者，还成为品牌传播的积极参与者。他们在社区内外分享使用体验，通过口碑传播方式将小米手机的品牌形象广泛传播出去。这种由用户驱动的传播方式，增强了品牌的可信度，同时大幅扩展了营销的范围。

然而要成功实施"口耳相传"式的社区传播，企业需要满足一些苛刻的条件。首先，产品本身必须具有足够的吸引力，包括创新的设计、卓越的性能和竞争力强的价格。其次，企业需要建立并维护一个活跃的在线社区，鼓励用户之间进行互动和分享。最后，企业还需要定期发布更新和改进产品，以保持社区活力和用户的长期兴趣。

此类营销策略对技术研发型企业尤为有效，因为这些企业往往拥有创新的产品和高质量的服务，能够激发社区成员的热情和忠诚度。通过不断的技术创新和优质的用户体验，这些企业能够在社区中建立强大的品牌形象，进而通过社区成员的自然传播扩大其市场影响力。

2.依靠传统媒体传播

在当今数字化和移动互联网高速发展的时代背景下，传统媒体，如电视、报纸和杂志，虽然在一定程度上受到了影响力的削弱，但仍然在特定人群中保持着重要的地位。尤其是对于中老年群体而言，传统媒体依然是他们获取信息和资讯的重要渠道。从营销传播的角度来看，利用传统媒体进行广告投放在某些情况下仍能够实现良好的传播效果。中老年人群往往对数字媒体的使用不如年青一代那么频繁或熟练，他们更习惯于通过电视、报纸或杂志这类传统媒体获取信息。这一人群的消费习惯和媒体偏好为企业提供了一个机会，即通过传统媒体来接触和影响这一重要的消费者群体。

与数字媒体相比，传统媒体通常提供更加稳定和可预测的受众群体。某些电视频道或节目可能有固定的中老年观众群体，而特定类型的报纸或杂志也可能吸引稳定的订阅者。企业可以通过精准的市场分析，选择最适合其目标受众的传统媒体平台进行广告投放，从而增加广告的到达率和影响力。

在进行传统媒体广告投放时，企业需要考虑创意内容的设计和呈现方式，以吸引目标群体的注意力。例如，对于中老年人群，广告内容可能需要更多考虑传统价值观、健康生活、家庭和谐等元素。同时，广告的视觉和语言风格也应与目标受众的偏好相符。传统媒体广告的另一个优势在于其在一定程度上所具有的权威性和可信度。对于一些消费者而言，电视和报纸广告由于其历史悠久和正式性，可能比网络广告更具有信任感。

3.依靠网络新媒体传播

在移动互联网时代，新媒体传播已成为企业营销推广的核心战场。这一转变得益于网络社区的兴起和年轻人群体对新媒体的偏爱。新媒体平台如社交网络、博客、微博、视频共享网站等，已成为信息传播的主要渠道，尤其在年青一代中极为流行。

新媒体传播的一个显著特点是其互动性和社群性。年轻用户群体不仅在这些平台上获取信息，还在这些平台上积极互动、分享兴趣和意见。这种行为模式为企业提供了一个宝贵的机会，即通过与意见领袖（KOL）合作，利用他们在目标社群中的影响力来推广产品和服务。意见领袖通常拥有大量忠实的粉丝或关注者，他们对粉丝的影响力不容小觑。企业通过与这些KOL合作，可以有效地将营销信息传达给广泛的目标受众。这种合作通常包括邀请KOL免费体验产品或服务，并鼓励他们在自己的社交媒体平台上分享这些体验。这种真实的、基于个人体验的分享更容易引发目标受众的兴趣和信任，从而激发他们对产品的好奇心和购买欲望。

新媒体平台的多样性也为企业提供了多种传播渠道的选择。例如，视频内容在年轻人中非常受欢迎，企业可以考虑在视频平台上与内容创作者合作，制作相关的产品视频。同样，社交网络和博客平台也是传播品牌故事和增加品牌知名度的理想场所。

在进行新媒体传播时，企业还需要考虑内容的创意和质量。内容需要具有吸引力、相关性和时效性，以确保其能够吸引目标受众的注意。同时，企业应该密切关注社交媒体的动态和用户反馈，根据反馈调整营销策略，以保证传播效果。

（四）拥有危机意识，做好口碑监测

口碑监测在于实时跟踪和评估营销内容的传播效果，以及对用户反馈和公众舆论的敏感度。这一过程不仅包括对数据指标的监测，如点击量、评论量、转载量等，而且包括对舆论走向的分析，尤其是在负面舆论方面。

对于竞争对手的恶意攻击所引起的负面舆情，企业需要采取积极的应对措施。这可能包括通过官网、官方微博等官方渠道发布声明，澄清事实，消

除误解，在这种情况下重要的是迅速回应，提供准确的信息，以维护企业的声誉。

如果负面舆情是由于信息不对称或误解造成的，企业需要通过透明和开放的方式解释和澄清情况。例如，如果公众存在关于产品质量的疑虑，企业可以通过发布详细的产品信息、品质报告或通过视频直播的方式展示生产过程，来消除公众的疑虑。

如果负面舆情源于企业自身的问题，如产品缺陷或服务不足，企业需要采取负责任的态度，承认错误并采取补救措施。这包括及时向受影响的消费者道歉、提供补偿方案，以及采取措施防止类似问题再次发生。企业还应该邀请消费者参与到问题解决的过程中，以提高透明度和增强消费者的信任感。

口碑监测的成功不仅取决于及时准确的数据分析能力，还取决于企业对舆论动态的敏感度以及危机处理能力。企业应建立一个全面的舆情监测系统，以便能够实时捕捉并响应各种口碑变化，特别是对负面信息的快速反应。这要求企业不仅要有技术上的准备，还要有良好的危机公关策略和应急处理机制。通过有效的口碑监测和管理，企业可以更好地掌握营销活动的成效，及时调整营销策略，优化传播效果，也能更好地维护品牌形象和声誉，建立和消费者之间的长期信任关系。

每一次舆论危机同样是一次营销风口。就像之前所说的，珍惜自己"站在聚光灯下的三分钟"，妥帖迅速地处理每一种舆情危机是对企业领导者极大的考验，一味地拖延、遮掩和诡辩只会彻底败坏企业积累不易的口碑。而迅速果敢地快刀斩乱麻反而会赢得市场与消费者的好感。

企业在进行口碑营销时，还要注意以下几点。

1.产品与服务才是根本

产品和服务的质量是构建良性口碑的基石。引爆点虽然能够在短时间内吸引消费者关注，但如果没有高质量的产品和服务作为支撑，这种关注很快就会转变为失望甚至是负面评价。因此，对于任何企业而言，持续提供优质的产品和服务是确保其长期成功的关键。

顶级品牌之所以能在国际市场上保持基业长青，并非单靠营销手段，而是基于其长期提供的高质量产品和服务。这些品牌通过不断创新和提高产品质量，赢得了消费者的信任和忠诚，从而形成了稳定的品牌口碑。海尔的"砸冰箱事件"之所以能成为有效的引爆点，关键在于海尔一贯坚持的产品质量。这一事件不仅展示了海尔对产品质量的自信，也强化了消费者对其产品的信任。所以在构建良性口碑过程中，企业必须确保其产品和服务能满足甚至超出消费者的期望。产品的创新、质量、可靠性以及服务的及时性、有效性和个性化，都是消费者评价企业的重要标准。只有当企业在这些方面做得出色时，才能在市场上脱颖而出，形成持久的良好口碑。

优质的产品和服务还能够为企业带来持续的客户推荐。满意的顾客往往愿意向他人推荐他们喜欢的品牌，这种自发的口碑传播是一种极为有效的营销方式。因此，企业应将重点放在持续改进产品和服务上，以确保每一位顾客的体验都能达到高标准。

在当今这个信息爆炸的时代，消费者对于品牌的信任不再仅建立在广告宣传上，而更多地取决于实际的产品体验和服务满意度。企业在追求引爆点带来的短期关注时，不应忽视产品和服务质量的长期投资。通过不断提升产品和服务的质量，企业可以建立稳固的品牌基础，形成长期的、积极的品牌形象，赢得市场的持续认可。

2.口碑营销要与品牌紧密结合

将品牌成功地融入优秀的创意和服务中是实现口碑营销效果的关键。品牌不仅仅是一个商标或一个名字，它代表着消费者对于一家企业及其产品和服务的整体印象和期望。当企业通过创意和服务创造了积极的消费者体验时，确保消费者能够将这些体验与品牌联系起来至关重要。

如果消费者获得了超乎预期的服务体验，但不能识别或记住提供该服务的品牌，那么企业在口碑营销上的努力就无法转化为品牌忠诚度或长期的客户关系。因此，品牌识别成为企业在实施口碑营销策略时必须重视的一个方面。在口碑营销中，品牌需要被智能地、巧妙地融入营销活动中。例如，企业可以在提供服务时，通过品牌的视觉元素，如标志、色彩和设计，让消费者自然地将体验与品牌联系起来。在宣传材料中，企业应确保品牌信息清晰、突出，以便消费者可以轻松识别。

品牌故事和价值观的传递也是加强品牌识别的有效方式。通过分享品牌的历史、使命和价值观，企业可以在消费者心中建立一个独特而深刻的品牌形象。这不仅有助于品牌识别，还能加深消费者对品牌的情感连接。在数字化和社交媒体时代，品牌与消费者之间的互动更加频繁，企业可以利用这一优势，在线上平台上与消费者建立更加紧密的联系。通过社交媒体、品牌论坛、博客等平台，企业可以直接与消费者沟通，增强品牌的可见度和识别度。

3.保持真实性

在移动互联网时代，消费者对品牌的认知和信任建立在透明、真实的信息交流基础上。企业在制定引爆点时应避免胡编乱造或误导消费者，这不仅是出于道德和法律的要求，也是维护品牌可持续发展的必然要求。

过去信息渠道相对封闭，企业可能利用误导或夸张的手段来吸引消费者注意，但在当前的数字化时代，这样的策略不仅行不通，还会对品牌形象造成严重损害。消费者可以轻易通过互联网搜索、社交媒体、消费者论坛等多种渠道来验证信息的真实性。一旦发现企业提供虚假信息，消费者的反应往往是迅速而强烈的，这可能导致负面口碑的迅速蔓延，严重影响品牌形象和市场地位。

虚假的引爆点虽然可能短期内吸引消费者注意，但长远来看，这种不诚实的行为会导致消费者信任的丧失，影响品牌的持续生存和发展。一旦失去信任，重建品牌形象将变得非常困难。在消费者主导的市场环境中，诚信经营是获得消费者青睐和忠诚的关键。企业在设计引爆点时，应坚持真实、诚信的原则。创意和创新是吸引消费者注意的重要手段，但这些努力必须建立在真实和负责任的基础上。企业应该通过提供高质量的产品和服务，真实有效的市场沟通来吸引和留住消费者，而不是依靠虚假或误导性的信息。

对于企业而言，诚信是其最宝贵的资产之一。在制定引爆点和执行口碑营销策略时，企业应始终坚持真实、诚信的原则，这不仅有利于赢得消费者的信任和尊重，也是企业长期稳定发展的基石。

第四节　典型案例分析

案例：三只松鼠的品牌定位

三只松鼠自2012年成立以来，凭借其独特的"四位一体"品牌定位策略，在食品电商行业中迅速崛起，成为该领域的领军企业。这一成功背后，是其对品牌定位的深刻理解和精准实施。

所谓"四位一体"品牌定位见图6-2。

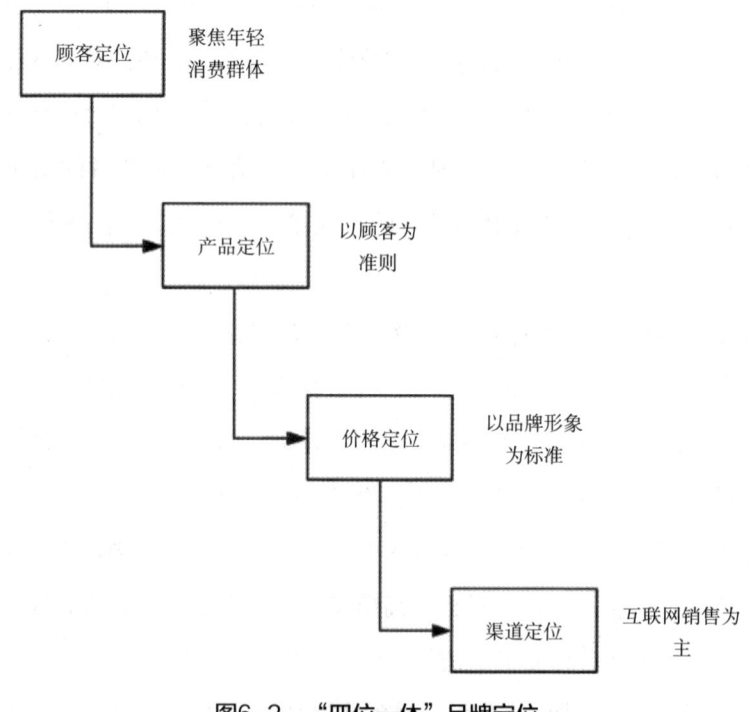

```
顾客定位 —— 聚焦年轻消费群体
   ↓
产品定位 —— 以顾客为准则
   ↓
价格定位 —— 以品牌形象为标准
   ↓
渠道定位 —— 互联网销售为主
```

图6-2　"四位一体"品牌定位

（一）顾客定位

三只松鼠对其消费群体的定位是年轻时尚，追求生活品质的都市白领，对这类消费者进行分析可以发现这个群体有以下几种特质：喜欢消费零食产品，比较追求生活品质；生活方式互联网化；拥有线上购物的习惯，消费过程更加倾向于搜索商品—甄别商品—体验商品—购买商品—评价商品—分项商品；网络社群与新媒体对他们的商品选择有着很大的影响；非常注重体验，体验需求是其非常重要的消费需求。

三只松鼠作为一家兴起于互联网时代的零售企业，其成功的关键之一在于准确地定位目标消费群体，并围绕这一群体提供了卓越的消费体验。尽管精准定位可能会限制消费群体的范围，但三只松鼠恰恰证明了这种策略的有效性，特别是在面向线上购物的主力军——年轻消费者。

三只松鼠的成功首先源于其深刻理解年轻消费者的心理和偏好。其漫画形象、产品包装和客服风格都展现出一种青春和可爱的特点，这不仅吸引了年轻消费者的目光，也强化了他们与品牌之间的情感联系。通过这些细节上的精心设计，三只松鼠成功地打动了目标消费者，营造出一种既亲切又符合他们审美观的品牌形象。

此外，三只松鼠消费体验的全面优化同样功不可没。从产品选择到购物流程，再到物流配送和售后服务，三只松鼠都致力为消费者提供流畅、便捷且愉悦的购物体验。这种对消费体验的重视不仅使得顾客的需求得到了有效满足，还增强了顾客对品牌的忠诚度。

在当前消费升级和需求分层的市场环境下，零售企业要想获得市场的青睐，必须做好目标消费群体的精准定位。这种定位不仅包括识别和理解目标消费者的特性和需求，还包括根据这些需求来调整和优化产品和服务。当企业能够更好地理解其目标消费者心理和偏好，并且能够提供与之相匹配的产品和服务时，就更有可能吸引并保持这些消费者的关注和忠诚。

三只松鼠的例子向所有零售企业展示了如何通过精准的目标消费群体定

位和优化消费体验来获得成功。这不仅是一种营销策略，更是一种长期的商业哲学，即始终将消费者的需求和体验放在企业决策的核心位置。

（二）产品定位

三只松鼠在产品设计和营销活动中采用了一种顾客为中心的策略，这种策略不仅建立了其产品的独特形象，而且有效地提升了顾客的认知度。在食品行业，产品的新鲜度、加工质量以及是否天然健康是消费者普遍关注的重要因素。三只松鼠正是基于这些顾客需求，精心构建了其产品形象，从而在激烈的市场竞争中脱颖而出。

在产品定位上，三只松鼠始终坚持"新鲜、适度加工、绿色天然"的核心理念。这一理念不仅体现在产品的质量和加工工艺上，也体现在整个供应链的管理上。例如，为保证产品新鲜，三只松鼠采用了快速配送和优化的仓储管理方法，确保产品从生产到顾客手中的时间尽可能短。在加工过程中，三只松鼠严格控制添加剂的使用，尽量保持产品的天然味道和营养价值。三只松鼠还十分注重产品安全性和质量的宣传。通过在包装上标明产品的详细信息，如原料来源、营养成分和生产日期等，三只松鼠有效地提升了消费者对其产品的信任度。在宣传和营销活动中，三只松鼠强调其产品的健康和天然属性，这与当今消费者越来越关注健康饮食的趋势相符合。

经济的快速发展带来了消费者需求的多样化和提升。三只松鼠通过不断的市场调研，了解并把握消费者的最新需求和偏好。随着消费者对食品安全和健康的重视，三只松鼠在产品定位上的精准把握，使其能够有效地与消费者的需求对接，并提供符合消费者期望的产品。

（三）价格定位

三只松鼠的价格定位策略紧密围绕其品牌形象和市场发展阶段。在品牌初创时期，由于市场资源有限且品牌影响力较低，三只松鼠选择了价格低于同类产品的定价策略。这一策略旨在通过亲民的价格吸引消费者，快速积累用户基础和市场份额。同时，低价策略帮助三只松鼠在竞争激烈的市场中获得了必要的关注和销售量，为品牌初步建立奠定了坚实的基础。

随着品牌逐步发展，三只松鼠的知名度和市场份额不断增长。此时其价格定位逐渐接近市场平均水平。这一阶段的定价反映了三只松鼠对品牌价值和市场地位的重新评估。通过将价格提升至市场平均水平，三只松鼠在保持竞争力的同时，也开始注重利润率的提升。此外，随着产品和服务质量的不断提升，三只松鼠逐步构建起了高质量、良好服务的品牌形象。

当品牌发展进入成熟阶段，三只松鼠已经在产品质量、服务质量和品牌影响力方面拥有了显著优势。此时三只松鼠选择了高于同类品牌价格的定位策略。这种策略反映了三只松鼠对自身品牌价值的自信，同时表明该品牌已经成功地从价格竞争转向品牌竞争。通过高于平均水平的定价，三只松鼠不仅强化了其高端品牌形象，还进一步提高了利润空间，确保了其可持续发展。

（四）渠道定位

作为一家初创于互联网时代的企业，三只松鼠充分利用了互联网的特点和优势，构建了一个有效的数字化销售和营销体系。该公司的渠道定位不仅是销售产品，更是通过这些渠道建立与消费者的联系，了解他们的需求和偏好，从而更好地为他们服务。

互联网和移动互联网平台使三只松鼠能够突破传统的地理和时间限制，以更低的成本实现快速、高效的信息交换和顾客互动。通过互联网平台，三只松鼠不仅能够销售产品，还能够收集顾客反馈，从而调整营销策略，创新产品，提升服务质量。此外，互联网的数据分析工具还使三只松鼠能够对市场趋势、顾客行为等进行深入分析，从而更精准地满足顾客需求。在互联网营销的过程中，三只松鼠还采用了多种创新的营销手段，如社交媒体营销、内容营销、移动应用等，以此来吸引和保留顾客。这些策略不仅增加了品牌的可见度和知名度，也加深了顾客对品牌的忠诚度。

面对三只松鼠的成功，其他企业在学习其经验时需要注意，不能简单地模仿。每个企业都有其独特的市场环境、企业文化和资源配置。因此，企业在借鉴三只松鼠的经验时，应根据自身实际情况，结合市场需求和企业资源，制定适合自己的互联网营销策略。

第七章 企业数字化的未来征程

第一节 数字化转型成果回顾

一、转型进程概述

（一）回顾企业数字化转型的起点，认清转型的必要性和初衷

企业数字化转型的起点标志着传统运营模式向现代化、智能化运营模式的重要跃迁。这一转变的必要性源于多方面的市场和技术压力。首先，市场竞争日益激烈，传统的运营模式已难以满足快速变化的市场需求和客户预期。同时，新兴技术的迅猛发展，如云计算、大数据、人工智能等，为企业提供了前所未有的数据处理能力和业务洞察力，从而推动企业必须转型。此外，消费者行为的变化也促使企业必须采用更加以客户为中心的运营策略，以提高客户满意度和市场份额。

在这种背景下，企业数字化转型成为一种必然选择。它不仅意味着技术的升级，更是企业文化和经营理念的全面革新。企业领导层应该认识到，只有通过数字化转型，才能有效应对未来市场的挑战，保持企业的竞争力和市场地位。因此，数字化转型的初衷是构建一个更加灵活、高效、客户导向的企业运营体系。

（二）转型过程中所采取的主要措施和策略

企业在数字化转型的过程中需要采取一系列具有前瞻性的措施和策略。

企业需要对内部的IT基础设施进行全面升级，采用云计算、大数据和人工智能等先进技术，以提高数据处理能力和业务效率。为了更好地响应客户需求，企业还应该重构客户关系管理系统，利用数据分析工具来更深入地理解和预测客户行为。

企业还要注重员工的数字化培训和技能提升，确保员工能够适应新的数字化工作环境。在组织结构上，推行更为扁平化的管理模式，以促进信息流通和决策效率。为了激发创新活力，企业鼓励员工参与到新产品和服务的开发中，采用敏捷开发的方法，快速响应市场变化。

在战略层面，企业需要制定清晰的数字化转型路线图，确定短期和长期的转型目标。为了确保转型过程的连续性和有效性，企业需要成立专门的数字化转型领导小组，负责监督和协调各个部门的转型工作。通过这些措施和策略的实施，企业才能成功地将传统的业务模式转变为更加现代化和数字化的模式，从而有效提升业务效率和市场竞争力。

二、成效评估

（一）提升企业运营效率与增强竞争力的成效

数字化转型对企业的运营效率和竞争力产生了显著的正面影响，通过引入先进的数字化技术和工具，企业实现了业务流程的自动化和优化。例如，通过部署云计算和大数据解决方案，数据处理和分析的速度大幅提升，使得企业能够更快地响应市场变化和客户需求。此外，采用人工智能技术改进了产品设计和质量控制流程，不仅提高了产品质量，还缩短了产品上市时间，从而增强了企业在激烈市场竞争中的地位。

自组织团队的引入使得决策过程更加高效灵活，团队成员能够根据实时数据快速作出决策，极大缩短了从计划到执行的时间。数字化转型还促进了企业资源的优化配置，通过精准的数据分析，企业能够更有效地分配资源，减少资源浪费，提升企业整体运营效率。

数字化转型还带来了新的商业模式和收入渠道，企业能够通过数字化平台提供个性化服务和产品，吸引更多客户，增加市场份额。总体来看，数字化转型有效地提升了企业的运营效率和市场竞争力，为企业带来了可观的经济效益。

（二）数字化转型对企业文化和内部管理的影响

数字化转型对企业文化和内部管理也产生了深远的影响，企业文化方面，数字化转型强化了企业的创新文化。员工被鼓励积极探索新技术，提出创新思路，这种文化的变化提升了员工的参与感和满足感。数字化工具的应用增强了团队之间的协作和沟通，打破了传统的部门壁垒，创造了更为开放和透明的工作环境。

在内部管理方面，数字化转型推动了管理方式的变革。自组织团队的运行模式要求管理者放弃部分传统的控制权，转而更多地依赖于授权和信任。这种管理模式的变化要求管理者具备更高的领导力和沟通技巧，以有效引导团队成员朝着共同的目标前进。数字化工具的广泛应用也使管理者能够更加精准地监控业务进展，及时调整策略。

三、经验总结

（一）关键成功因素提炼

从企业成功转型的案例可以看出，数字化转型的成功并非偶然，而是基于一系列关键因素的综合作用。

明确的战略规划和目标设定是企业转型成功的第一步。企业在转型之初，就应明确转型的目标和路线图，确保整个过程有序进行，每一步都紧密围绕着最终目标来展开。另外，高层领导的支持和承诺同样重要，领导层不仅要为企业转型提供必要的资源支持,还需表现出强烈的转型意愿,通过自身行动为员工树立榜样。

技术的选型和应用也是企业转型成功的关键因素之一,企业需要选择适合自身特点的数字化技术,有效结合现有的业务流程和市场需求。企业应致力于构建一种以数据为中心的文化,鼓励数据驱动的决策制定。员工的培训和技能提升同样不可忽视,确保员工能够适应数字化的新工作环境,提高员工的数字素养和创新能力。

企业转型成功的另一个关键因素是客户导向的理念,在转型过程中企业应始终将客户放在中心位置,确保转型成果能够满足客户需求,提升客户体验。灵活的组织结构和管理模式也是转型成功的保障,随着转型的深入,企业需要不断调整和优化组织结构,以适应快速变化的市场环境。

(二)经验教训

转型是一个全面的过程,不仅涉及技术层面,也包括业务、管理和文化等多个方面。企业在进行数字化转型时,应该全面考虑这些方面,确保转型的综合性和系统性。

企业在转型过程中应该保持耐心和恒心,数字化转型并非一蹴而就,而是一个长期、渐进的过程。企业需要适时评估转型进程,根据实际情况调整策略和计划。在面对挑战和困难时,保持决心和持续投入是关键。

企业在转型过程中应重视员工的参与和反馈,员工是转型的直接参与者,他们的反馈和建议对于改进转型策略、提高转型效果至关重要。企业应鼓励员工积极参与转型中,同时对员工的培训和支持不能忽视。

企业应注意保持转型的灵活性和适应性,随着外部环境和市场需求的变化,企业可能需要对原有的转型计划进行调整。所以保持灵活性,及时应对变化也是确保转型成功的关键。

企业在进行数字化转型时,应该关注风险管理和数据安全,随着数据的日益重要,数据安全和隐私保护变得尤为关键。企业应建立完善的风险管理机制,确保数据的安全性和合规性。

数字化转型是一场全面的革新,需要企业在多个方面进行综合考虑和布局。以上经验教训可以为企业在进行数字化转型提供参考和借鉴。

第二节 数字化转型的前沿趋势

一、未来技术展望

未来的技术领域将呈现出多样化和创新性的发展趋势,人工智能、大数据和物联网等技术将继续引领科技革新的潮流,并对企业的数字化转型产生深远的影响。

人工智能(AI)技术,特别是机器学习和深度学习的应用,将在自动化决策、数据分析、客户服务等领域发挥重要作用。AI的发展使企业能够更加精准地分析市场趋势、消费者行为和运营效率,从而优化决策过程和提高业务效率。

大数据技术的进步将使企业能够快速处理和分析海量数据,为企业提供更深入的洞察力。大数据技术不仅能助力企业更好地理解市场和客户,还能帮助企业预测市场趋势,进行风险评估,以及优化产品和服务。

物联网(IoT)技术将使各种设备和系统相互连接,实现数据的实时收集和交换。随着更多设备的互联互通,企业将能更有效地监控和管理其运营,同时为创新商业模式提供了可能。

而其他新兴技术如区块链、5G通信、云计算等,也将对企业数字化转型产生影响。区块链技术提供了一种安全、透明的数据管理和交易方式,这种方式有助于提升企业数据安全和运营效率。5G通信技术的高速度和低延迟特性将进一步促进移动互联网和物联网的发展,为企业提供更加丰富的连接可能性。

云计算作为数字化转型的基础设施，其发展将进一步降低企业的技术门槛，提高运营效率。

未来的这些技术将在多个方面推动企业的数字化转型，它们将使企业能够更高效地处理和分析数据，从而提高决策的准确性和速度。通过利用AI和大数据，企业可以更好地理解客户需求，优化产品和服务，从而提高市场竞争力。

这些技术将促进企业运营模式的变革，物联网技术可以使企业在供应链管理、设备维护、资源优化等方面实现更高的自动化和效率。同时，AI和机器学习的应用将使企业能够实现智能化的运营和服务，提高客户满意度。

这些技术还将帮助企业创造新的商业模式和收入来源，通过分析大数据，企业可以发现新的市场机会和趋势，创造定制化的服务和产品。物联网技术的应用则可以开辟新的服务模式，如基于数据的增值服务。

未来的新技术将在提高企业运营效率、优化决策过程、创新商业模式等方面发挥关键作用，进而成为推动企业数字化转型的重要驱动力。

二、市场发展动向

市场趋势和消费者行为正在经历快速变化，这些变化将对企业的数字化转型产生深远的影响。数字化和互联网技术的普及导致消费者行为越来越多地转移到线上，消费者对品牌的忠诚度降低，而对购物体验和个性化服务的需求增加。这要求企业能够提供更加便捷、个性化的线上服务和产品，同时要求企业利用数字化工具对消费者行为进行分析和预测。

随着移动设备和社交媒体的广泛应用，消费者获取信息的渠道日益多样化。这不仅改变了企业的营销策略，也要求企业能够在多个渠道上提供一致的品牌体验。大数据和分析工具的应用使得企业能够更深入地理解消费者需求，从而制定更有效的市场策略。市场的快速变化也要求企业能够快速适应，产品生命周期的缩短和创新速度的加快使得企业必须不断地进行产品创新和迭代，以维持市场竞争力。

面对这些市场变化,企业需要加强对消费者行为的分析和理解,通过利用大数据和人工智能等技术,企业可以收集和分析消费者数据,从而更准确地预测市场趋势和消费者需求。企业需要优化其数字化营销策略,包括在多个数字平台上提供一致且个性化的品牌体验,同时利用社交媒体和线上广告等手段来增加品牌的可见性和吸引力。企业还需要利用数字化工具来提升客户服务的效率和质量,从而提高客户满意度。

企业应该提高产品创新和快速迭代的能力,通过采用敏捷开发方法和引入创新技术,企业可以快速推出新产品,以响应市场变化。同时,企业需要构建灵活的供应链和生产流程,以适应市场的快速变化。

企业需要建立一种以客户为中心的文化和运营模式,这意味着企业的决策过程和内部管理应更加关注客户需求和市场变化,同时鼓励员工积极参与文化和运营模式的创新和改进中。

为了适应快速变化的市场环境,企业需要在数字化转型的基础上,不断优化其产品、服务、营销和运营策略,以保持持续的市场竞争力。

参考文献

[1]高峰，杨涛.银行业数字化转型20讲[M].北京：人民日报出版社，2022.

[2]张晓菲.中国广播数字化转型策略研究[M].北京：中国传媒大学出版社，2019.

[3]雷蔚真.电视传播的数字化转型[M].北京：中国广播影视出版社，2017.

[4]王焕，修伟明.首席数字官自述：我的B2B业务数字化转型方法论[M].上海：上海交通大学出版社，2018.

[5]安筱鹏.重构：数字化转型的逻辑[M].北京：电子工业出版社，2019.

[6]吴娟.数字化转型中业财融合及其实现路径研究[M].长春：吉林人民出版社，2022.

[7]陈婧.中国传统企业数字化转型中的组织惯例重塑[M].南京：南京大学出版社，2020.

[8]王建伟.数字领航　换道超车：数字化转型实践探索[M].北京：人民邮电出版社，2019.

[9]赵兴峰.数字蝶变：企业数字化转型之道[M].北京：电子工业出版社，2019.

[10]国务院发展研究中心创新发展研究部.数字化转型：发展与政策[M].北京：中国发展出版社，2019.

[11]于海澜，唐凌遥.企业架构的数字化转型[M].北京：清华大学出版社，2019.

[12]刘凤瑜，等.人力资源服务与数字化转型：新时代人力资源管理如何与新技术整合[M].北京：人民邮电出版社，2020.

[13]王兴山.数字化转型中的企业进化[M].北京：电子工业出版社，2019.

[14]陈春花.组织的数字化转型[M].北京：机械工业出版社，2023.

[15]姚乐，李红，王甲佳.互联网+时代的数字化转型[M].北京：电子工业出版社，2017.

[16]陕西省社会科学信息学会.向数字化转型的图书馆工作[M].北京：光明日报，2004.

[17]王兴山.数字化转型中的财务共享[M].北京：电子工业出版社，2018.

[18]阿里云智能–全球技术服务部.云上数字化转型[M].北京：机械工业出版社，2022.

[19]龚胤全.精益零售 信息化、数字化转型方法论[M].北京：石油工业出版社，2019.

[20]马骏，司晓，袁东明，等.数字化转型与制度变革[M].北京：中国发展出版社，2022.

[21]王光鑫，刘思洁.数字化转型实战指南[M].北京：机械工业出版社，2022.

[22]丁少华.建模 数字化转型思维[M].北京：机械工业出版社，2022.

[23]华为企业架构与变革管理部.华为数字化转型之道[M].北京：机械工业出版社，2022.

[24]高海燕，郭瑞营，刘运国.高校内部控制数字化转型探索——以G校为例[J].财会通讯，2023（24）:131-135.

[25]简冠群，冯浩文.如何通过数字化转型实现企业高质量发展？——基于牧原股份的案例分析[J].财会通讯，2023（24）:147-155.

[26]李芷菁，秦善勇.制造业数字化转型对企业绩效的影响[J].商场现代化，2023（24）:114-116.

[27]江北宸.传统测绘的数字化转型与创新实践[J].智能建筑与智慧城市，

2023（12）:88-90.

[28]陈凯，杨亚平.企业数字化转型缘何增加了征税难度——来自中国上市公司避税活动的证据[J].山西财经大学学报，2023，45（12）:111-122.

[29]邵丽竹.药企数字化转型实践与挑战[J].流程工业，2023（12）:47-49.

[30]李伊卓.数字化转型对企业短债长用行为的影响研究[J].商展经济，2023（23）:81-84.

[31]李美婷，冀晓伟.区块链赋能会计数字化转型探讨[J].合作经济与科技，2024（2）:164-165.

[32]尹希果，魏苗苗.科技金融投入、数字化转型与新旧动能转换——基于制度环境视角[J].统计与决策，2023，39（23）:150-155.

[33]杨瑞金，杜强，刘维民，等.基于数字化转型的省级超高压企业标准成本体系的搭建与应用[J].现代商贸工业，2024，45（2）:15-17.

[34]李宁，龚旭霞.后疫情时代高等教育数字化转型发展研究[J].现代商贸工业，2024，45（1）:34-36.

[35]罗春晖，杨柏斌，周利.自贡市制造业数字化转型方案探讨[J].现代商贸工业，2024，45（1）:1-3.

[36]胥文帅，彭剑飞，吴云朗.数字化转型与决策权配置——基于企业集团的经验证据[J].当代财经，2024（5）：101-113.

[37]杨敏.职业教育数字化转型的内涵、逻辑与实践路径[J].黑龙江教师发展学院学报，2023，42（12）:86-88.

[38]吕晓菡，胡慧圣，汪勤芳.推进杭州农业科技创新数字化转型的问题与对策[J].浙江农业科学，2023，64（12）:3026-3028.

[39]吴津钰，颜金花.企业数字化转型和信息透明度[J].财会通讯，2023（23）:79-84.

[40]王少华，高明敏，毛敏.企业数字化转型能助力企业"脱虚返实"吗？[J].财会通讯，2023（23）:39-44.

[41]徐田强.乡村振兴背景下加快农村财务数字化转型的策略分析[J].当代

农村财经，2023（12）:39-41.

[42]蔡佳妮.城市轨道交通车站数字化转型思考及实践[J].城市轨道交通研究，2023,26（12）:6-10.

[43]顾洁.长三角城市群数字化转型情况与一体化合作路径[J].上海信息化，2023（12）:11-14.

[44]孙晓瑞.企业数字化转型背景下员工数字技能提升探讨[J].上海企业，2023（12）:85-87.

[45]林瑜.新时期企业人力资源管理的数字化转型路径[J].上海企业，2023（12）:91-93.

[46]任阳军，田泽，刘超，等.数字化转型与能源企业绿色创新——生产过程与商业模式的异质性研究[J].企业经济，2023,（12）:96-106.

[47]王翔翔，陈淑云.不确定性感知与企业数字化转型：来自房地产市场的证据[J].企业经济，2023,42（12）:107-117.

[48]刘晓萍.河南民营企业数字化转型的现状调查及提升对策——基于《2022河南民营企业100强调研分析报告》视角[J].黄河科技学院学报，2023,25（12）:65-69.

[49]佟岩，赵泽与，李鑫.地方政府减碳重视度与企业数字化转型——来自高耗能上市公司的经验证据[J].财经论丛，2023（12）:82-91.

[50]陈付山.制造业数字化转型路径研究[J].价值工程，2023,42（34）:5-7.

[51]邱凤才，李柏良.数字化转型，重塑国企组织战斗力[J].人力资源，2023（23）:36-39.

[52]桂荷发，邓茹莎.商业银行数字化转型提升了中小企业信贷可得性吗[J].江西财经大学学报，2024（1）: 25-36.

[53]刘津杉.数字化转型对企业绩效的影响研究——以海尔智家为例[J].商场现代化，2023（23）:119-121.

[54]李汀菲.数字化转型、融资约束与企业双元创新[J].商场现代化，2023

（23）:149-151.

[55]盛亚捷，张毓婷.金融化、数字化转型与非金融企业生产效率[J].商场现代化，2023（23）:68-71.

[56]刘刚，董锦锦.数字化转型能否助力企业对外直接投资[J].金融与经济，2023（12）:53-64.

[57]邱俊如.供应链数字化转型对城乡商贸流通一体化的影响[J].商业经济研究，2023（23）:14-17.

[58]彭昕童.数字化转型背景下泗洪县老年健身现状和发展对策研究[D].桂林：广西师范大学，2023.

[59]李淑.儒家文化对企业数字化的影响效应研究[D].昆明：云南财经大学，2023.

[60]程凯西.北京奥林匹克森林公园的数字化转型研究[D].北京：首都体育学院，2023.

[61]滕飞.工商银行BB分行数字化转型策略研究[D].蚌埠：安徽财经大学，2023.

[62]赵艳迎.XT银行数字化转型战略研究[D].石家庄：河北地质大学，2022.

[63]周瑶.Y社区支行个人金融业务数字化转型发展策略研究[D].石家庄：河北地质大学，2022.

[64]于梦鑫.数字化转型对企业创新绩效的影响机制研究——基于组织敏捷性视角[D].南京：南京邮电大学，2022.

[65]唐怀坤.通信设计企业数字化转型成熟度评估方法研究——基于浙江G镇实践的分析[D].南京：南京邮电大学，2022.

[66]何立军.结构—过程—功能：基层治理数字化转型研究[D].长春：吉林大学，2022.

[67]吴磊.需求锚定、结构赋能与平台耦合：数字政府建设的实践逻辑[D].长春：吉林大学，2022.

[68]王静.招商银行零售业务数字化转型措施及效果分析[D].杭州：杭州师

范大学，2022.

[69]李梦荧.XL汽车零部件生产企业运营管理数字化研究[D].扬州：扬州大学，2022.

[70]王铭雨.数字化转型对我国OFDI的影响研究——基于省级差异性视角[D].杭州：杭州师范大学，2022.

[71]龙帼琼.数字化对中国制造业高质量发展的影响研究[D].昆明：云南财经大学，2022.

[72]范师尧.数字化背景下A软件公司人才梯队建设问题研究[D].南昌：南昌大学，2022.

[73]刘泽林.A银行零售金融数字化转型成效综合评价研究[D].杭州：浙江大学，2022.

[74]张浩维.供应链数字化转型对企业竞争优势的影响研究[D].长春：吉林大学，2022.

[75]刘一腾.数字经济驱动中国制造业升级研究——基于产业链空间布局的考察[D].长春：吉林大学，2022.

[76]叶丹.传统制造企业信息技术能力、数字化转型战略和数字创新绩效的关系研究[D].长春：吉林大学，2022.

[77]刘杨.数字化转型对企业创新能力的影响[D].长春：吉林大学，2022.

[78]金晓雪.美的集团数字化转型对企业绩效的影响研究[D].南京：南京信息工程大学，2022.

[79]王子清.数字化转型与企业创新研究[D].昆明：云南财经大学，2022.

[80]邵进.国有企业财务管理数字化转型的动因、路径及效果研究——基于中国铝业的案例分析[D].北京：北京外国语大学，2022.

[81]特日格乐.中小型制造企业数字化转型能力影响因素研究[D].北京：北京建筑大学，2022.

[82]隋佳原.数字化转型背景下协鑫集团财务共享服务中心优化研究[D].哈尔滨：哈尔滨商业大学，2022.

参考文献

[83]韩璐.制造企业供应链数字化转型机理与决策模型[D].北京：北京交通大学，2021.

[84]谭宇翔.数字化转型与企业绩效研究[D].昆明：云南财经大学，2021.

[85]李斌.中国大型汽车制造企业数字化转型路径研究[D].长春：吉林大学，2020.